SOCIEDADE DE GEOGRAPHIA DE LISBOA

A INDIA PORTUGUEZA

SOCIEDADE DE GEOGRAPHIA DE LISBOA

A INDIA PORTUGUEZA

BREVE DESCRIPCAO

DAS

POSSESSOES PORTUGUEZAS NA ASIA

DIVIDIDA EM DOIS VOLUMES

Illustrados com 382 Gravuras e 7 mappas

POR

A. LOPES MENDES

Agronomo, socio da sociedade de geographia de Lisboa da real sociedade Asiatica (seccao de Bombay), da sociedade geographica Argentina da real associacao central de agricultura portugueza e antigo deputado da nacao pelo circulo de Mapuca, Damao e Diu, etc.

PUBLICADA FOR ORDEM DO MINISTERIO DA MARINHA

VOLUME II

GYAN

Published by

Gyan Publishing House
5, Ansari Road
Daryaganj, New Delhi-110002
Phone: 011-47034999, 9811692060
E-mail: books@gyanbooks.com

Distribution Network
gyanbooks.com
India, USA, Canada, UK, Australia, France

ISBN : 978-81-212-3595-2 (Set)
ISBN : 978-81-212-4886-0 (PB)
First Published, 1886

2nd Impression 2020

Printed at: Gyan Press, Delhi.

A India Portugueza Vol. II
Author: A. Lopes Mendes

SOCIEDADE DE GEOGRAPHIA DE LISBOA

A INDIA PORTUGUEZA

BREVE DESCRIPÇÃO

DAS

POSSESSÕES PORTUGUEZAS NA ASIA

DIVIDIDA EM DOIS VOLUMES

Illustrados com 382 gravuras e 7 mappas

POR

A. LOPES MENDES

Agronomo, socio da sociedade de geographia de Lisboa
da real sociedade Asiatica (secção de Bombay), da sociedade geographica Argentina
da real associação central de agricultura portugueza
e antigo deputado da nação pelo circulo de Mapuçá, Damão e Diu, etc.

PUBLICADA POR ORDEM DO MINISTERIO DA MARINHA

VOLUME II

LISBOA—IMPRENSA NACIONAL—1886

A INDIA PORTUGUEZA
POR MARES NUNCA D'ANTES NAVEGADOS
POR
PAGODE DE DARGALY
A. Lopes Mendes.

INDICE DAS GRAVURAS

As gravuras indicadas com (*) são tiradas de photographias todas as mais segundo desenhos do natural feitos pelo auctor do livro

INDICE DOS CAPITULOS

CAPITULO VI

CAPITULO VII

CAPITULO VIII

CAPITULO IX

CAPITULO X

CARTA
de
SATARY
Com a demarcação das aldêas
Coordenada por
A. Lopes Mendes
1870
Convenções
Limite do Estado
de Provincia
de Aldêa
Bangalôs
Florestas do Estado
Kilom.

CAPITULO VI

Satary—Ranes e Dessays—Dipú-Ranes—Raugy Ranes—Chorographia —Orographia—Hydrographia—Geologia—Meteorologia—Mocassós—Viação publica—Commercio—Cascata de Arvalem—Houri dos Pondáos—População—Ethnographia—Sanquelim—Macarchandó —Gatte de Quelandem—Camara geral—Rendimentos—José Maria Rodrigues—Agricultura—Florestas—Pagode de Vithôl-deu—Procissão do Rôto—Bavinas—Pagode de Bhagaváty—Alaháo—Plantações de café—Bangalós—Movancho-gundó—Bangaló da Louisiana em Cotorem—Termo de arrendamento—Serra Moura—Algodão—Cacaoeiro—Gengibre—Cinchona—Meia estabulação—Bondy.

A provincia de Satary deriva o seu nome de *Sotór-gão,* que, em linguagem maratha, quer dizer setenta aldeias.

Constituia outr'ora o pequeno senhorio dos ranes de Querim e Gululem, feudatarios do Bounsuló, Sar-dessay de Cuddale e Varim.

Conquistada pelo vice-rei marquez de Alorna em 1746, e libertando-se depois, por insurreição dos ranes e dessays em abril de 1758, foi restaurada pelas armas portuguezas em 1781, concedendo o conquistador aos conquistados a posse dos seus macassós; e sublevando-se posteriormente, passou a ser possuida definitivamente pelos portuguezes em 1788, epocha em que o sar-dessay Quema Saunto Bounsuló a concedeu ao Estado portuguez, em virtude do artigo 13.º do tratado de 29 de janeiro do mesmo anno, e em que os ranes começaram a cumprir e guardar o juramento de fidelidade e vassallagem, que haviam assignado pela primeira vez n'aquelle anno de 1746, fazendo hoje parte das Novas Conquistas, de que é a região oriental.

Quando as Novas Conquistas entraram no dominio portuguez, e á proporção que íam sendo encorporadas n'elle, foram pelos bandos de 6 de agosto e 12 de setembro de 1763, de 7 de setembro de 1781, de 30 de janeiro de 1788 e de 24 de junho de 1800 conservadas aos ranes e dessays as mercês taes como as possuiam, e com as mesmas condições que existiam no tempo dos antigos dominantes.

Todas estas concessões, porém, não impediram que os ranes da provincia, tornando-se infieis aos seus compromissos, continuassem a inquietar-nos com as suas constantes correrias e revoltas, aproveitando-se de todas as commoções politicas do Estado para se insurgirem.

O vice-rei D. Manuel da Camara, com o fim de castigar e sujeitar os ranes e dessays, que tão frequentes vezes zombaram do nosso poder, começou por dar baixa aos sipays que elles tinham, pagos pelo Estado, e por inventariar os redditos da provincia, fazendo entrar nos cofres da fazenda publica, a que pertenciam, e que aquelles indevidamente desfructavam.

Os ranes de Satary são todos da classe maratha. Em geral os descendentes dos *quetrys* ou *kexatriás* chamam-se marathés ou marathas, que foram sempre um povo guerreiro, chegando a senhorear-se de muitas provincias da India. Descendem de Hirogy Ranes, que passou a Goa em 1491, e este descende dos ranes senhores de Geipur, Udepúr e Rabampúr e outras provincias situadas ao noroeste do Industão.

Como senhores da provincia de Satary, cobravam dos seus habitantes tributos, sob varias denominações, pelos ter-

ACRI-CONCRI NO QUELGATTE DE SATARY

renos que elles cultivavam: possuiam muitas propriedades (mocassós de que ao diante trataremos), que tinham em differentes aldeias da provincia, e de que ainda hoje estão de posse, juntamente com uma pensão denominada *ácca,* que recebem da fazenda publica de Goa[1].

Segundo a lei, usos e costumes das familias hindús, sendo o varão mais velho o administrador nato da casa, a quem pertence *de jure* a administração dos fundos e rendas d'ella, para alimentos dos seus administrados, e para prover em tudo o mais, que lhes seja proveitoso, aconteceu muitas vezes faltarem os administradores ao fiel cumprimento d'estes seus deveres, resultando d'este procedimento intermináveis disputas entre elles e os restantes membros da familia.

Estas contendas, sendo ao principio simplesmente domesticas, convertiam-se facilmente em dissensões publicas, que nunca terminavam sem elles recorrerem ás armas, organisando guerrilhas ou quadrilhas de *bondavalés* (salteadores), que só se occupavam em roubar e matar os habitantes da propria provincia e das que lhes ficavam proximas, trazendo assim em sobresalto e contínua inquietação, não só os habitantes das Novas Conquistas, mas tambem os das aldeias das Velhas Conquistas, que demoravam a menores distancias d'ellas.

Cumpria por consequencia aos nossos governadores terminar aquellas desordens, que sempre dimanavam do dolo e ambição dos administradores ou das intrigas fomentadas e habilmente manejadas pelos seus *dubaxís* (secretarios), que procuravam envolver e entreter os administradores e administrados em continuas controversias, de que só elles tiravam vantagens e lucros consideraveis.

Estas guerras civis, começadas e continuadas um e mais annos, serviam-lhes de pretexto para não pagarem ao Bounsuló, de quem eram feudatarios, e posteriormente aos portu-

[1] Vide nota á pag. 226, cap. v.

guezes, seus dominantes, a devida contribuição; motivo por que, no tempo do Bounsuló, o representante dos ranes era muitas vezes levado a Varim, para ser obrigado ao pagamento dos respectivos tributos, que nunca foram pontualmente satisfeitos; até que a provincia foi effectivamente encorporada nos proprios da fazenda publica.

DIPÚ RANES

Desde 1746 até 1852, em que teve logar a ultima das mais notaveis revoltas, por dezesete vezes se insurgiram os ranes e dessays em diversas epochas, sob pretexto de pugnarem pelo direito que julgavam ter aos rendimentos da provincia. Foram os chefes d'esta ultima revolta o celebre Dipú Ranes, Custobá e Sencorbá dessays.

Governava então o Estado da India o illustre e honradissimo visconde de Villa Nova de Ourem, quando este famigerado guerrilheiro Dipú Ranes e seus sequazes se sublevaram, custando muita vida e dinheiro ao governo portuguez esta sangrenta lucta travada nas densas florestas de Satary, e não conseguindo aquelle benemerito e incansavel governador mais do que desapossal-os dos seus macassós e rendimentos que do Estado percebiam.

CASA DO DIPÚ RANES EM COMARCONDA

Estava reservado ao feliz governo do ex.mo conde de Torres Novas pôr termo a esta sublevação em 1855, concedendo perdão aos sediciosos pelo bando de 20 de dezembro do mesmo anno, e mandando pagar ao Dipú e a seus sobrinhos 500 rúpias annuaes da fazenda publica, a titulo de pensão alimenticia, deduzida da que antes recebiam com a denominação de *ácca,* como representantes da familia dos Ranes de Satary, os srs. Sar-dessays Ambrutá Ráu e Raugy Ranes.

Em 14 de maio de 1856 mandou o mesmo governador restituir todos os mocassós, pensões e inamas aos referidos Sar-dessays.

Chorographia.—A provincia de Satary está comprehendida entre 15°.26′ e 15°.42′ de latitude N. e 74°.3′ e 74°.21′ de longitude E. de Greenwich.

E limitada ao norte pela aldeia Aynte, dos dominios inglezes, e separada por uma linha ficticia, pelos Gattes de Quelaudem, Chorlem, Parvor e Satrem; ao oriente, pelos territorios britannicos, e demarcada pela crista dos Gattes do Quelgatte, Berqui e Caranzol; ao sul, pela provincia de Embarbacem, e ao occidente, pela provincia de Bicholim.

Representa esta provincia—um amplo amphitheatro inclinado de O. a SE. As maiores summidades da cordilheira dos Gattes que a delimitam, e que em phrase concany significam grande altura, estão comprehendidas entre 2:000 a 3:800 pés de cota de nivel.

Essencialmente montanhosa, as suas partes mais baixas estão acima do nivel do mar 687 pés, e observadas dos pontos mais culminantes, apresentam um aspecto de vastas planicies ellipticas, communicando entre si por gargantas, no fundo das quaes se vêem correr torrentes de agua ou rios que ao diante se descreverão.

Estas planicies pertencem aos terrenos primitivos, que se estendem quasi parallelamente á costa occidental do Industão, desde o cabo de Comorim até á margem esquerda do rio Tapty, nos dominios britannicos.

As massas salientes das montanhas foram formadas por erupções vulcanicas, que fenderam violentamente e em todos os sentidos os granitos, os porphyros e os micaschistos, dando assim origem a numerosos valles, profundos e com declividades quasi inaccessiveis, ao passo que as rochas, pela sua natureza e posição, afastadas dos pontos escandescentes, poderam resistir a estas causas de desaggregação.

Estes phenomenos observam-se, entre outras, nas montanhas de Satrem.

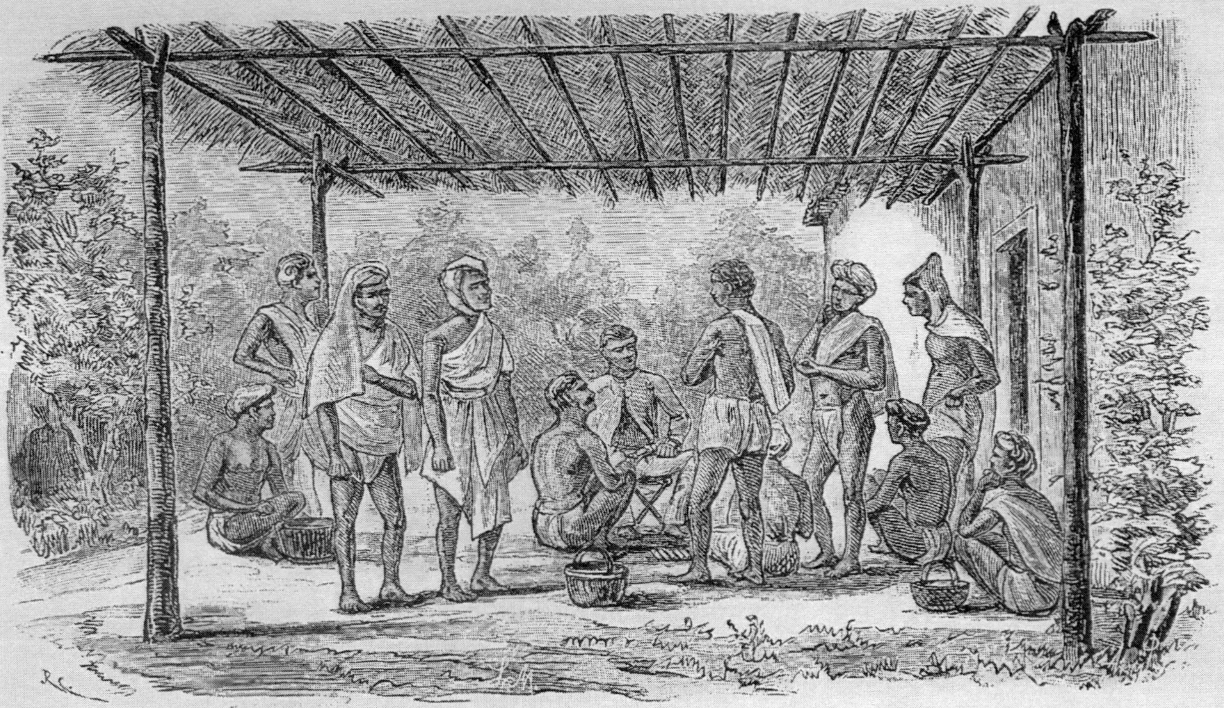

MUTALICARES OU CARRETADORES NA MÊTA DE QUELANDEM

Orographia.—As montanhas principaes de Satary são em numero de quatro:

A primeira denomina-se *Sansogór*. Acha-se situada entre o Acri-concri e as aldeias de Codevol e Pendral, de Satary; Mendil e Quely, dos dominios inglezes, e eleva-se acima do nivel do mar 3:827 pés.

A segunda, *Catlanchi-mauly*, menos elevada que a precedente 194 pés, fica entre as aldeias de Satrem e Dorodem do nosso Estado, e Amegão da fronteira britannica.

A terceira, *Vaguerim*, forma-se nos Gattes de Chorlem, e prolonga-se com a altitude de 3:000 a 3:500 pés até ás alturas de Querim e Zormem.

A quarta, *Morlemchogór*, assenta entre as aldeias de Querim, Morlem, Salely e Zormem, e mede de altitude de 2:500 a 3:400 pés acima do nivel do mar.

Hydrographia.—Cinco rios, dezenove cursos de agua secundarios e proximamente quarenta regatos correm pela superficie das terras de Satary.

Comquanto as copiosas nascentes e as grandes chuvas os transformem em torrentes violentissimas, desde o mez de junho até ao fim de outubro, alguns dias estivaes são, comtudo, sufficientes para um grande numero de regatos seccarem.

Ainda que alimentados por numerosas nascentes, não podem estas equilibrar as perdas que resultam de uma evaporação activa, principalmente depois da vandalica destruição das florestas que sombreavam os cumes e flancos das montanhas, exercendo a sua bem conhecida influencia sobre o clima e as aguas vivas.

Os Gattes que formam a linha de separação do norte e leste de Satary, entre o nosso territorio e os dominios britannicos, dão origem a muitos ribeiros e regatos, que levam suas aguas aos rios *Madey, Torlinoy* de Nenorem, ao *Rogaró, Velluscho-noy* e ao *Torlinoy-volvola*.

O rio Madey é o principal rio de Satary. Tem a sua origem no territorio britannico, e, depois de correr por entre as aldeias Tonal e Mendil do mesmo territorio, entra na provincia de Satary. Codevol é a primeira aldeia que elle banha; corre junto do forte de Nanuz, passa por Conquirem, e vae desaguar no Mandovy. O comprimento da sua margem rectificada, e comprehendida de um a outro extremo da provincia, é de 27,5 kilometros, aproximadamente.

SATREM GÔR

Os seus principaes affluentes são: o *Torlinoy* de Nenorem, que tem a sua origem em Surla portugueza e a sua foz entre as aldeias Zaranim e Ustem; o *Velluscho-noy,* que nasce nos Gattes de Tanem e Bocal e tem a sua foz na aldeia de Massordem; e o *Rogaró*, que vem da provincia de Embarbacem e encontra o Madey entre as aldeias Conquirem e Gollely.

Alem d'estes, são seus tributarios outros affluentes de segunda ordem, a saber: na margem esquerda, o rio *Pancheró* de Pendral; o *Arparó* de Caranzol; o rio de Caramboly-Buzuruco; o de Barazana e o de Cotorem. Na margem direita o rio de Sonaulim e o de Vantem.

Os affluentes principaes do *Torlinoy* de Nenorem são: o rio de Satrem, o de Ambechagôr, o de Derodem, o de Codal, o de Nenorem e o de Vanguinim.

O rio *Rogaró* não tem em Satary affluente algum importante.

O *Massordemcho-válo*, o *Vangano-válo* de Satrem, o rio de Nanely e o *Vangano-válo* de Vellus, são os principaes affluentes do *Velluscho-noy*.

BANGALÓ DE CODAL

O *Torlinoy-volvota* toma origem no Gatte de Verdi inglez e vae desaguar em Amoná da provincia de Bicholim, sendo os seus principaes affluentes o *Vacandó-válo* e o *Raiquiró* de Morlem.

Emfim, o rio de Curchirem, que tem origem no territorio britannico, e a sua foz na provincia de Bicholim, é tambem de segunda ordem.

Os rios mais importantes são, pois, o *Madey* e o *Torlinoy-volvota*. O primeiro é navegavel por pequenas tonas desde Sonaulim até Gangem; e nas marés por grandes tonas até Usgão e d'aqui por patamarins até Nova Goa. O segundo, Torlinoy-volvota, a partir da sua origem não é navegavel até Vitholapur, por lhe obstruirem o leito e interceptarem a corrente grandes penedos; porém, subindo o fluxo do mar até Sanquelim, é navegavel desde este ponto até Pangim, por grandes tonas.

Geologia.—As montanhas designadas *Gattes,* de natureza primitiva, de segunda e terceira formação, offerecem-se, sob o ponto de vista geologico, em todos os seus elementos de observação.

Encontram-se em toda a cordilheira, e nas montanhas ou *tembos* suas derivadas, terrenos primitivos. Ao NO., E. e S. da provincia são as montanhas principalmente constituidas pelos granitos, porphyros e micaschistos.

Os porphyros e os micaschistos, tendo sido profundamente fendidos pelas commoções subterraneas, deram origem a valles tão profundos e a outeiros tão escarpados, que apenas se podem utilisar para florestas.

A decomposição das diversas rochas tem formado terrenos soltos, que as aguas pluviaes arrastam com grande facilidade na sua torrente, mórmente nos declives, onde o prejudicialissimo systema de *cumerins* tem completamente arrazado as florestas, esterilisando ao mesmo tempo o terreno e o paiz.

Acham-se em quantidade apreciavel, nas aldeias do N. e E. de Satary, os *terrenos terciarios,* muitas vezes confundidos e recobertos pelos vulcanicos.

São estes constituidos por accumulações de marnes verdes, de marnes schistosas, de argilla calcarifera, de calcareo terroso e de calcareo compacto, associado com abundante silica.

Os *terrenos plutonicos* occupam toda a parte O., NO. e S. da provincia, e tambem se encontram em pequenos tractos no meio dos terrenos primitivos.

O macisso central dos terrenos plutonicos é composto de trachytes ou conglomerados lateriticos, que envolvem em diversos pontos os basaltos. Todos os outeiros e as en-

GATTE DE QUELAUDEM

costas precipitadas e ingremes, constituidas por estas rochas, são cobertas de densa vegetação herbacea e de cerrados macissos florestaes.

Os fundos dos valles, resultando muitas vezes de uma mistura de detritos de rochas primitivas e de rochas plutonicas, são excellentes para a agricultura pela sua fecundidade.

Meteorologia.—Os ventos dominantes são os do NE. e de SO.

A temperatura em Codal, segundo as observações feitas pelo nosso amigo o sr. José Correia de Aguiar, intelligente e dedicado director agricola das plantações de café no norte de Satary, é apreciada do seguinte modo:

«Como em outras partes da India occidental, diz o sr. C. de Aguiar, o anno agricola póde dividir-se em quatro partes, sendo as suas temperaturas:

	Graus centigrados		
	Maximo	Minimo	Medio
Dezembro, janeiro e fevereiro..........	28,8	23,8	26,3
Março, abril e maio....................	32,7	21,6	27,2
Junho, julho e agosto..................	28,8	23,8	26,3
Setembro, outubro e novembro........	27,2	21,6	24,4

«Nota-se que a estação chuvosa e a que se considera fria tem a mesma temperatura; e aquella que n'esta localidade se chama primavera (setembro, outubro e novembro) é a mais fresca.

«Março, abril e maio é o tempo mais quente, havendo dias em março, e por excepção em novembro, em que o thermometro centigrado á sombra tem dado 39,4 e 40,5, marcando ao sol 44,4 e 48,8, emquanto que, ás vezes, as tardes d'esses mesmos dias têem uma temperatura de 29,4 e as noites 21,1, variação extraordinaria, que, comtudo, não mostra affectar os trabalhadores.

«O observatorio de Codal está n'uma altitude de 1:215 pés acima do nivel do mar.

SATARYENSES MARATHAS

«Quantidade de chuva em Codal e Satrem desde o começo da estação pluviosa até 30 de setembro de 1869:

		Pollegadas
Em Codal..	até 31 de julho	96,34
	até 31 de agosto	134,19
	até 30 de setembro	168,30
Em Satrem.	até 31 de julho	111,00
	até 31 de agosto	154,20
	até 30 de setembro........	183,77

«Temperatura media durante os tres mezes de julho, agosto e setembro de 1869:

	Maximo	Minimo
Em Codal.........................	28,8	24,4
Em Satrem	26,1	21,6

«As trovoadas são mais frequentes, mais violentas e mais subitas nas proximidades dos Gattes, ao N. e ao E. de Satary, do que ao S. e ao O. da provincia.»

Mocassós, estradas, commercio e mercados publicos.—A provincia de Satary, cuja capital é Sanquelim, consta de

LAMÂNES OU CONDUCTORAS DE BOIADA

69 aldeias da fazenda publica, 11 mocassós ou mercês dos ranes e dessays, 5 aforamentos perpetuos, 181 bairros, e 2:328 fogos. É cortada por cinco estradas militares de uma extensão de 69,5 kilometros.

Os mocassós ou dessayados nas Novas Conquistas tiveram a sua origem nas doações regias, que os imperantes faziam em terras e honras aos seus melhores capitães. A proposito vem dizer aqui que na India existem os titulos de rajah, bahdur, rane, sar-dessay, dessays desporobo e despanda.

Com estes titulos se concediam provincias, districtos ou *praganãs,* ilhas, *gaõs* ou aldeias, foros, *terguys,* direitos e outras contribuições ou pensões, *umballys.*

Alem d'estes donatarios titulares, ha outros, agraciados com titulos ou mercês sómente honorificas, taes como húma, ráu, nababo e amir, a quem os antigos dominantes concederam insignias para distinctivos das suas honras.

A junta da fazenda publica, em sessão de 14 de maio de 1856, resolveu que fossem restituidos aos ranes do Satary, como fôra determinado em portaria do governo geral de 10 do mesmo mez, os mocassós a que já n'outro logar nos referimos.

Esta resolução foi tomada em consequencia dos ranes assignarem um termo de submissão ao governo portuguez, e desistirem dos direitos, que suppunham ter á provincia. Fundavam-se elles em um accordão da Relação do Estado, de 30 de agosto de 1833, dado a seu favor, e que lhes servia tambem de pretexto para todas as sublevações: mas erradamente se attribuiam elles esse direito, como foi demonstrado no voto do vice-rei e capitão general D. Manuel de Portugal e Castro contra o referido accordão.

Os ranes e dessays de Satary, que assignaram o termo de submissão, e a desistencia dos suppostos direitos á provincia, foram: *Hamagy,* rane de Gululem; *Gonobá,* rane de Maulinguem; *Deubá,* rane de Poriem; *Babagy,* rane de Sallely; *Narbá Ráu,* dessay de Advoi; *Custobá,* dessay de Sanvordem: *Ápá Sancorbá,* rane de Corqui; *Raugy Ranes* e *Hambruta Ráu,* Sar-dessays de Querim e Sanquelim.

Viação publica.—Posto que desde 1827 a provincia de Satary principiasse a ser administrada pela fazenda publica, é certo que só desde o governo do ex.^{mo} conde de Torres

CAMARA GERAL DA SEGUNDA DIVISÃO DAS NOVAS CONQUISTAS

Novas esta provincia foi favorecida sob o ponto de vista da viação publica.

As estradas eram raras e entaliscadas e em parte com grandes declives. Na estação chuvosa ficavam obstruidas pelas enchentes dos rios e dos regatos, de que são cortadas em muitos pontos, sendo ainda hoje impossivel transpor ou atravessar alguns por falta de pontes. Basta este facto, para se comprehender que a provincia de Satary não fôra explorada convenientemente.

Em taes condições, o commercio com os satarienses do interior da provincia era rarissimo, vista a impossibilidade de se passar alem de Sanquelim.

Mas não eram só as difficuldades topographicas, o que obstava á permutação com os satarienses. O receio dos *bondavalés;* a prohibição imposta aos negociantes de grosso trato e aos de boiada de aluguer, denominados *lamânes,* de importar ou exportar sal e outros generos, que não fossem comprados ou vendidos aos *bazareiros* do bazar de Sanquelim; a corretagem, que os artigos, denominados *sarca,* importados de Goa e dos Gattes ou vice-versa, tinham de satisfazer aos mesmos bazareiros, que por este exclusivo pagavam á fazenda publica a renda do bazar, chamada *mortofó;* a *pondonpent,* ou renda do sal exportado para o estrangeiro; a *busmapri* e *mitmapri,* que se pagava pela medidagem dos legumes e do sal importados, e finalmente a renda chamada *udemopoty,* que pagavam os vendilhões ambulantes, que concorriam ao mercado de Sanquelim, eram outros tantos obstaculos áquelle commercio

Os rendeiros e seus agentes, encarregados da cobrança das rendas denominadas *adripatel,* ou do pasto consumido pelo gado dos *balagateiros* e outras, tambem afugentava os negociantes de fóra da provincia, praticando oppressões e vexames escandalosos contra os homens de negocio, a quem obrigavam a pagar mais do que o estabelecido por lei. Estas demasias deram logar a varias representações, em virtude das quaes foram prohibidos similhantes escandalos no anno de 1837; todavia, os estylos e os usos ou abusos do bazar de Sanquelim, estabelecidos pelos ranes, antigos senhores da provincia, só foram definitivamente abolidos em 1841 e o seu territorio estudado desde 1863 a 1870.

Hoje tudo está consideravelmente melhorado. Os grandes declives das estradas principaes têem sido suavisados, e a provincia póde ser transitada nas estações do anno, menos, porém, na epocha das maiores chuvas, em que os rios de algumas localidades não offerecem passagem, como dissemos, por falta de pontes.

FORTE DE NANUZ

Estrada Torres Novas.—Esta estrada parte do forte de Sanquelim e conduz ao Quelgatte, percorrendo 31 kilometros, da maneira seguinte:

Do forte de Sanquelim até ao seu encontro com a estrada de Nanuz, 12 kilometros; d'ali até á estrada de Parvôr, 5 kilometros; d'este ponto para a méta de Codevol ou Combiante, 12 kilometros, e da méta para o Acri-concri, limite dá fronteira, 2 kilometros.

Estrada de Nanuz.—Esta estrada, que, partindo do forte de Nanuz, se dirige á estrada Torres Novas, e com a qual se encontra no *Rarigante,* tem de comprimento 4 kilometros.

Estrada de Parvôr.—Mede esta estrada 17 kilometros desde o seu encontro, em *Vellus,* com a estrada *Torres No-*

vas, até tocar no dovi inglez situado proximo ao limite do Estado, no Gattes de Parvôr.

Estrada Gassett.—Mandada construir esta estrada por mr. Edward Gassett, a expensas suas, parte do regato denominado *Cauléchem-panim,* do ponto aonde este regato corta a estrada de Parvôr, e dirige-se ao bangaló da plantação *Mathil-Estate* de Codal. Comprehende a distancia de 2 kilometros.

Estrada de Chorlem.—Esta estrada conduz do forte de Sanquelim á méta de Quelaudem, e d'aqui ao limite d'esta aldeia e do Estado; entra depois no territorio britannico, descreve uma curva, volta para terreno portuguez, percorrendo a distancia de 1 kilometro na encosta do Gatte de Chorlem, e torna para o dominio britannico com direcção á alfandega de Chorlem. A sua distancia do forte de Sanquelim ao limite internacional é de 15,5 kilometros.

ROYTE OU BEGARIM

Mercados publicos.—As feiras e os mercados são pouco numerosos. Apenas em Sanquelim ha um mercado semanal nas segundas feiras, que foi estabelecido por portaria de 5 de outubro de 1841, do então governador geral interino do Estado da India, José Joaquim Lopes de Lima, onde os aldeãos, os cultivadores e os *goulys,* pastores nomadas, se vão abastecer de tudo o que elles não podem produzir ou colher nas florestas.

Nas festividades gentilicas do *Caló,* em Vellus, e do *Sigamó,* em Arvalem, fazem-se mercados, que duram tres dias, e são estes os unicos, que para os gentios têem a importancia de feiras propriamente ditas; porque costumam ser abundantemente providos de utensilios de cobre, tecidos de algodão, especiarias, fructos do paiz e peixe salgado. Todos estes generos de commercio são importados ou dos Gattes, como os tecidos de algodão, ou de Bardez e das Ilhas, que exportam para Satary os generos necessarios para o supplemento alimentar dos satarienses.

Cascata de Arvalem.—A feira de Arvalem é feita no largo do Pagode, que estanceia junto da cascata d'este nome.

Do pagode desce-se para o leito do rio por uma escada de 22 degraus de pedra.

A agua na cascata precipita-se da altura de 19 metros sobre uma grande bacia, que tem 14 metros de profundidade.

Ao lado da quéda de agua avistam-se muitos favos de mel, que as abelhas ali fabricam na escarpa do rochedo, que mede 26 metros.

Ao occidente do pagode está o *Houri dos Pondáos.* É um templo gentilico, monolitho de 21 metros de frente sobre 8 de alto. Sobe-se para elle por 10 degraus abertos na rocha. Tem nove aberturas, como se vê no desenho, que dão ingresso a muitas casas interiores, onde se encontram diversas lingas —ou symbolos da natureza fecundante— de granito.

População.—O recenseamento feito pela commissão da demarcação dos terrenos de Satary, deu no seu apuramento 10:409 habitantes, sendo 5:503 do sexo masculino e 4:906 do feminino.

Segundo differentes estimativas feitas administrativamente, a população era em 1847 de 8:409 habitantes; em 1850 de 9:580; em 1864 de 9:946, e em 1881 de 18:650, sendo 447 christãos e 18:176 não christãos.

A relação entre a população da provincia e a superficie territorial é de 1 habitante por 2 hectares e 25 ares, proximamente.

Ethnographia.—Os satarienses podem ser divididos em duas grandes classes. A primeira é composta de ranes, dessays e bottos, e a segunda comprehende quasi todas as cas-

CASCATA DE ARVALEM

tas dos gentios, mas é principalmente formada pelos gãocares de raça maratha, *maneis, roytes* ou trabalhadores, e pelos *goulys*. Estes, habituados a uma vida errante, independente e selvagem, são os restos vivos do segundo estado por que passou a humanidade na sua origem, como os marathas são os representantes do estado caçador ou primeiro estado, e os bottos do terceiro, ou estado agricola primitivo.

A agricultura, em grande ou em pequena escala, a lucrativa ou a simplesmente agradavel, é a occupação principal de todos os satarienses.

Sanquelim, está situada no extremo SO. da provincia, na margem esquerda do *Torlinoy-volvota*. Tem uma igreja e uma freguezia, unica da provincia; um forte de construcção gentilica, commandado por 1 major da 4.ª secção, onde se acha estabelecida a alfandega, creada por portaria de 23 de dezembro de 1840; a casa de audiencia do julgado da 2.ª divisão[1] e cadeia, e o destacamento do 3.º batalhão de infanteria. Era em 1871 a séde da administração fiscal da 2.ª divisão das Novas Conquistas, e onde residia o respectivo administrador fiscal e as outras auctoridades publicas. Tem 4 bairros, 205 fogos, 924 habitantes, sendo 389 masculinos e 535 femininos. É muito pittoresca e saudavel.

Quem de Nova Goa for a Sanquelim embarcado, passa pelo notavel estreito denominado *Macarchandó*, que fica a mui pequena distancia do caes e é de uma belleza surprehendente, como mostra o nosso desenho do natural.

Rendimentos.—A alfandega de Sanquelim, desde 1856 a 1862 teve de rendimento medio annual 58:762 xerafins e 1 tanga, e desde 1866 a 1868, 81:425 xerafins, 1 tanga e 5,5 réis.

O rendimento medio da provincia, segundo as notas da sua receita, que nos foram dadas pela contadoria geral, e pela administração fiscal, foi desde 1856 inclusive até 1864 de 18:956 xerafins, 3 tangas e 48 réis annuaes.

1 Actualmente com a séde na cassabé de Bicholim.

Em 1869 rendia a quantia de 31:088 xerafins, 4 tangas e 8,5 réis annuaes, sendo as suas fontes de receita:

Vanganas	9:513-0-00
Serodio	8:611-2-15
Siristó	7:150-0-15
Aforamentos perpetuos	597-0-15
Imposto do tabaco	1:671-4-10
Direitos do corte de madeira	1:799-1-37 1/2
Aferição de pesos e medidas	318-4-08
Mortofó do bazar de Sanquelim	352-0-00
Udemopoty	16-0-48
Urraca	949-2-00
Busmapri e Mitmapri	41-2-03
Bongaungona ou Bon dos bufalos	50-2-30
	31:088-4-8 1/2

No serodio, isto é, nas culturas da quadra chuvosa, está comprehendida a renda dos *cumerins*.

Satary continha em 1870, 7:948 cabeças de gado vaccum, afóra o armentio dos goulys e os gados dos novos colonos. Segundo o recenseamento pecuario de 1879, existiam no territorio de Goa—83:709 cabeças de gado vaccum, 43:404 suino, e 18:351 caprino e outras especies.

Não tomando em linha de conta o rendimento, que possa vir a ter a fazenda publica dos terrenos arrendados a longo praso aos colonos estrangeiros, cuja superficie monta a 26:800 acres, a qual, a rasão de 1 rupia ou 1 1/4 por acre, conforme os contratos, deverá produzir 55:900 xerafins annuaes[1]; seja-nos permittido dizer que, em virtude dos trabalhos executados pela commissão da demarcação dos terrenos da provincia, de que fomos o mais humilde membro, e pela intelligente administração do sr. José Maria Rodrigues, já hoje (escreviamos em 1870) a fazenda aufere um augmento

---

1 Depois do nosso regresso a Portugal, por causas que seria longo enumerar, muitos dos colonos estrangeiros abandonaram os terrenos arrendados.

medio de receita annual, na importancia de 12:131 xerafins, 1 tanga e 20,5 réis, alem dos beneficios resultantes dos aperfeiçoados processos agronomicos introduzidos pelos novos colonos, de que em grande parte depende a prosperidade economica do paiz, e do incitamento aos trabalhos agricolas, que entre os gentios nunca foram prezados pelas raças militares, sempre entregues a uma vida de constante e perniciosa ociosidade.

JOSÉ MARIA RODRIGUES

José Maria Rodrigues.—O coronel José Maria Rodrigues, de saudosa memoria, foi sempre muito conceituado pelos homens de bem. Como militar era austero e disciplinador; como administrador fiscal e commandante militar de Satary foi um dos melhores administradores. Manteve sempre nos limites da ordem os ranes e dessays, e augmentou notavelmente os redditos da provincia com a sua intelligente e zelosa administração. Ao passar para a vida eterna, deixou na terra um nome respeitado, e tantos amigos saudosos quantos o conheceram. Com uma filha d'este nosso finado amigo é casado o ex.mo sr. Eduardo de Sá Nogueira P. de Balsemão, ex-secretario geral do Estado da India.

Extensão e divisão.—A provincia de Satary comprehende a extensão superficial total de 44:274 hectares, 94 ares e 86 centiares, que se dividem pela maneira seguinte:

	Hectares
Mocassós	7.508,0233
Aforamentos perpetuos	1.896,1950
Aldeias da fazenda	34.870,7303

Dos 34:870 hectares, 73 ares e 3 centiares das aldeias da fazenda, designaram-se aos novos colonos 10:690, 9071, e para as familias dos gãocares 23.370,hect.8232.

As terras destinadas ás familias dos gãocares foram por elles reduzidas á cultura, e têem sido desde tempo immemorial cultivadas e administradas reciprocamente por umas familias na falta das outras. É d'ellas que os gãocares tiram a sua exigua subsistencia, pagando annualmente á fazenda publica o fôro da alvidração.

Se o governo da nossa India (relatava a commissão de Satary, ha dezeseis annos) resolvesse conceder aos gãocares das Novas Conquistas, em aforamento perpetuo, as terras por elles de longa data cultivadas, e quizesse assentar a concessão em bases tendentes a assegurar a cada um d'elles o arroz indispensavel para tres mezes, por exemplo, cremos que teria de attender ás seguintes considerações. Suppondo que cada familia de gãocar é composta, termo medio, de quatro pessoas, o arroz indispensavel á sua alimentação diaria importa, pelo menos, em tres *medidas, ou póris*[1].

A um mez corresponderão, pois, 90 medidas; e a tres mezes, ou 1/4 do anno, 270 medidas, ou 1 candil, 13 curós

---

[1] A concessão de terrenos aos gãocares, vellipes e outros de igual natureza, e aos roytes foi regulada pelo decreto de 15 de setembro de 1880.

HOURI DOS PONDÁOS

e 6 medidas de arroz, que equivalem a 3 candis, 7 curós e 4 medidas de *bate,* ou arroz com casca.

Vejamos, pois, que porção de semente póde produzir 3 candis, 7 curós e 4 medidas de bate.

Conhecida a quantidade de semente, facil é achar a área, que ella comporta, e a experiencia tem mostrado, que nos terrenos de sequeiro em Satary, que são, em regra, de fraca intensidade productiva por falta de adubos necessarios e amanhos competentes, só se colhe na rasão de 1 para 4.

Logo, a producção de 3 candis, 7 curós e 4 medidas de bate, deverá, na hypothese em questão, exigir o emprego de 16 curós e 7 medidas de semente.

Tomemos agora 200 *bambús quadrados* de 12 mãos, ou 8 covados cada um (5^m,28) como área sufficiente para admittir um candil de semente.

A área necessaria para admittir 16 curós e 7 medidas de semente, ou, o que vem a ser o mesmo, para produzir 3 candis, 7 curós e 4 medidas de bate, porção indispensavel á alimentação de uma familia por 3 mezes, computa-se em 168$^3/_4$ bambús quadrados, ou, conta redonda, 170 bambús quadrados, que são equivalentes a 0,$^{hect.}$476 ou 4:760 metros quadrados.

Assim, supposta a regularidade das chuvas, 170 bambus quadrados de terra garantirão o arroz *por 3 mezes;* 340 b. q. ou 0,$^{hect.}$952, ou 9:520 metros quadrados, *por 6 mezes;* 510 b. q. ou 1:428,$^{hect.}$ ou 14:280 metros quadrados, *por 9 mezes;* e finalmente, 680 b. q. ou 1:964 hectares ou 19:640 metros quadrados *para um anno inteiro.* Taes são os resultados que se deduzem das considerações expostas.

Em Satary o fôro da alvidração é regulado de modo que, por um tracto de terreno de 5 curós de semente de *bate serodio* ou por 50 b. q. de 8 covados, pagam-se 2 xerafins, duas partes em prata e uma em cobre.

Agricultura.—Está ainda como na sua infancia a agricultura, porque os hindús não admittem que se alterem os principios estabelecidos pelos seus antepassados.

Muito antes da conquista pelas armas portuguezas, o sar-dessay da Praganã Cuddal, Quema Saunto Bounsuló, tinha cedido a provincia de Satary por 3:000 rupias de renda a Purisrama Rane e Satrogy Rane dessays de Sanquelim, com a condição de a fazerem povoar e cultivar. Todavia esta condição nunca foi cumprida, nem por elles, nem por seus successores, não obstante serem ricos e variados os terrenos, em que assenta aquella provincia.

GOULYS DE SATARY

O total da area permanente cultivada em Satary é de 2:809 hectares; e a cultivada annualmente pelo systema de cumerins, que, por ser muito variavel, não se póde avaliar com precisão, calcula-se em 5 a 6:000 hectares.

Os tractos de terra, que relativamente melhor se cultivam, são os de terras baixas e de regadio; nos terrenos de sequeiro e nas montanhas povoadas de arvoredo fazem-se os *cumerins*. Estes terrenos, sendo cultivados de *nachinim* (dolichos biflorus), *orió* (panicum italicum), *culita* (dolichos uniflorus), *urida* (phaseolus max), *múgo* (phaseolus radiatus) e outras sementes indigenas, por tres annos successivos, ficam depois vinte e mais annos de pousio morto, á espera que o arvoredo se desenvolva, para ser novamente cortado e reduzido a cinzas.

Este systema esterilisador dos *cumerins* tem sido a principal causa do aniquilamento das florestas das Novas Conquistas, que, se fossem bem reguladas, seriam hoje mananciaes de uma riqueza inexhaurivel.

MESQUITA DOS MOUROS EM SANQUELIM

Nos terrenos planos das Novas Conquistas ha terras de *folha*, e terras *não afolhadas*. As primeiras são as que estão no periodo pascigoso; as segundas são, ou as que por inferiores estão permanentemente cobertas de mato, apenas ligeiramente lavrado por occasião de se fazerem as sementeiras dos legumes, ou as que, por constituidas n'um periodo avançado de fertilidade, admittem todos os annos a cultura activa.

As terras de folha, ou de pasto e lavor, estão de pousio tres a seis annos. Durante este tempo enrelvam nos primeiros annos, e tornam-se folhas pascigosas; embravecem depois, e passam ao estado de charneca.

Este mato corta-se no penultimo anno do pousio, e queima-se, para com as cinzas estrumar as terras que se alqueivam, a fim de no principio das chuvas seguintes se semearem de culita, pacôl, tory, orió, mugo e outros legumes.

Nos terrenos de regadio a mesma terra produz, sem difficuldade, duas colheitas de arroz, de *vangana* e de *serodio* e poderia dar ainda mais producções, se fosse convenientemente amanhada e adubada, e se se estabelecesse um systema regular de afolhamentos.

Em periodo de mais avançada fertilidade —periodo industrial e horticola— só se consideram os *culagòras* (hortas), os *ticâns* ou arecaes, e as novas plantações de café e algodão.

Tudo se obteria do excellente terreno das Novas Conquistas, se as aguas fossem sufficientemente aproveitadas para exercerem a sua influencia combinada com a do sol abrazador, que ali se respira nos mezes de abril e maio.

A agua é o sangue da terra, e as irrigações, quer naturaes, quer artificiaes, são o espirito animador dos campos, especialmente durante a estação estival.

A agricultura das Novas Conquistas diminutos resultados tem tirado das aguas, que abundam em muitos pontos, porque, exceptuando os campos de Collem, onde existe um extenso e magnifico canal, nenhuns trabalhos uteis se têem feito para obter o maravilhoso partido das irrigações.

Do que mais necessita o solo das Novas Conquistas, é de humidade durante a estação estival; se n'esta estação tivesse mais chuva e esta chuva fosse menos torrencial no inverno, seriam estas provincias as mais ricas do Estado da India em agricultura. Este desequilibrio, que de anno para anno cada vez se vae tornando mais sensivel, é devido ao córte irracional das florestas, que exercem uma grande influencia sobre a temperatura e quéda da chuva, e evitam o desnudamento dos declives, o areamento das terras baixas e o assoriamento dos rios.

FORTE DE SANQUELIM

Os gãocares e *roytes* (cultivadores) de Satary vivem n'uma extrema penuria; e vivem assim, porque quanto produzem é para pagar a renda ao Estado, e contribuições aos ranes, dessays, narcornins, bottos, etc., que muitas vezes, depois da colheita das cearas, não lhes deixam o necessario para a sua alimentação, não podendo reservar um fundo sufficiente, para bemfeitorias, custeamento das terras que cultivam, gados e trem de serviço, necessario a uma boa cultura.

Um gãocar que quer trabalhar para ganhar a vida e alimentar seus filhos, não o póde fazer, porque o *narcornim* o chama para seu *begarim,* ou *royte,* sem lhe pagar, porque é mercê do sonodo.

A outro desgraçado que lançou á terra 1 ou 2 curós de semente, que nada ou muito pouco produziu, porque a chuva escaceou, exige o narcornim com o sipay á porta, $^1/_2$ curó, ou deixa o miseravel debitado a seu favor de quantia que jamais elle poderá solver, attenta a conta de juros que o narcornim lhe faz, com a mira de obter uma ou duas cabeças de gado, que o gãocar possue.

Narcornim significa escrivão da camara geral, assim como *culcornim* significa escrivão da aldeia. Ora se em Satary não ha camara, para que são precisos narcornins? São homens prejudiciaes, porque, combinados com os bottos, ranes e dessays, só tratam de roubar a fazenda, e de explorar os pobres habitantes das Novas Conquistas.

Que se tribute, rasoavelmente, o povo para as despezas do Estado, é justo e indispensavel; porém tributal-o a favor d'aquelles individuos a quem o Bounsuló concedeu, segundo elles affirmam, essas mercês de que trata o sonodo, é cousa que se não conforma com a boa rasão, nem com a legislação de uma nação civilisada.

Os gãocares estão arruinados, e arruinam a provincia. Estão arruinados por falta de capitaes para os adubos necessarios e os amanhos competentes, sendo obrigados a adoptar um systema de cultura pouco lucrativa, tendo aliás de pagar á fazenda publica uma renda consideravel. Arruinam a provincia por estabelecerem n'ella um systema de cultura esterilisadora, e que dando-lhes productos, que se vendem facilmente, e com mais vantagem do que os obtidos por meio da cultura intensiva, tem comtudo o inconveniente de exhaurir o terreno, cuja força productiva cumpria economisar. Trabalhando unicamente com o fim de

CULCORNIM

augmentar o rendimento no presente, os gãocares tratam a terra como se estivessem em paiz inimigo.

Este systema de cultura adoptado por elles é devido principalmente a uma administração menos bem estudada pelo governo nas terras da provincia, permittindo (muitas vezes sem o querer ou sem o saber), com a garantia das leis, fóros, usos e costumes, a espoliação directa e indirecta.

A propriedade do trabalho e do capital é legitima. Deve, pois, ser assegurada no ponto de vista da justiça a que têem direito os gãocares, do mesmo modo que o governo portuguez a mantem aos proprietarios das Ilhas, Bardez e Salsete, e deve ainda ser garantida por outra rasão fundamental, deduzida da utilidade social.

A cultura que mais concorre para o augmento da riqueza nacional e tende a desenvolver indefinidamente o valor capital do solo, é a chamada progressiva; é portanto a que o governo deve tratar de promover, começando por garantir aos gãocares a propriedade das terras por elles cultivadas, e que á custa de muita fadiga e despeza reduziram á cultura, concedendo em aforamento perpetuo os terrenos pertencentes ao Estado nas Novas Conquistas nas seguintes condições:

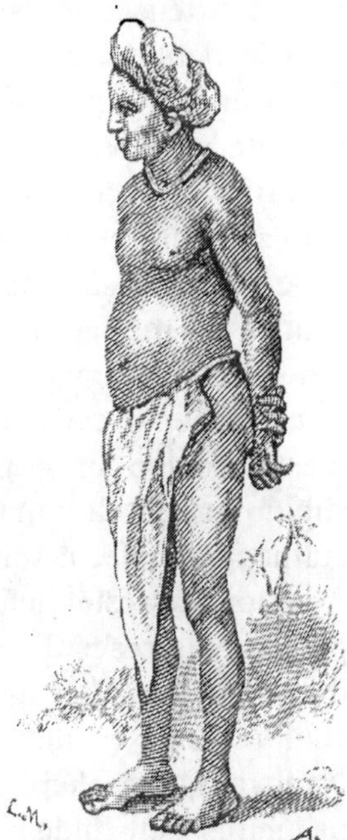

GÃOCAR DE SATARY

1.ª Que a terra arroteada seja isenta de toda a taxa ou imposição por um certo periodo, como por exemplo, pelos primeiros tres annos;

2.ª Que, depois do terceiro anno, a taxa será paga ao governo do modo seguinte: a setima parte de um terço, no maximo, ou de um quinto do producto bruto, segundo a feracidade ou pobreza do terreno, no quarto anno; dois setimos no quinto; e assim por diante, acrescendo um setimo annualmente por sete annos successivos, até completar a totalidade da taxa;

3.ª Que a taxa será imposta sómente sobre a terra cultivada; e que se farão quitas rasoaveis de parte da taxa ao prudente arbitrio do governo, em caso de perda total das cearas, proveniente de causas imprevistas[1].

---

1 Estes nossos alvitres foram em parte attendidos e regulamentados por decreto de 15 de setembro de 1880.

Florestas.—A conservação das florestas constitue um dos primeiros interesses da sociedade. É d'ellas que a agricultura, a architectura, e quasi todas as industrias colhem os alimentos e recursos, que nenhuma outra fonte de producção póde offerecer-lhes. Assim os legisladores de todos os tempos têem feito da conservação das florestas o objecto da sua constante solicitude; e poucas cousas ha hoje tão merecedoras da attenção dos economistas, como a questão da extensão e distribuição d'ellas sobre um paiz.

Nas montanhas das Novas Conquistas a conservação das florestas é de grande utilidade; porque sem ellas os extremos de aridez e humidade, já hoje muito sensiveis, seriam muito mais excessivos, e a hervagem para alimentação dos gados inteiramente impossivel desde novembro até junho. As florestas são nas montanhas de uma fertilidade notavel, e uteis de muitas maneiras. Capitalisam na terra um novo fundo de estrumação produzido pela folhagem, fundo de esterroamento causado pelo seu raizame, e podem dar ao mesmo tempo um grande lucro, sendo bem exploradas, pelo subido preço das madeiras de construcção, e ainda pela cultura do café, á sombra do arvoredo.

A zona florestal definida e demarcada em 1871 em Satary, para matas reservadas do Estado, assenta na parte central da provincia. Abrange a superficie total de 1:616$^{\text{hect.}}$,4112, e comprehende as aldeias de Buimpal, Comarconda, Dabem, Nagovem, Ansolem, Massordem, Mauxi e Morlem[1]. Nas primeiras sete aldeias, as essências florestaes dominantes são: *nanon* (Laguertroemia microcarpia), *asson* (Baidelia-spinosa), *marêta* (Terminalia glaba), *quinzól* (Penlaptera-paniculata), e o *jambó* (Inga xylocarpa). Em Morlem a flora dominante é a *teca* (Tectona grandis), de que está densamente povoada, e que nasce espontaneamente.

O valor real das matas reservadas n'esta provincia é de 404:102 rupias, representadas por 1.616:411 arvores, ado-

1 Vide carta de Satary.

ESTREITO DO MACARCHANDÓ

ptadas as mesmas bases que se estabeleceram para a provincia de Pernem.

Avely.—Fronteira a Sanquelim, na margem direita do *Torlinoy-volvota,* sobre uma eminencia, está a *avely,* ou casa grande.

É n'esta *avely* que reside o sr. Raugy Ranes, Sar-dessay de Sanquelim, a quem renovâmos os nossos agradecimentos, e onde por duas vézes estivemos hospedado, sendo n'uma d'ellas gravemente enfermo, quando no dia 9 de maio de 1863 os nossos collegas da commissão das matas, os srs. coronel João Luiz de Oliveira e Filippe Nery Xavier, para ali nos conduziram, quasi moribundo, depois da ascensão que fizemos ao *Vaguerim,* sob um sol abrazador.

Em maio a temperatura sobe ao seu maximo. O calor é ardente, só mitigado pela viração das tardes, e é n'este mesmo mez que de dia para dia mais se pronunciam os symptomas da proximidade da estação das chuvas.

Quasi no fim do mez sobrevem descargas electricas do quadrante de leste, e com ellas todos os phenomenos correspondentes —chuvas, relampagos, trovões e raios, furacões e cyclones— que continuam até aos primeiros dias do mez de junho.

Pagode de Vithól-deu.—Em frente da habitação do sr. Raugy Ranes está o grande pagode do deus *Vithól, Vithobá,* ou *Panduranga.*

Este templo hindú terá dois seculos de existencia. Está situado na margem direita e á cavalleiro do Torlinoy-volvota, no centro da antiga fortaleza gentilica, no bairro *Vitholapur,* da aldeia de Carapur. Foi mandado construir pelos antigos ranes.

Ácerca da origem da sua instituição nada mais sabemos do que o que nos relatou o sr. Suriagy Amanda Ráu, lingua do Estado da India, e que corre entre o povo satariense e as familias dos ranes.

Dizem elles que o seu *Vithól,* deus da castidade e orago do pagode, fôra para ali conduzido de *Pandharpur* ou *Pan-*

dhary, cidade ao sul da India, por um dos ascendentes dos ranes; ou conforme alguns, que elle o achára por acaso, e o tomára como objecto digno de adoração.

O certo é que lhe dão o nome de *Vithobâ* ou *Panduranga*, derivado de Pandharpur, aonde o deus Panduranga é adorado por toda a gentilidade do Industão, que para ali vae em romaria duas vezes por anno—em julho e novembro. Este pagode de Panduranga, em Carapur, onde se não fazem essas romarias, tem comtudo algumas festividades annuaes, que são feitas a expensas dos ranes, concorrendo tambem os bazareiros de Sanquelim com a sua quota, como para a *Cheitriponan*, ou procissão do *Róto*, que é feita de noite, e se vê no desenho do pagode de que se trata.

NARCORNIM

Não possue este pagode donativos em dinheiro, como os principaes da nossa India, e é o unico que não tem por sua conta *bazanterys* ou musicos, nem bailadeiras, não obstante existirem na sua vizinhança algumas familias d'estas, sustentadas pelos ranes.

O carro denominado Rôto ou *Rotti—Jatra* é igual, como se vê no desenho, guardadas as devidas proporções, aos de Jaggathnata ou Djaghernat na cidade de Pury. Os carros mais notaveis que vimos na nossa India, alem do de Vitholapur, são os de Partagal em Canácona, o de Chandrenat ao sueste de Salcete, e o de Quiolá em Pondá. São todos de madeira cheia de lavores caprichosos, e repugnantes esculpturas.

Bavinas.—Algumas *bavinas*, e umas oito familias de *bottos*, que residem nas immediações, são as que se empregam no serviço do culto do pagode.

As *bavinas* são uma especie de vestaes consagradas desde a infancia por seus parentes ao serviço das divindades gentilicas, e pelas quaes juram dedicar-se unicamente ao serviço religioso. Têem a seu cargo o conservarem constantemente a illuminação do sanctuario, a limpeza, lavagem dos idolos, e outros mistéres no interior do templo.

GÃOCARINAS DE SATARY

Cada pagode tem um determinado numero de *bottos* empregados no serviço do culto, que é feito a horas estabelecidas, tanto de manhã como á noite. Os bottos, em paga do seu serviço, possuem terras denominadas *deussuns,* ou recebem certas rendas á custa dos fundos do pagode, ou dos instituidores, se este não tem rendimento proprio.

Os bottos de Sanquelim são os que mais se distinguem pelos seus conhecimentos em theologia hindú. Dizem que é a unica localidade do Estado da India, onde existem bottos profundamente versados nos estudos da sua profissão.

Para as procissões, que quasi sempre têem logar de noite, e para outras praticas religiosas que se effectuam fóra do pagode, têem as *calavontes,* e os *bazanterys,* cabendo a estes a obrigação de tocar a *rabana* (musica gentilica) tres vezes por dia, a primeira ao romper d'alva, a segunda ao meio dia, e a terceira ao pôr do sol.

As bavinas e calavontes têem diversos mistéres: as primeiras não dansam, e, em geral, conservam toda a vida a sua virgindade, e as segundas dansam em todas as festividades gentilicas, sempre duas a duas, e face a face. A musica que as acompanha em seus canticos consiste nos simples sons desferidos de um instrumento chamado *serungui,* de que já fallámos, no primeiro volume, com acompanhamento de pequenos tambores cylindricos ou *murdangos,* e de *táles* ou pratos de metal. No fim de cada dansa todas as dansarinas se voltam para o idolo com as mãos erguidas para o adorarem, fazendo os mesmos movimentos e gestos.

As *calavontes* são mais cónhecidas pelo nome de bailadeiras, que lhes deram os primeiros portuguezes, que vieram á India. Recebem a mesma educação que as bavinas, mas não são como estas exclusivamente consagradas ao serviço dos templos. Dedicam-se tambem a dansar e cantar em festividades publicas e particulares, tanto religiosas como profanas, e ao mistér de rameiras.

Pagode de Bhagaváty.—Está situado este pagode na aldeia de Poriem, mocassó de Deubá Ranes, da provincia de Satary. É construido de conglomerada lateritica, e o tecto de abobada da mesma pedra, coberto de telha, e com muitas setteiras nas empenas.

Este pagode é uma fortaleza gentilica, celebre entre os gentios, por causa do juramento do ferro em braza, que outr'ora n'elle se fazia, e ainda hoje se usa em occasiões

CHEITRIPONAN OU PROCISSÃO DO RÔTO

solemnes. Este juramento consiste em applicar um ferro candente sobre a palma da mão direita da pessoa ajuramentada, tendo por intermedio uma folha de bétle. O botto faz previamente uma oração á deusa, para que o ferro queime o individuo, se elle for effectivamente culpado, e jurar falso, ou que o ferro se esfrie, caso esteja innocente.

Este juramento, denominado de *Rovó,* fôra inspirado pela convicção de que a Providencia Divina altera sempre a ordem da natureza, quando isso é mistér para proteger a innocencia ultrajada, e nunca deixa de punir o crime.

Não ha na India portugueza nenhum outro pagode, onde se prestem juramentos de similhante natureza, exceptuando, porém, o pagode de *Malsá,* na provincia de Pondá.

Alaháo.—Exercendo as funcções de administrador fiscal interino da 2.ª divisão das Novas Conquistas em 1866, tivemos occasião de assistir ao *alaháo* n'aquelle anno em Sanquelim.

O *alaháo* é o carnaval dos mouros.

As mulheres mouras, que sempre occultam seus rostos á vista curiosa dos europeus, vestem-se n'estes dias o mais elegantemente que podem, e deixam ver em publico seus bellos rostos desvelados.

No primeiro dia reunem-se todos os mouros na mesquita, que em Sanquelim é mesquinha e sem fórma architectonica digna de menção, e ali, em frente d'ella, abrem uma cova, que terá 1m,50 de diametro. Em seguida enchem a cova de combustivel, e lançam-lhe fogo, que é alimentado com lenha aromatica durante os tres dias do alaháo.

Concluida a ceremonia da fogueira, percorrem a povoação com seus turbantes engrinaldados de flores, e armados de espadas com o gume embotado, dansando, cantando e tocando á porta das auctoridades e principaes habitantes.

As dansas consistem em os dansantes se dividirem em dois turnos collocados um em frente do outro, como em acção de combate.

Ao principio formam roda, e, tendo no centro o chefe, cantam, ou, para melhor dizer, gritam todos ao som infernal dos tambores, gumates, e pratos de metal. O chefe retira-se depois para um lado, e as duas filas entram a esgrimir com a mestria, que lhes é peculiar. N'estes combates simulados alguns ficam contusos.

No terceiro dia sáe da mesquita uma procissão, indo á frente d'ella um mouro com uma grande mão de prata hasteada n'um pau ornado de panno encarnado. Aos lados d'este mouro vão muitos outros com *churtes* ou archotes de *sissó* accesos.

De volta á mesquita passam por cima do brazido da fogueira, que se acha em frente d'ella, e vão depor sobre o altar, junto de mais duas mãos tambem de prata, que ali se vêem entre muitas luzes e flores, a que levaram em procissão.

Em seguida o *cági* ou *imane* (sacerdote mouro) recita uns versiculos do alcorão, terminando por todos os circumstantes gritarem: Allah! Allah! saíndo logo da *pyro* ou mesquita para junto da fogueira. Aqui o *cági* toma com as mãos (sem se queimar, dizem elles) algumas brazas, que lança sobre os crentes que o rodeiam, como se espargisse agua benta.

Terminada esta ceremonia, tiram todo o brazume da cova, e collocam em seu logar um fardo de arroz cozido, que, depois de bem coberto com terra, ali fica depositado até ao primeiro dia do alaháo do anno seguinte.

Plantações de café.—Aos novos colónos que dispõe de sufficientes capitaes, é facil tirarem bastante proveito do seu emprego nas plantações, porque seguem o systema chamado cultura intensiva. A agricultura é para os novos plantadores de café em Satary, como uma empreza fabril, que produz na rasão dos capitaes que lhe applicam. Com machinas perfeitas, como têem, com muitos gados, e por consequencia com muitos estrumes e bons amanhos, com copioso emprego de correctivos, nos terrenos que d'elles carecem, com um bom systema de irrigação, e podendo guardar as novidades para as venderem quando tiverem melhor preço, podem, se juntarem ao grangeio das terras o auxilio de algum dos ramos da industria agricola mais apropriado á localidade, tirar grande proveito das plantações, uma vez que d'ellas façam uma judiciosa applicação.

Nas novas plantações de café em Satary encontram-se em pleno estado de vegetação as seguintes variedades de

RAUGY RANES, SAR-DESSAY DE SANQUELIM

caféeiro, a saber: *Laguna, batangas, somboangas,* e as variedades do das Ilhas Filippinas. O fructo das primeiras variedades é o que tem o melhor preço no mundo commercial; e a ultima é uma variedade silvestre, que cresce espontaneamente nas Filippinas.

Alem d'estas, encontram-se tambem, tanto o celebrado caféeiro denominado *Heva Hatti,* de Ceylão, como o indigena de Belghat e de Jamboty. Estas plantas foram importadas dos Gattes e de Cananor.

O caféeiro (*coffea arabica* de Lin.), ainda que em pequena quantidade, tambem de ha muito se cultiva nos arecaes das Novas Conquistas. O café produzido é de excellente qualidade, sendo por muitos entendedores considerado superior ao de Moka.

Plantações de café em Caranzol.—Os bangalós, officinas ruraes, e os viveiros pertencentes ás plantações chamadas *Cavenagh, Marianna* e *Georgia,* primeiramente denominadas de S. Francisco, foram começadas sob a direcção de mr. Colman em março de 1863, no ponto denominado pelos indigenas *Movanchó-gundó,* pedra do mel, da aldeia de Caranzol, na margem esquerda do rio Madey.

Plantações de Vellus e Massordem.—Os bangalós e officinas das plantações de Vellus e de Massordem, denominadas *All Saint Grant,* foram construidos em 1863; as de Vellus, na margem esquerda do rio *Velluscho-noy,* no ponto limitrophe de Vellus, Massordem e Curchem; e as de Massordem, na margem direita do rio *Massordencho-válo.*

Os colonos, Thiago Barnwel Hayne, natural de Georgia, e Carlos Maddox, natural de Londres, assignaram o seu contrato de arrendamento em 27 de setembro de 1862.

Em 1863, Thiago Barnwel Hayne e Carlos Maddox dividiram entre si as terras do seu arrendamento.

O colono Hayne associou-se depois a Michael Hugh Scott e Archilad Champbell, conhecidos em Bombay com a firma de *Ritchie Stuart & C.ª*; e C. Maddox, depois de obter licença por despacho da junta da fazenda de 27 de janeiro de 1864, trespassou a João Smith, João Fleming, Roberto M. Huracth e Alexandre Bowen, conhecidos sob o nome e firma de *Guilherme Nichol & C.ª*, as terras do seu arrendamento, sem prejuizo das primitivas condições.

Por termo de 31 de janeiro de 1866, assignado por Jorge Barnerman, como procurador de T. B. Hayne e de C. Maddox, se obrigaram ambos a pagar á fazenda a respe-

AVELY OU CASA DO SR. RAUGY RANES

ctiva renda, em relação á parte que pertence a cada um, segundo a divisão por elles feita em o 1.º de outubro de 1863.

Plantações de Codal, Satrem e Surla.—A plantação denominada *Mathilde,* em Codal, foi começada em 17 de março de 1863; a de *S. Miguel,* em Satrem, em outubro de 1864; a de *Santa Anna,* em Surla, em abril de 1865; todas sob a direcção de J. F. H. Nimmo.

O colono Edward Gassett, natural de Boston dos Estados Unidos da America, assignou o seu contrato de arrendamento, celebrado com a junta da fazenda, em 4 de fevereiro de 1863.

Por termo de 27 de fevereiro de 1864 concedeu-se-lhe licença para ceder ou trespassar, sublocar ou hypothecar os terrenos arrendados, declarando-se, comtudo, que se não consideraria consummado o contrato respectivo, se lhe não precedesse licença especial da junta da fazenda. N'esta mesma data E. Gassett transferiu o seu contrato de arrendamento a Rustamjee Jemstjee Jejebhoy, que em o 1.º de maio de 1868 a passou a Miguel Rosario de Quadros, negociante de Bombay.

Plantação de Pendral.—As plantações denominadas *Emilia* e *Dorchingo,* em Pendral, foram creadas em março de 1865 pela companhia *Goa Coffee Company,* em parte das terras arrendadas a D. Jorge Augusto de Mello, natural de Lisboa, em 11 de fevereiro de 1863.

O colono D. Jorge Augusto de Mello sub-arrendou as suas terras a T. J. B. Hayne, e este com os seus socios Scotts sublocou uma parte d'ellas á referida *Goa Coffee Company Limited,* formada em Bombay, e a outra a Forrestt London Browen, tambem de Bombay.

Em 1867 a sociedade *Goa Coffee* trespassou as mesmas terras a Thomas Crawford, igualmente de Bombay, que d'estas tomou posse em dezembro do referido anno.

O bangaló pertencente a estas plantações está situado na aldeia de Pendral, na margem direita do rio *Pancheró,* no ponto em que este rio corta a estrada *Torres Novas.*

Plantação Louisiana.—O bangaló, officinas e a plantação denominada *Louisiana Grant Plantation,* foram começados por Hugo Baldewen Major, cidadão americano, por conta da sociedade *Louisiana,* em março de 1865, no sitio chamado *Codolcon-dongôr* da aldeia de Cotorem, na margem esquerda do rio Madey.

O colono H. Baldewen Major assignou o seu contrato de arrendamento em 25 de fevereiro de 1863; e por termo de 20 de outubro de 1864, as terras arrendadas foram por elle sublocadas a Affonso Henrique Berthondo e Leopoldo Alfredo Augusto de Conbon, negociantes de Londres, e Julio Imen, negociante de Marselha.

BOTTO REGRESSANDO DO PAGODE

Estas plantações, constituidas segundo os preceitos de uma esclarecida agronomia, e tão promettedoras de bons resultados, não têem estendido a sua área ao ponto aonde os colonos pretendiam leval-as por falta de capitaes sufficientes, falta devida á grande crise commercial de Bombay, nos annos de 1866-1867.

Para o leitor conhecer as condições exaradas nos arrendamentos feitos aos novos colonos de Satary transcrevemos n'este logar o termo de arrendamento assignado por Thiago Barnwel Hayne e Carlos Maddox, que serviu de base aos ulteriores concedidos pela junta da fazenda publica do Estado da India.

Termo de arrendamento que assignam Thiago Barnwel Hayne e Carlos Maddox

«Aos vinte e sete de setembro de mil oitocentos sessenta e dois, perante a junta da fazenda publica do Estado da India compareceram Thiago Barnwel Hayne, natural de Georgia, nos Estados, hoje conhecidos como confederados da America, e Carlos Maddox, natural de Londres, e por elles foi dito que queriam tomar por arrendamento á mesma junta da fazenda, por tempo de cincoenta annos, uma porção das terras da provincia de Satary, pertencente ao governo

VITHÒL-DEU DE VITHOLAPUR

portuguez, limitada ao S. com aldeia de Vantem e pelo rio que corre a leste pela aldeia Padely, n'uma linha recta para leste, passando um pouco ao S. das aldeias Calandem (Cotorem) Chelopa—Curdo, e Siranguly, até setenta e quatro graus e quinze minutos de longitude de leste, e d'ahi em linha recta para o norte no mesmo parallelo de longitude até que corre em linha recta para oeste até cima de Paly ao norte, d'ahi para oeste por Gabanem d'ahi para Satarim (Sanquelim) em linha recta para oeste até á estrada publica perto de Arvalem, atravessando a estrada para Pissurlem, e n'uma linha recta para Vantem, sob as condições seguintes:—Primeira de ser adjudicada aos contratantes pelo supradito tempo de cincoenta annos, a contar desde hoje, toda a porção acima mencionada á excepção da que for propriedade particular, ou que tenha sido já aforada, ou arrendada a outrem, e das matas do Estado, onde houver madeira de construcção; principalmente para plantação de algodões, café, gengibre, ou outras culturas desconhecidas n'este paiz, e qualquer cultura conhecida no paiz unicamente para seu consumo, e de pagarem annualmente por todo o terreno cultivado, comprehendido dentro dos limites acima mencionados, quer seja aproveitado, quer deixado em pousio para descanso, ou outro algum fim agricola, uma rupia por cada acre (inglez) em duas prestações iguaes a semestre, depois de findos os primeiros cinco annos, a contar tambem desde hoje, durante os quaes não serão obrigados a satisfazer cousa alguma pelo presente arrendamento;—Segunda, de começarem os trabalhos de cultura, de que se trata, um anno depois de assignado o presente contrato;—Terceira, de terem direito á renovação d'este contrato para mais cincoenta annos, depois de findos os primeiros cincoenta annos de adjudicação dos terrenos em objecto, no caso de haverem cumprido com as condições do presente contrato;—Quarta, de não terem direito a indemnisação alguma quando por qualquer motivo abandonem o terreno concedido para a cultura, e de ficarem pertencendo ao governo portuguez todas as bemfeitorias n'elle feitas;—Quinta, de serem considerados propriedade dos contratantes todos os productos de agricultura de qualquer natureza, á excepção de thesouros e minas, dos primeiros dos quaes pertencerá metade aos contratantes e outra metade ao governo portuguez,

TORLI-NOY VOLVOTA EM VITHOLAPUR

bem como os cinco por cento das segundas (minas);—Sexta, de ser o mesmo governo portuguez obrigado a conservar em bom estado a estrada, que das terras concedidas aos contratantes se dirige até Sanquelim;—Setima, de poderem contar com a protecção do governo portuguez, assim pelo que respeita á segurança da propriedade contratada, como aquella que as leis vigentes garantem aos estrangeiros e aos subditos portuguezes;—Oitava, que por falta, ou seja do pagamento de qualquer prestação no tempo vencido, ou seja do cumprimento do alguma das condições accordadas, se deve considerar dissolvido o presente contrato se a junta assim o entender;—Nona, finalmente, que elles renunciavam todos os casos fortuitos, cogitados e não cogitados, solitos e insolitos, sem que de nenhum d'elles se possam valer em tempo algum para qualquer effeito que seja.—Ao que tudo annuiu a mesma junta, e declararam os contratantes, que acceitavam o presente arrendamento, sob as obrigações e clausulas acima mencionadas, obrigando-se ao cumprimento de todas ellas por suas pessoas e bens, presentes e futuros.—Depois de escripto este termo lhes foi lido e explicado pelo ajudante de ordens do governo, D. Jorge de Mello, e achando elles que estava conforme com o que haviam antes indicado, se assignaram no mesmo termo com a supradita junta, com o dito ajudante d'ordens; declarando as partes contratantes, ao que a junta annuiu, que este contrato era extensivo aos seus herdeiros.—O ajudante do escrivão vogal, Vicente Salvador Vaz de Goes o fez escrever.=*Conde de Torres Novas*=*Sequeira Pinto*=*Lorena*=*Serra e Moura*=*Araujo*=*James Barnvel Hayne*=*Charles Maddox*=*D. Jorge de Mello,* como interprete.»

Serra Moura.—Tratando-se dos arrendamentos feitos aos novos colonos de Satary, para que tanto concorreu com os seus vastissimos conhecimentos o nosso bom amigo, conselheiro Thomás Nunes da Serra e Moura, então procurador da corôa e fazenda do Estado da India, seria falta imperdoavel se deixassemos de consignar n'este logar seu nome illustre por tantos titulos e conceitos.

CONSELHEIRO THOMÁS NUNES DA SERRA E MOURA

O sr. conselheiro Thomás Nunes da Serra e Moura é homem de probidade inconcussa, um funccionario modelo de apurada intelligencia e energia pouco vulgar, de profundo saber e lealdade nos negocios judiciaes e administrativos das nossas possessões asiaticas.

Os seus pareceres, publicados em dois volumes, sendo um ácerca dos negocios em que foi consultado pelo governo geral da India, e outro dos pareceres fiscaes dados á junta da fazenda publica, são superiores a toda a apreciação que d'elles poderiamos fazer em tão curto espaço, e revelam aturada investigação, intelligencia e vastissimos conhecimentos sobre legislação e administração colonial. Entre elles torna-se notavel o que respeita ao estabelecimento do jury em Goa, e que é um verdadeiro primor de erudição e profundo conhecimento da sociedade indiana.

Alem d'estes pareceres, é s. ex.ª auctor da energica *Defeza e reclamação da junta da fazenda publica do Estado da*

PAGODE DE BHAGAVÁTY DE PORIEM

India, dirigida a Sua Magestade El-Rei em 1864, —que já citámos fallando do sr. conde de Torres Novas— e de numerosos e importantes relatorios dirigidos ao governo local e ao da metropole, os quaes, se um dia forem publicados, serão um grande auxiliar para a historia da nossa India e um brazão de gloria para a magistratura portugueza.

Concluida a frequencia do 3.º anno de direito, alistou-se no batalhão academico em 1846, na revolução denominada da *Maria da Fonte*.

Fez parte da expedição ao Algarve.

Desembarcando em Lagos, foi por terra para Faro, e chegando ahi, soube que tinha sido despachado commissario civil da secção de Tavira, como o seu condiscipulo, nosso mallogrado amigo e collega do parlamento, Custodio José Vieira, para a de Lagos, e Mendes de Almeida para a de Faro.

Acabada a lucta fratricida, voltou a concluir os seus estudos, formando-se em direito em 1849.

Em 1850 estabeleceu banca de advogado em Alemquer.

Em 1860 foi nomeado, precedendo concurso, juiz de direito da comarca de Bardez.

Em 1861, precedendo igualmente concurso, foi nomeado procurador da corôa e fazenda junto da Relação de Goa.

Regressando a Portugal em 1867, pediu, por motivo de interesses de familia, ser collocado no reino, sendo nomeado no mesmo anno juiz de direito da comarca de Castro Daire, aonde então servia de delegado do procurador regio o energico Valentim de Faria Mascarenhas Lemos, cunhado do auctor d'este livro, e cognominado o terror dos ladrões e assassinos.

Escolhido esse ponto militar para a sublevação de 1870, conduziu-se ali de maneira como attestam os seus relatorios, que foram lidos na camara dos senhores deputados pelo então ministro do reino, e hoje nobre presidente do conselho de ministros e ministro do reino, o ex.^mo^ conselheiro José Luciano de Castro.

Voltando á India no seu antigo logar de procurador da corôa e fazenda em 1872, foi nomeado juiz da Relação de Nova Goa em 1877.

Presidente da mesma Relação em 1878, fazendo parte do conselho governativo, pelo fallecimento do governador geral visconde de Sergio de Sousa, effectuaram-se durante o

BOIÁS E ACARRETADORES EM DESCANSO

curto periodo d'essa governação, as importantes obras do lendario palmar de Miguel José em Pangim, e as do largo do conselho governativo na antiga cidade de Velha Goa.

Pelos seus serviços no Estado da India foi agraciado com o grau de commendador da Ordem militar de Nosso Senhor Jesus Christo em 1862, e com o titulo de conselho de sua magestade em 1867.

Regressando ao reino, foi aggregado á Relação de Lisboa como juiz da segunda instancia em 1882, e no mesmo anno collocado na effectividade.

Em 1884, cedendo ás instancias de dois individuos estranhos á politica d'essa epocha, acceitou, sem compromissos politicos, a commissão de governador civil do districto do Funchal; e regressando ao continente no mesmo anno, pediu a sua exoneração, continuando actualmente a fazer serviço na Relação de Lisboa na qualidade de juiz d'esse tribunal.

A biographia de Serra Moura, nosso consocio, não está ainda escripta; mas quando se escrever ha de por certo occupar paginas brilhantes na historia contemporanea da administração do Estado da India.

Algodão.—Encontram-se nas novas plantações magnificos exemplares de algodoeiro *(gossypum)*, de *cacau*, *baunilha*, *gengibre* e de *cinchona*, de que os novos plantadores estão ensaiando a cultura.

Estas plantas introduzidas em Satary, depois de muito trabalho e despeza por mr. Scott, vieram: o algodoeiro herbaceo do Egypto; o *cacau* dos jardins botanicos de Ceylão; a *baunilhá* do Mexico e da Mauricia, e a *cinchona* da India meridional.

Cacaoeiro.—A especie que se pretende estabelecer em Satary, é a *Theobroma cacau*, de Lin. É uma arvore que póde adquirir mais de 10 metros de altura. O fructo, denominado *cabossa*, tem o envolucro exterior de 6 linhas de espessura; é muito consistente, e contém de quinze a quarenta grãos, que são o cacau do commercio. Os grãos são envolvidos de uma polpa agradavelmente acida, com a qual se fazem refrigerantes.

Estes grãos torrados adquirem um sabor agradavel, doce e oleoso; e reduzidos a pó, misturados com assucar e algumas substancias aromaticas, taes como a baunilha, a canella, etc., servem para a fabricação do chocolate.

O cacaoeiro é indigena do tropico americano, e uma das plantas a que os mexicanos e amazonenses prestam grande attenção.

MOVANCHO-GUNDÓ OU PEDRA DO MEL EM CARANZOL

Gengibre.—O gengibre, ou *Allem,* em concany *(A. Zingiber,* de Lin.), existe no estado silvestre na Asia equatorial e na China. As rhisomas tuberosas são conhecidas no commercio sob o nome de raiz de *gengibre;* na India são ellas alimentares, mas empregadas sobretudo como condimento.

Em Inglaterra faz-se d'ellas uma especie de cerveja aromatica, estimulante, e de um sabor muito agradavel ao paladar inglez. Por esta circumstancia esperam os plantadores colher grandes vantagens da cultura em larga escala do gengibre, que os indigenas da nossa India ha muito cultivam para seu uso.

Cinchona.—As especies de *cinchona* que se pretendem aclimatar e cultivar em Satary, são a *C. succirubra* e a *C. micrantha,* que, na altitude de 2 a 6:000 pés de cota de nivel produzem uma preciosa casca.

BANGALÔ DA LOUISIANA EM COTOREM

A *cinchona* pertence á familia das rubiaceas. Os generos d'esta interessante familia têem sido divididos em onze tribus, sendo principaes as duas seguintes: *Coffeacea* e *Cinchonea.* Esta segunda tribu apresenta os seguintes caracteres: ovulos solitarios nos septos, e os fructos polyspermas.

Gado de meia estabulação.—Os satarienses conservam nos *gothos* ou curraes as vaccas, especialmente as paridas, ou as mandam para as pastagens, a fim de lhes aproveitarem o leite, emquanto os bois e os bufalos são de preferencia jungidos ao arado.

De manhã, depois de ordenharem as vaccas e as bufalas, desprendem-n'as, abrem-lhes os gothos, e ellas, sem que ninguem as conduza, se vão com os bois, os bufalos e as cabras reunir n'um ponto determinado da povoação, onde se forma um grande rebanho de todo o *pachu* da aldeia, que não tiver de ser empregado no serviço dos campos.

Ás oito horas, pouco mais ou menos, depois de tomarem a sua *canja,* um pastor experiente e alguns rapazes conduzem todo o gado ás pastagens. Ao meio dia, e ás quatro horas da tarde dirigem os gados aos logares onde os costumam abeberar, e ao pôr do sol recolhem com elles para a aldeia.

Durante a quadra pluviosa, o gado estabulado come uma porção de herva, e na estação secca e relativamente fresca dão-lhe palha de arroz ou algum feno. Os animaes de trabalho, alem da palha, recebem tambem alguma *pináca.*

Ás vaccas creadeiras dão-lhes a competente ração de palha, e uma beberagem, acida e refrigerante, de agua com farinha de nachinim e de outras farinaceas, a que juntam os restos do leite coalhado.

Bondy.—Os sataryenses de casta maratha dedicam uma grande parte do tempo a exercicios venatorios nas florestas da provincia, onde existe muita chitella, meruns, javalis, bocris, etc.

No dia destinado á caçada, que é pelo menos um de cada semana, na epocha propria, como preceito religioso, depois de tomarem a sua canja matinal, todos os aldeãos despuniveis dos trabalhos ruraes e domesticos reunem-se no largo do pagode da aldeia, e d'ali, conduzidos pelo primeiro gãocar, partem para o logar aonde presumem haver caça grossa. Chegados ao ponto previamente combinado, o gãocar distribue as esperas, que, armadas das suas caçadeiras, sobem a grandes arvores, aonde, acocorados esperam o ensejo do apparecimento da caça.

BONDY OU VOLTA DA CAÇADA

Estabelecidas as esperas, entram na parte densa da floresta os begarins, maneys ou roytes, destinados a montear a caça, dando gritos e fazendo grande vozearia.

A caça, espantada, desencova, e procura saír das moitas, fugindo ao perigo que a ameaça. É então que as esperas fazem fogo. Se a caça é ferida mortalmente, o que acontece quasi sempre, por os sataryenses serem dextrissimos atiradores, o caçador, depois de se assegurar de que está effectivamente morta, abre-lhe o ventre com a coity, que traz á cintura, arranca-lhe as visceras, e embrulha-as em grandes folhas de combió. Em seguida é conduzida para o terreiro do pagode. Á frente dos conductores collocam-se os caçadores e bazanterys tocando xinga, bategas de cobre, táles e atabaques, e fazendo uma gritaria infernal.

É a este acto que os sataryenses dão o nome de *bondy*, ou volta da caçada.

Quando regressam ao pagode collocam a caça no regato proximo, onde fica a macerar na agua corrente tanto tempo quanto for aquelle que o *gaddy*, astrologo ou feiticeiro da aldeia, determinar, para se fazer a distribuição da carne em conformidade com o rito religioso e estylo da povoação, a que geralmente procedem pela fórma seguinte:

O gãocar corta uma grande folha de bananeira, estende-a em frente da porta do pagode, e sobre ella se colloca a peça de caça com o lado direito voltado para cima. Cercada pelos caçadores, fica o gãocar junto da cabeça e ao seu lado direito o gaddy, que, tirando do langotim um punhado de arroz com casca, o distribue pelos circumstantes. Finda a distribuição, juntam as mãos em acto de adoração, e o gãocar recita em voz alta uma rogativa ao deus da caça, terminando por os caçadores lançarem o arroz sobre o animal gritando: *Mahadeu, Mahadeu.*

Em seguida o gãocar faz um rolo de bétle e areca, introduzindo-lh'o no pavilhão da orelha, para logo a cortar e ir solemnemente deposital-a aos pés do idolo, onde está um pantim acceso. Voltando para junto do animal, corta-lhe a perna direita (que é dedicada ao idolo), e tirando d'ella alguns bocadinhos, espeta-os em varinhas e chamuscando-os na fogueira, que se vê no desenho do natural ao lado do pagode, os offerece ao deus tutelar da aldeia, distribuindo-os depois pelos assistentes. Terminada esta ceremonia, cortam os caçadores a perna esquerda do animal, que pelo uso estabelecido pertence ao dessay, antigo senhor da aldeia; depois o membro anterior direito, que compete ao primeiro gãocar; após este o esquerdo para o atirador que feriu a caça; e finalmente, a parte restante, comprehendendo a pelle, os ossos e as visceras é cortada em muitos bocadinhos de que fazem tantos quinhões quantos são os caçadores e auxiliares da caçada.

CAPITULO VII

Pondá—Fondem—Palacio dos reis de Sundem—Jazigo dos reis de Sundem—Sabamossudó—Pagode de Xantadrugá—Pagodes—Sandhiá—Pagode de Malsá—Mythologia concany—Brahmá—Camalassana—Sarasvaty—Bavalye de Brahmá—Vishnú—Rotnãs—Encarnações legendarias de Vishnú: Matsá avatar, Curma avatar, Varah avatar, Naraxium avatar, Vâmana avatar, Purisseramo avatar, Ramã avatar, Crishná avatar, Budha avatar, Calunqui avatar—Shiva ou Mahés—Câmadhênu—Bétal—Veddo—Pagode de Camaxa-deu—Zátará—Procissão gentilica—Religião—Padroado.

A provincia de Pondá ou Antruz abrange a superficie quadrada de 250 kilometros, e tem 28 aldeias, 3 parochias, 7:512 fogos e 39:421 habitantes. Outr'ora dos dominios do rei de Sundem passou ao poder dos portuguezes em 1763, quando aquelle soberano, sendo atacado pelos marathas, nos pediu soccorro. Forçados os marathas pelas nossas armas a passar os *Gattes,* foi necessario que o Estado ficasse occupando então a mesma provincia, para não caír de novo em poder d'elles, quando tentassem uma nova refrega contra os dominios do inerme rei de Sundem.

Coube ao conquistador Aydar Alli Kan desappossal-os dos outros dominios confinantes, na maior parte da fronteira meridional, ficando os marathas na posse de outras porções dos dominios d'aquelle rei.

Pondá é a capital da provincia do mesmo nome. O sitio onde se acham os quarteis militares, que representa o nosso desenho, chama-se *Fondem* ou Pondá e é um bairro da aldeia de Quiolá. Esta aldeia tem 5:181 habitantes, sendo 1:103 christãos e 4:078 não christãos.

Em 1764 foi a praça de Pondá, denominada *Mórdongôr*, conquistada e demolida pelo vice-rei conde da Ega. Por esta epocha recorreu o despojado soberano de Sundem á clemencia de El-Rei D. José, solicitando-lhe um asylo seguro na aldeia de Bandorá e uma pensão alimenticia. Sendo-lhe concedida para residencia a quinta e casa de Santa Rosalia na aldeia de Moulá, da ilha de Goa (aldeia que conta actualmente 158 habitantes), com a faculdade de poder dispor d'ella como sua propria, assignou-se-lhe a pensão annual de 12:000 xerafins, que depois foi augmentando.

Mais tarde o referido rei de Sundem, Savay Imodi Sadassiva, mudou a sua residencia para Bandorá, onde mandou construir á sua custa o palacio, que representa a estampa, e que serve actualmente de solar aos descendentes d'aquelle soberano. A aldeia de Bandorá, segundo o recenseamento de 1881, tem 2:803 habitantes, sendo 362 christãos e 2:441 não christãos.

Palacio dos reis de Sundem.—O palacio ou *ravullá* dos reis de Sundem encontra-se a NO. de Pondá. Torna-se recommendavel pela amenidade do sitio em que assenta, pelo seu grande *fállē* ou lago rectangular, pelo formoso e extenso arecal que lhe serve de parque, e pelo magnifico pagode que defronta com o lago.

O *ravullá* tem dois andares; no centro está a *vassary* ou galeria gentilica com columnatas e os indispensaveis *pancás*, ou grandes leques, aonde a familia real masculina costuma passar as horas de recreio. O andar ao rez-do-chão que

QUARTEL DO SEGUNDO BATALHÃO EM PONDÁ

deita para o jardim do lado do sul, é destinado á rainha e familia real feminina. As salas de recepção e quartos para hospedes são em cima no andar nobre, onde se encontram em lithographia e gravura os retratos dos nossos reis, o da rainha de Inglaterra e o do Xindó, rei de Pooná.

O palacio estava deshabitado quando o desenhámos, porque o actual rei de Sundem, que contava em 1870 quatorze annos de idade, vivia, com licença do governo de Goa, no seu principado de Corga, em Panganur.

O ex-rei de Sundem, Savay Imodi Sadassiva, seu filho Savay Bassava Lingá e o filho d'este Imodi Sadassiva, receberam do Estado da India durante a sua vida a consignação de 23:000 xerafins annuaes, estabelecida ao principio, como dissemos, em 12:000. Actualmente (1871) recebe o chefe d'esta familia o subsidio de 1:920$000 réis fortes[1].

Os reis de Sundem pertencem á casta Condory. Não usam *chindim*; vestem á moura, e todo o vestuario é branco agaloado de oiro fino; não tomam alimentos diante de pessoas estranhas á sua casta, e a rainha e mais pessoas da familia feminina comem separadas dos homens.

Jazigo dos reis de Sundem.—Quando morre algum dos membros da familia dos reis de Sundem não é queimado como os gentios das castas superiores, mas enterrado sentado, ficando junto d'elle uma luz accesa. Enterra-se no seu jazigo, que representa o desenho, em *Gosguy* de Pondá.

Proximo d'este pantheon acham-se as ruinas do antigo palacio da justiça dos mouros, designado *Sabamossudó*.

Por mercê do rei de Sundem confirmada por Naná, como se lê na sua carta de 11 de junho de 1754, a aldeia de Quiolá pertence ao *devalem* ou pagode de *Xantadrugá*, que representa o nosso desenho.

Pagodes.—Os pagodes, como já vimos, são templos gentilicos, em que os idolos estão expostos á adoração dos de-

---

1 Segundo o orçamento de 1884-1885, a familia real de Sunda ou Sundem recebe o subsidio de 5:666 rupias e 11 tangas.

votos. São ordinariamente de fórma quadrada ou quadrilonga; os maiores são divididos em tres naves e de construcção perfeitamente oriental.

Diante da porta principal ha sempre um grande perystilio coberto de um telhado pyramidal, sustentado por muitos arcos de pedra ou por grossas columnas de madeira lavrada.

No interior do pagode está um santuario, onde se acha collocado o idolo. N'este logar, que é solidamente construido de pedra, e que está quasi sempre fechado por uma porta de madeira, não é permittida a entrada senão aos brahmanes. Os estrangeiros, no interior dos pagodes, não podem passar alem do logar em que se acham collocadas duas ou tres sinetas, e que não excede, nos principaes, a uns 2 metros alem da porta. Todavia, em alguns nos foi permittido que nos approximassemos do santuario por uma das naves lateraes do templo, e algumas vezes pelo centro, com a condição de nos descalçarmos e ter a cabeça coberta.

XINDÓ REI DE POONÁ

A architectura entre os gentios parece não estar sujeita a regras de qualidade alguma. As grandes *stambas,* especie de torres situadas em frente dos pagodes, são as que nos podem dar uma idéa de seus talentos artisticos e do seu genero de architectura. São formadas de andares, umas vezes muito baixos e acanhados, outras altamente desproporcionaes. As columnas, que decoram o interior dos pagodes, não têem proporções fixas: umas são muito grossas na base e diminuem insensivelmente em fórma conica; outras, pelo contrario, são muito delgadas na base, e grossas no cimo; entretanto os templos hindús têem alguma cousa de magestoso, que bem mostra que seus architectos estavam possuidos da idéa da Divindade. As imagens dos deuses gentilicos, nos seus *devalens,* são de pedra, barro, madeira, cobre, prata e oiro.

Quasi todos os pagodes têem, como o de Quiolá, na sua proximidade vastos edificios destinados para habitação dos peregrinos e romeiros ou das familias dos seus instituidores. Estas familias fazem romarias aos seus templos periodicamente, e n'elles ficam residindo por muitos mezes, quando de grandes distancias concorrem a visital-os. Por estas occasiões offerecem ao seu Deus valiosas oblatas em dinheiro, joias e peças de roupa em cumprimento das suas promessas.

SANDHIÁ, ORAÇÃO DEPOIS DO BANHO

Alem d'estes hospicios, ha tambem defronte dos pagodes os *fállens,* tanques quadrados ou rectangulares, bem construidos e com escadarias de um ou mais lados, aonde os gentios tomam banho, e os bottos sentados ou de pé nos ultimos degraus fazem as suas rezas, designadas *sandhiá.*

Os pagodes são em geral edificados em terrenos outr'ora concedidos por mercê dos dominantes gentios aos respectivos *mazanes,* como os terrenos em que assentam os pagodes de *Xantadrugá* em Quiolá, e o de *Malsá* em Mardol.

Alguns, porém, são construidos em terrenos das aldeias por diversos membros d'ellas ou por toda a communidade agricola.

As dotações são dadivas particulares ou são doações das communidades; as despezas com o culto são feitas a expensas das mesmas dotações, não tendo nada com ellas o dominante ou senhor da terra.

Os templos gentilicos da nossa India não se admiram pela extensão do seu volume, pelas figuras gigantescas, hieroglyphos, baixo-relevos, pinturas monochromas e polychromas que adornam os principaes monumentos do Industão. São todos de construcção mais simples, e podem ser classificados em duas epochas: 1.ª, da architectura monolitha ou epocha dos monumentos talhados em plena montanha, como os Houris dos Pandáos em Arvalem, Lamagão e Aquem; 2.ª, comprehende a architectura hindú moderna e as architecturas rivaes devidas aos marathas, aos mouros e aos portuguezes.

O sr. conselheiro Rivara, profundo conhecedor da historia da nossa India, relata —na *Grammatica da lingua concany* e no *Archivo portuguez oriental,* onde muitas vezes, fique dito para sempre, iremos buscar valiosos subsidios— que os portuguezes no primeiro fogo da conquista derrubaram os pagodes, esmigalharam todos os emblemas do culto gentilico, e queimaram todos os livros escriptos em lingua indigena, como convictos ou suspeitos de conterem os preceitos e doutrinas da idolatria. O desejo era exterminar tambem toda a parte da população, que se não convertesse logo; e não só era este o desejo de então, mas ainda passados dois seculos frei Caetano de S. Joseph, religioso dominicano, em 10 de janeiro de 1728, aconselhava ao governo esta providencia.

A India, porém, não era a America. Se n'esta poderam os conquistadores europeus exterminar em breve, no littoral, as raças indigenas, simples ou totalmente selvagens, e repovoar a terra com moradores importados da Europa, a

PALACIO DOS REIS DE SUNDEM EM BANDORÁ

longa distancia, a que a conquista indiana se achava da metropole, e sobre tudo a resistencia invencivel, que naturalmente offerecia um povo numeroso, entre o qual as classes principaes háviam chegado a elevado grau de civilisação, fez evitar aos conquistadores a violencia ostensiva, e preferir os meios indirectos, posto que não suaves, para alcançar o mesmo fim.

Mas o proprio empenho da propagação da fé christã, as necessidades do governo politico dos territorios conquistados ou feudatarios, e as conveniencias do tracto commercial, demonstraram logo aos conquistadores quanto convinha auxiliar-se dos indigenas illustrados.

Em 1541, depois de demolidos os pagodes das Ilhas de Goa, e quando já na cidade havia igrejas, mosteiros e freguezias e fóra d'ella varias ermidas, Fernão Rodrigues Castello Branco, vedor da fazenda e governador na ausencia do governador D. Estevão da Gama, tomou assento com os gãocares gentios das mesmas ilhas sobre a cessão dos bens, que haviam sido dos pagodes, a el-rei, para serem applicados á sustentação das igrejas e clero christão.

D. João III, desejando oppor combatentes valorosos á tenacidade pagã nas suas conquistas do Oriente, pediu ao papa Paulo III missionarios para a conversão dos infieis. Em consequencia d'este pedido, chegou a Goa no dia 6 de maio de 1542, em companhia do vice-rei Martim Affonso de Sousa, o mais distincto missionario, um reformador poderoso que ao temor de Deus e á santidade de costumes alliava uma perseverança proverbial e uma inspirada dedicação evangelica; um varão exemplar e austero que, com o espelho das suas proprias acções, se oppoz á fonte caudal d'onde emanava a dissolução, e depois de um insano sacrificio, em que desenvolvendo a sabedoria de Salomão, a força de Sansão e a paciencia de Job, pôde finalmente conter por algum tempo as insolitas demasias da christandade da nossa India. Este reformador era o mestre Francisco de Jassó e Xavier, que hoje se venera na igreja do Bom Jesus em Goa e em todo o orbe catholico, como glorioso apostolo das Indias, S. Francisco Xavier.

Demolidos os pagodes das Ilhas de Goa e os de Bardez, o jesuita padre Francisco Rodrigues (cognominado o Manquinho) obteve em 1566 um decreto do vice-rei D. Antão de Noronha, que prohibia a construcção de novos templos hindús, e o concerto dos existentes em Salcete.

Os gentios reclamaram contra este decreto, e como não podessem alcançar a revogação d'elle, foram transferindo para as provincias de Antruz e Zambaulim, dos dominios do rei de Sundem, os idolos mais valiosos e venerandos dos seus pagodes.

Um anno depois, o capitão da fortaleza de Rachol, Diogo Rodrigues, denominado o *do Forte,* desobedecido pela communidade da aldeia de Loutolim, mandou lançar fogo ao principal pagode d'esta povoação. Contra esta violencia, a communidade agricola da aldeia, queixando-se ao poder judicial, obteve sentença que mandava reconstruir o pagode a expensas do capitão incendiario.

Este, porém, escudado com a protecção do arcebispo primaz e do provincial da companhia de Jesus, representou ao vice-rei contra a idolatra sentença que mandava levantar templos aos idolos.

D. Antão de Noronha, recebendo cordialmente o capitão, disse-lhe: «*Volte para Salcete, queime quantos pagodes podér, e o mais fica por minha conta*».

Diogo Rodrigues, se bem lh'o disse o vice-rei, melhor o fez. Munido de tão ampla auctorisação, voltou para Salcete, principiando por ordenar a demolição do pagode de *Madoldeu* de Verná, o mais importante e venerado da provincia; e sem dar tempo a que os gentios se organisassem para defender os seus templos e idolos, pôde o vingativo capitão mandar destruir os duzentos e oitenta existentes na provincia.

As alfaias e a madeira aproveitavel d'estes templos gentilicos foram enviadas para a Ribeira, e o *homem forte* ou *o*

JAZIGO DOS REIS DE SUNDEM EM GOSGUY

do Forte agraciado por El-Rei D. Sebastião com uma grande parte dos bens dos pagodes, sendo a outra destinada aos sacerdotes christãos.

Na igreja da fortaleza de Rachol estava a sepultura do terrivel capitão, tendo na pedra tumular o seguinte epitaphio:

AQUI JÁZ DIOGO RODRIGUES O DO FORTE,
CAPITÃO DESTA FORTALEZA, O QUAL
DERRUBOU OS PAGODES DESTAS TERRAS:
FALLECEU EM 21 DE ABRIL DE 1577 ANNOS.

As violencias praticadas contra os indigenas não se estenderam sómente á destruição dos seus templos, mas abrangeram tambem as suas crenças e superstições idolatras, a lingua vernacula e os usos e costumes peculiares, que, mais ou menos remotamente, podessem conservar alguma reminiscencia da sociedade indiana anterior á conquista, como vimos no edital do *santo officio,* publicado no capitulo v d'esta obra, quando tratámos do casamento.

Um inquisidor, com dezoito annos de assistencia na inquisição de Goa (a quem cabe uma grande parte da ruina do imperio portuguez na Asia) propunha a El-Rei de Portugal em 1731, como se lê no livro das Monções 101, fl. 569, o seguinte:

«A primeira e mais principal causa d'esta tão lamentavel ruina (a perdição das almas) é o não se observarem a lei do Serenissimo Senhor Dom Sebastião, de gloriosa memoria[1], e os concilios Goanos, que prohibem aos naturaes da

1 «*Lei sobre não haver idolos nem pagodes, nem outras gentilidades nas ilhas de Goa.*—Dom Sebastião por graça de Deus Rei de Portugal e dos Algarves d'aquem e d'alem mar em Africa, senhor de Guiné, e da conquista, navegação, commercio de Ethiopia, Arabia, Persia e da India. Faço saber aos qué esta minha lei virem que eu sou enformado que na ilha de Goa nas partes da India, e nas outras ilhas a ella annexas se fazem muitas offensas e deserviços a nosso senhor pelos infieis e gentios dellas, adorando e festejando publicamente os hidolos e pagodes, e

terra fallarem no seu idioma, obrigando-os a que só fallem na lingua portugueza (n'isto faltava maliciosamente á verdade o inquisidor, porque os concilios não prohibem, antes recommendam o uso das linguas vernaculas para a doutrinação dos povos); porque de se lhes não fazer observar a

---

usando de seus ritos diabolicos, sendo de meus senhorios, e em presença de christãos; e querendo a isso prover, ei por bem e mando que daqui em diante na dita ilha de Goa, e nas outras suas annexas, não haja mais pagodes nem hidolos em casa alguma nem fóra d'ella, e se queimem e desfação todos os que ahi ouver, e que nenhum official nem outra alguma pessoa os faça, nem possa fazer, de páo, nem de pedra, nem de nenhum metal, nem doutra alguma cousa, e que se não fação, nem consintão fazer nenhumas festas gentilicas publicas nas casas nem fóra dellas, nem aja bramenes, pregadores de sua gentilidade, nem se festeje a festa da arequeira que costumavão fazer, nem lavatorios de gentios, nem se consintão queimar, e tendo-se sospeita que em alguma casa ou casas dos ditos gentios ha os ditos pagodes e hidolos, as pessoas a cuja noticia vier o denunciarão logo ao ouvidor geral das ditas partes, o qual com parecer do Arcebispo da dita cidade de Goa, ou de seu Provisor, sendo o Arcebispo ausente, procederão nos taes casos como fôr justiça, e por seu mandado e autoridade farão os meirinhos as diligencias nas taes casas para saber dos ditos didolos e pagodes, e não em outra maneira, salvo achando as partes em fragante delicto, e em escandalo publico contra fórma desta lei, per que neste caso poderão prender logo os culpados, e os levarão perante o dito Arcebispo, ou perante o dito ouvidor geral, ou Provisor; e qualquer pessoa que for contra o conteudo nesta lei, e lhe for provado, perderá toda sua fazenda, ametade para quem o accusar, e a outra ametade se aplicará para as obras da Igreja, em cujo limite e jurdição se cometer o delicto, e alem d'isso os delinquentes e culpados ficarão captivos pera as galés sem remissão; e mando ao meu capitão mór e governador das ditas partes, e a todas as justiças e officiaes, e pessoas a que o conhecimento disto pertencer que em todo cumpram e guardem, e façam inteiramente cumprir esta Lei, e ao Chanceler das ditas partes que a publique na chancelaria, e a faça publicar na dita ilha de Goa e suas annexas, e tresladar na dita chancelaria, e na camara da dita cidade de Goa. Dada em a cidade de Lisboa a 25 dias de março de 1559 annos. Pero Fernandes o fez escrever.=A Rainha.» *(Livro Vermelho da Relação,* fl. 41, v.)

PAGODE DE XANTADRUGÁ EM QUIOLA-GRANDE

tal prohibição, se originaram tantos e tão grandes males em damno irreparavel das suas almas e ainda da real fazenda de Vossa Magestade, que depois que sou, ainda que indigno, Inquisidor d'este Estado, se tem arruinado as aldeias de Narodá *(sic)*, Revorá, Pirna, Assenorá e Aldoná na provincia de Bardez; e na de Salcete, Conculim, Assolná, Dicarpalli, Consuá e Aquem; e na Ilha de Goa, Bambolim, Curca e Siridão, e de presente a aldeia de Bastorá em Bardez, cujos gãocares se acham todos, uns presos e outros apresentados, e na mesma fórma suas mulheres e filhos, porque como não fallam senão a lingua da terra, vem os bottos, servidores e grous dos pagodes ás ditas aldeias occultamente, e com os homens e mulheres d'ellas *(sic)* dogmas da sua seita, e os persuadem a ella, e que lhe dêem esmolas para os ditos pagodes, e o mais necessario para o ornamento d'elles, trazendo-lhes á memoria as fortunas, que tinham todos os seus antepassados em assim observarem, e que por elles faltarem á dita observação, lhe aconteciam as ruinas, que experimentavam; em cujas persuasões se movem a dar as ditas esmolas, e ir aos pagodes fazer-lhes offertas e sacrificios, e outras diabolicas ceremonias, largando a lei de Jesus Christo, que no santo baptismo professaram; o que não aconteceria, se não soubessem mais que a lingua portugueza, porque não sabendo a natural, não poderão ter tal communicação com os bottos, grous e mais servidores dos pagodes, que não sabem outra mais que a mesma natural da terra; e cessariam tantos damnos a esta christandade, que como pouco radicada na fé se inclina facilmente ao que elles ensinam, etc.»

Era por estas e outras causas de intolerancia religiosa, que os gentios das Novas Conquistas fugiam do *pacló* (europeu) como o diabo da cruz, e abraçados ao seu brahmanismo preferiam viver antes na sua credulidade sem oppressão, do que sob a prepotencia da nossa crença.

Todavia, esta ordem de cousas tende a desapparecer em virtude da tolerancia religiosa e da promulgação de leis suaves e humanitarias ultimamente decretadas, as quaes conseguiram pela brandura o que nunca se pôde obter pela violencia — a sincera amisade e dedicação dos hindús.

As aldeias de Mardol e Priol, da provincia de Pondá, que rendem 110:000 xerafins, pertencem ao pagode de Malsá e Mangues (divindades gentilicas). Têem 2:946 habitantes, sendo 557 christãos e 2:389 não christãos.

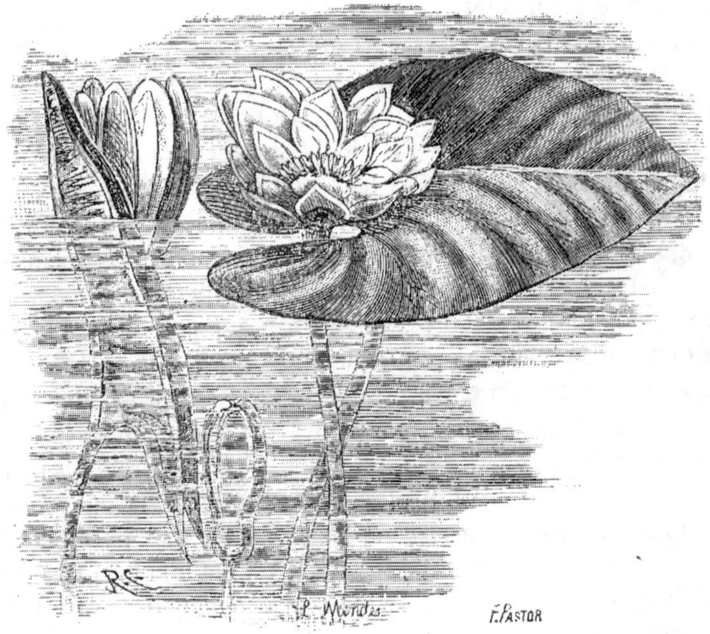

CAMALASSANA, SALÓC OU CAMÓL

Pagode de Malsá.—N'este pagode, como no de Poriem de Satary, ainda hoje se costuma fazer o juramento do *Rovó,* collocando-se o individuo que o presta debaixo de uma sineta, que se acha situada em frente do idolo, e repetindo muitas vezes o objecto sobre que vae jurar. Os individuos a quem se defere este juramento, nunca podem ser brahmanes, porque estes devem sempre jurar sobre o *Bhagavat-Guitá,* que é um dos livros da sua sagrada escriptura, e de que se usa nos tribunaes de justiça.

Mythologia concany.—Os gentios goanezes dão ao Todo Poderoso diversas denominações, mas principalmente a de *Anant, Zeus* ou Omnipotente. Reconhecem-n'o como substancia unica, e crêem que nada existe fóra d'elle, nem distincto d'elle. O que não é elle, não é realidade, é méra illusão, ou um sonho. Dão-lhe os attributos de *Mahaballa,*

MATSÁ AVATAR (primeira encarnação)

Ispará ou Deus forte, *Anadsid* ou Eterno, e *Narayana* ou Ente supremo e incorporeo.

Aquelles para quem a idéa de Deus é mais confusa, adoram-n'o com multiplicidade de nomes e sob diversas fórmas, julgando que ha muitos seres distinctos, predominando uns sobre os outros.

O amor, o respeito por todos os seres é de tal ordem que nem mesmo os reptis são perseguidos, reconhecendo instinctivamente o hindú os beneficios enormes, que lhe prestam essas existencias mysteriosas, tão injustamente votadas á execração e ao desprezo pelos europeus.

Com effeito, o hindú sem os reptis que devoram os insectos, e sem as aves de rapina e os animaes carnivoros, que se nutrem dos cadaveres, seria victima das exhalações putridas n'esses climas quentes e humidos, onde a vida e a morte tão rapidamente se succedem.

Nos antigos e admiraveis poemas, no Ramayana, a gigantesca *camalassana* ou nymphea alba da litteratura indiana, e no Mahabharata, a encyclopedia poetica dos brahmanes, revela-se perfeitamente esse culto dulcissimo e puro, que affectuosamente se rende a toda a natureza, e que, abraçando com sympathia o universo, transforma toda a sua religião em sentimento de amor, principalmente entre os brahmanes, que ainda não perverteram este elevado culto.

Os bottos dizem que o homem, como a mais perfeita das creaturas, tem a imagem á similhança de Deus; e crêem que não ha mais do que um unico Deus, principio e termo de todas as cousas, acção e paixão, ou antes unidade simplissima e identica, da qual sáem essas apparencias de ser, e a ella e n'ella se perdem como as gotas do orvalho na immensidade dos mares.

O Deus que nós adorâmos, dizem os bottos sinceros e illustrados, é o mesmo que adoram os christãos. A crença nos deuses, principalmente no que reina sobre todos é commum a todo o genero humano. A suprema intelligencia que regula o mundo não é o proprio mundo, conforme a concepção dos pantheistas, é puramente intuitiva, vê do mesmo modo tudo o que é, e tudo o que póde ser; para ella todas as verdades se representam n'uma só idéa, todos os logares n'um só ponto, e todos os tempos em um só momento.

Os brahmanes capciosos, como depositarios da idéa divina, sacrificando os interesses do povo ás suas conveniencias, substituiram a religião pelo fanatismo fazendo com que

PAGODE DE MALSÁ EM MARDOL

Anant apparecesse espalhado por toda a natureza, e aqui e ali em personificações terriveis, sob as diversas designações de *Brahmá, Vishnú, e Shiva* ou *Mahés.*—Brahmá emquanto cria; Vishnú emquanto conserva; e Shiva emquanto destroe e renova as fórmas da materia.

Fixaram a residencia de Anant em *Moká,* que significa região eterna; a de Brahmá no *Satlóco,* que quer dizer reino da verdade; a de Vishnú no *Vaikuntá* ou paraizo; e a de Shiva no *Cálás* ou reino pacifico.

Brahmá.—Brahmá primeira pessoa da *trimurty* indiana a quem Narayana deu o poder de crear, é pelos *chitaris* ou pintores hindús representado com quatro cabeças, para mostrar a amplitude infinita da sua sciencia, e com quatro braços, que symbolisam os quatro livros sagrados dos Vedas: *Rig-Veda, Jayur-Veda, Sama-Veda* e *Atarva-Veda.* Em uma das quatro mãos tem um livro que indica o poder legislativo; na outra o fogo, emblema da força; e tem as outras mãos juntas em acto de adoração.

Está sentado sobre a *Camalassana* ou flor de camal, tambem nomeada pelos indigenas christãos de Goa *salóc* ou *camól,* cujo pedunculo encarnado sáe do umbigo de Vishnú.

Esta flor é a *Nymphea alba* da familia das Nymphcaceas de Salisbury. Serve de throno a Brahmá; representa Horus ou o sol, a quem os egypcios a consagram; corôa a fronte de Ozyris, e é pelos hindús considerada o emblema do mundo saído das aguas, talvez pela propriedade de fechar as petalas e mergulhar na agua onde vegeta, quando o sol se esconde no occaso, e saír e desabrochar de novo, logo que o astro do dia reapparece no horisonte.

A *Nymphea alba* é muito parecida com a *Nymphea lothos,* que vegeta nas aguas de quasi todos os lagos e reprezas da India; porém a verdadeira *nymphea alba* encontra-se unicamente na grande alagoa de Benaulim em Salcete.

Dizem os gentios que Brahmá não é adorado em pagode algum do mundo hindú, em rasão de Shiva haver stigmatisado tal adoração por causa do incesto por elle commettido com sua propria filha Sarasvaty, deusa que preside ás sciencias e ás artes. Todavia, na aldeia de Caramboly-Brahmá da provincia de Satary existe um pequeno pagode aonde se admira uma magnifica *bavalye* ou estatua esculpturada em granito, e que desenhámos em 1868.

Esta imagem de Brahmá, de que offerecemos o desenho, tinha — dizem os sataryenses — em uma das mãos, que estão

CURMA AVATAR (segunda encarnação)

partidas, um livro e na outra o fogo; na terceira tem o circulo *checrá,* e na quarta sustenta uma amphora contendo *amerute* ou licor da immortalidade. Aos lados vêem-se Sidy e Ridy, suas favoritas, e aos pés duas calavontes. Mede $1^m,50$ de altura, e, segundo a tradição, fôra esta estatua em 1541 levada da ilha de Goa para Satary, a fim de não ser destruida, como muitas outras, pelos portuguezes.

Vishnú.—Vishnú, segunda pessoa da *trimurty,* a quem foi dado o poder de conservar, está em fórma de menino deitado sobre uma folha de arvore *veddo*. Pintam-n'o de azul, symbolisando assim a côr com que ficou depois de ter absorvido a peçonha da formidavel serpente *sexa* ou *chein* de mil cabeças, para evitar que, derramando-se, con-

VARAH AVATAR (terceira encarnação)

taminasse a terra. Tem quatro braços. N'uma das mãos o buzio chamado *xenco,* n'outra o circulo denominado *checrá* ou *sudorsem,* instrumento que constantemente irradia fogo; na terceira tem o sceptro ou bastão chamado *gadá,* symbolo de mando supremo; e finalmente, com a quarta faz o signal designado *padmo,* que quer dizer *não temas nada.*

Tem na cabeça uma especie de tiara, na cintura um muge, e nos braços, joelhos e pés *valés* (braceletes) e *paigon* (guizos de oiro ou prata), manilhas e outros adornos. Do ventre nasce a flor de camal, que serve de throno a Brahmá.

Está Vishnú no Vaikuntá no meio do *quirsagor* (mar de leite) sobre a serpente sexa, que lhe serve de throno, e em que dorme um somno contemplativo. Tem a seus pés a deusa Laximiny, sua consorte.

Mahés, o Óte (sol), a Sondry (lua), as estrellas, a agua, e a atmosphera, completam o quadro do principio da creação do universo.

Em quasi todos os pagodes se vê em chitrá (pintura) a figura de Vishnú sobre a serpente sexa, depois de lhe haver servido como de corda para fazer rolar a montanha de oiro, designada Mandraguy no *quirsagór*, a fim de se apoderar das quatorze *rotnãs* ou preciosidades. As rotnãs são:

1.ª *Laximiny* ou a felicidade, que coube a Vishnú;

2.ª *Constubh,* pedra preciosa, que foi distribuida a Vishnú;

3.ª *Pariatoc,* arvore cujas flores têem as petalas côr de perola e os pedunculos encarnados, igualmente distribuida a Vishnú;

4.ª *Sura,* licor de palmeira, para os doits ou gigantes que auxiliaram Vishnú n'esta empreza;

5.ª *Donmotry,* medico liberto;

6.ª *Sondry* ou *Chandramá,* para Shiva;

7.ª *Câmadhênú,* vacca que dá tudo, representada com rosto humano e corpo alado de quadrupede, foi distribuida a Angdias ou Vochist;

8.ª *Hoiravoto* (elephante branco), tambem chamado *Gogé,* coube a Indrá;

9.ª *Deranganá* ou *Rambá* (calavonte ou bailadeira e cantora celeste) ao mesmo Indrá;

10.ª *Uchesrava* ou o cavallo de sete cabeças, pertenceu ao Óte;

11.ª *Vic* (veneno) a Shiva;

12.ª *Haridanum,* o arco e a frecha, a Vishnú;

BRAHMA

13.ª *Xenco*, buzio, coube em partilha a Vishnú;

14.ª *Amerute* ou licor da immortalidade foi distribuido aos deuses.

Sustentam os sectarios de Vishnú, que este deus, como executor dos pensamentos de *Anant* seu pae, creára das pestanas de seus olhos a *Shiva, Mahés* ou *Mahadeu;* que da sua resplandecencia nascêra, o sol; da luz de seus olhos a lua; dos poros de seu corpo as estrellas e os planetas; das suas lagrimas o mar; da propria respiração os ventos; emfim, da sua excreção a terra. D'esta doutrina parece ter nascido a idéa exagerada de que os hindús estão possuidos, crendo que Deus existe consubstanciado em tudo que é material e immaterial, creador e creatura.

Os sectarios de Brahmá dizem que foi este e não Vishnú, que, querendo multiplicar-se, creou as aguas; e que estas, querendo tambem multiplicar-se, crearam os elementos terrestres e solidos.

Que o homem primitivo teve o nome de *Admira,* que em sanskrito quer dizer o primeiro; que sua mulher se chamava *Pracriti,* e que Deus formou o primeiro homem do limo da terra. Outros dizem que o primeiro homem se chamára Brahmá, o qual saíra do ventre de Vishnú, e que este procreára da sua mente a Laximiny, para ser sua esposa e servir de modelo ao genero humano.

Brahmá teve por esposa Savetry, filha de Vishnú e de Laximiny, para com ella procrear os homens á similhança da sua imagem, e as mulheres á similhança da de Laximiny, guardando Vishnú só para si o poder de lhes infundir a alma.

Brahmá teve dez filhos de sua filha *Sarasvaty*; *Marichy,* o primogenito, procreou Caxiepo-Brahmá, e este Cadrú, de que descendeu tal quantidade de filhos, que só dos que se dedicaram ao sacerdocio subiu o numero a oitenta mil. Por esta rasão foi considerado Caxiepo o progenitor, patriarcha e legislador dos brahmanes sacerdotes, denominados bottos.

Encarnações legendarias de Vishnú. — Na Harypurana, terceira parte da Purana emanada do Vedão, vem descriptas as dez encarnações de Vishnú chamadas *Avatars,* que os chitaris representam muitas vezes a capricho, e quasi sempre incorrectamente.

As estampas que apresentâmos, foram por nós copiadas dos idolos, baixos-relevos e quadros que existem nos diversos pagodes que visitámos, e as descripções são feitas segun-

NARAXIUM AVATAR (quarta encarnação)

do a tradição goaneza, tendo unicamente por fim dar uma nota explicativa das gravuras.

Primeira encarnação. *Matsá avatar.*—Vishnú, encarnado em peixe, desce aos abysmos do mar para recuperar os Vedas, que o gigante *Sancassur* havia roubado a Brahmá. Depois de o ter encontrado e vencido, rasga-lhe as entranhas, d'ellas lhe extrahe os Vedas que havia engulido, e traz comsigo o buzio, *Xenco,* em que se tinha transformado o Sancassur, para lhe servir de buzina, quando tiver de convocar os homens a juizo final na dissolução do universo. Succedeu isto quando o somno de Brahmá causou a destruição do mundo por meio do diluvio. Contam os gentios goanezes que, em

VAMANA AVATAR (quinta encarnação)

quanto Brahmá dormia, se lhe approximou Sancassur, e roubou os Vedas, que lhe saíam da bôca. Então o vigilante Vishnú, transformando-se em enorme peixe, e apparecendo ao piedoso rajah Satiavrata, disse-lhe: «Dentro em sete dias os tres mundos perecerão submergidos; mas no meio das devastadoras tempestades surgirá uma grande barca, que eu mesmo dirigirei, e que aportará diante de ti. Introduzirás n'ella toda a especie de plantas, de sementes, e um casal de animaes de cada especie, entrando tu depois com tua mulher e filhos. Quando a ventania açoitar a barca, agarra-te ao meu chindim, e conserva-te n'essa posição até que Brahmá desperte. Assim aconteceu; e depois de retiradas as aguas dos *Gattes* e de Vishnú destruir o terrivel Sancassur, voltou para o Vaikuntá, aonde reside.

Este acontecimento é ainda representado na festividade denominada *Caló*, que os gentios celebram annualmente em quasi todos os pagodes da India portugueza nos mezes de novembro ou dezembro, apparecendo em scena as figuras de Brahmá, Vishnú e do gigante Sancassur.

Segunda encarnação. *Curma avatar.*—Vishnú transforma-se em tartaruga. Na grande revolução do mar, denominada *Samudra mantan,* reuniram-se os deuses e os gigantes para se apoderarem das quatorze preciosidades ou rotnãs, de que já fizemos menção.

Dizem os hindús que por esta occasião, estando a terra em risco de ser sepultada nos abysmos por muitos terremotos, Vishnú, encarnado em tartaruga, como mostra a estampa, metteu-se no fundo das aguas, e sustentou a terra sobre o dorso, para a salvar de tão imminente perigo.

Terceira encarnação. *Varah avatar.*—Para castigar o gigante *Doite-Hiranealcxa,* seu inimigo, que infestava a terra com o seu poderio, e tinha emalado o mundo levando-o debaixo do braço para o inferno, Vishnú tomou a fórma de um javali, e luctando com o gigante, segurou o mundo nos dentes.

Quarta encarnação. *Naraxium avatar.*—Para destruir o gigante *Hiraneacassiopa,* encarnou Vishnú a quarta vez, ficando meio homem meio leão. Tinha este gigante abusado do privilegio, que lhe haviam concedido os deuses de não poder ser morto senão d'uma maneira extraordinaria, impraticavel pelos homens, animaes e elementos. Ensoberbecido com tão altos privilegios, fazendo-se obedecer e temer no seu reino, quiz até que o adorassem como Deus. Suppli-

LADO POSTERIOR DO ÍDOLO DE BRAHMA

caram os deuses a Vishnú que o exterminasse. Vishnú fez com que a mulher do gigante concebesse *Praladó*, o qual, logo depois do seu nascimento, começou a articular o nome de *Narayana*. Não queria Hiranecacassiopa que seu filho pronunciasse aquelle nome; convencido, porém, da desobediencia, ordena-lhe que tomasse o veneno que lhe offerece. O filho toma-o, repetindo o nome de Narayana, sem que o veneno produzisse effeito. O pae então pergunta-lhe, onde está o seu deus Narayana?

—Está no mundo, responde Praladó, e em todas as cousas n'elle existentes.

Pergunta-lhe mais se tambem estava em uma columna de granito, que lhe indica; e dada a resposta affirmativa, o gigante em signal de desprezo, dá um pontapé na columna, que, abrindo-se verticalmente, deixa saír Vishnú encarnado em homem-leão, que acommette o gigante, abre-lhe o ventre, e, arrancando-lhe os intestinos, faz d'elle um collar, que usa ao tiracolo do hombro esquerdo para o lado direito, como em triumpho d'esta victoria. Em seguida colloca o cadaver de Hiraneacassiopa sobre a palma da mão esquerda, e ali o queima até ficar reduzido a cinzas.

Quinta encarnação. *Vâmana avatar.*—Querendo Vishnú acabar por uma vez com o poder insupportavel e desmedido orgulho de rei Bally, encarnou n'um brahmane pigmeu, chamado Vâmana, e dirigindo-se ao rei, pediu-lhe que lhe doasse tres pés de terreno para construir uma cabana. O rei em ar de zombaria concedeu-lhe o terreno pedido, ratificando a concessão por meio da aspersão de agua nas mãos, que é tambem um dos juramentos praticados entre os gentios. De repente Vishnú, reassumindo o seu divino poder, cobre a terra e o céu com um pé, e collocando o outro sobre o dorso de Bally precipita-o nos profundos abysmos do mar.

Sexta encarnação. *Purisseramo avatar.*—Sendo insupportavel o poder do imperador *Soasrarjum* da casta dos kxatriás, que déra a morte ao botto Jemadaguim e a muitos dos seus vassallos, Vishnú para libertar a terra d'este tyranno, que tinha numerosos braços, encarnou em *Purisseramo;* matou o imperador; offertou ao brahmane Cassiopa, por ser o mais digno, a terra conquistada, e retirou-se para as montanhas *Saiadris* ou *Gattes,* onde pretendia viver. Tornando-se, porém, ingrato Cassiopa, não consentiu que seu protector continuasse a habitar nos Gattes, e por isso Purisseramo pediu a *Város* ou *Somudró,* deus do mar, que retirasse as suas aguas, e deixasse a descoberto a porção de terreno, que a sua seta podesse percorrer, para n'ella fixar a sua residência. Város consentiu; porém, mudando logo de resolução com o receio de perder uma grande parte dos seus dominios se a *banna* (seta) fosse despedida com vigor, rogou ao deus da morte que se transformasse em *cariá,* para corroer o arco, a fim de que, partindo-se no acto da impulsão, não arremessasse para longe a seta.

Purisseramo, notando que Város tinha má vontade em o servir, solta do seu arco com energia, para o castigar, a terrivel seta, que apenas vae caír em Benaulim de Salcete, por se haver quebrado o arco. Város, surprendido, afasta-se, e deixa a descoberto a faxa de terra, que se denomina Concão. Foi assim, dizem os mythologistas goanezes, que teve origem a costa occidental da India ou do Malabar, e principalmente o Concão, desde o extremo meridional da peninsula de Guzerath até Cabo de Rama, pois que esta zona indiatica estava antes submersa, e o mar tocava as altas montanhas dos Gattes, como se conhece pela existencia de conchas petrificadas, que ali se encontram entre as estratificações das rochas.

Os chitaris pintam Purisseramo de côr verde-mar, de aspecto alegre, armado de arco e frecha, só com dois braços, em logar de quatro, que têem todas as figuras de Vishnú, exceptuando tambem a de Ramá, que se segue na setima encarnação, e a de Vâmana, que é a quinta precedentemente descripta.

Setima encarnação. *Ramá avatar.*—A setima encarnação de Vishnú foi em homem, com o nome de Ramá, Ramachondrá ou Raghupaty, pará destruir o gigante Ravona, que tinha dez cabeças e muitos braços, e se fazia adorar como Deus, sendo rei de Lancá, de que faziam parte a ilha de Ceylão e as costas vizinhas. Nasceu do rei de Aodhyá Daxaratha e Counsaliá; deixou a casa paterna, e com sua mulher Sytá e seu irmão Loxymoná se retirou para o deserto a fazer penitencia. Livrou a terra dos gigantes que a infes-

PURISSERAMO AVATAR (sexta encarnação)

tavam; salvou sua mulher Ahiloá, que, estando convertida em pedra, foi por elle restituida á fórma humana; chegou ás margens do Ganges, e estabeleceu os seus dogmas até Ceylão, onde teve varios debates com Ravona, que lhe raptou sua mulher Sytá. Para a recuperar, alliou-se com Vibhixenna, irmão de Ravona, com promessa de lhe dar o throno occupado pelo raptor de sua consorte.

Querendo realisar esta empreza, mandou construir por *Hanuman* e *Sugriva* uma famosa ponte de pedra, para do Cabo Comorim passar a Ceylão com um poderoso exercito de macacos commandados por Hanuman, seu chefe, a fim de aniquilar Ravona, com o qual se mede em renhido combate e o mata com uma seta. Recupera em seguida sua mulher Sytá; desempenha a promessa feita a Vibhixenna; retira-se para os seus dominios, onde succede a seu pae, e depois de onze mil annos de reinado, abdica a corôa em seus dois filhos.

Oitava encarnação. *Crishná avatar.*—N'esta oitava encarnação Vishnú, com o nome de menino Crishná ou Khrisná, que quer dizer preto, nasceu de Dévaki, irmã de Caunso, rei de Maturá, e mulher de Vassudeva.

Tinham predito os *gaddys* (feiticeiros) que o oitavo menino que Dévaky tivesse, havia de matar seu tio Caunso, que tinha morto os primeiros sete filhos que sua irmã déra á luz.

Crishná, a quem os *devantas* (anjos) e *gopallas*, rodeando o berço, cantaram hymnos em seu louvor, salvou-se por meio da troca feita com uma filha de Nondá, rei dos pastores, e de sua mulher Doxumoti ou Exueda. Apesar da troca que occultamente se effectuou, Caunso, receiando ser morto, tratou de matar a filha do pastor. No acto de executar a morte da recemnascida *gopalla*, foge Crishná para a região atmospherica; e mostrando-se ali com oito braços, diz a Caunso, que Vishnú se vingará d'elle. Caunso aterrorisado com as palavras de Crishná, e para se livrar do receio que tanto o atormentava, mandou degolar todas as creanças recemnascidas em Maturá. Crishná, para escapar a esta carnificina, foge para os Gattes; faz-se *gopalla*, e declara-se protector dos goulys. Em seguida mata a mulher gigante, denominada *Putaná*, que fôra mandada por Caunso para o envenenar com seu maligno leite, e suspende com o dedo minimo da mão esquerda a montanha *Govardhana*, para salvar os seus companheiros gopallas do sinistro pre-

SARASVATY, DEUSA DA SCIENCIA E DAS ARTES

parado por Indrá. Posteriormente, e tendo apenas seis annos de idade, mata a monstruosa serpente Caliá, que habitava no lago Dôha, situado nas margens do rio Ememá ou Jumná, e infestava não só as aguas do lago, mas ainda a atmosphera na circumferencia de muitas leguas, a ponto de ter morrido todo o ser vivente, que ali existia antes, ou que teve a desventura de por ali passar durante a permanencia de Caliá n'aquellas paragens.

Protege os cinco filhos de Panddu e de Conty, (reis descendentes da *Sondry* conhecidos por Pondáos) Dharmá, Bhianá, Arjuna, Naculá e Sahadeva, auxiliando-os não só contra seus primos Durêodhans, como tambem contra seus co-irmãos, que foram mortos n'uma batalha, que durou dezoito dias.

Crishná, depois de matar seu tio Caunso, e de collocar no throno a Dharmá, primogenito dos Pondáos, dizem os mythologistas que voltou para os Gattes, onde por muito tempo viveu em obscuridade com os pastores.

Recomeçando a sua vida publica, distinguiu-se pelo valor e beneficencia; sacrificava os poderosos soberbos, e protegia os humildes; lavava os pés aos brahmanes, e prégava a mais perfeita doutrina; mas prevalecendo por fim o poderio de seus inimigos, segundo uma tradição, foi amarrado a uma arvore e traspassado por setas; predizendo, antes de expirar, os males que sobreviriam á humanidade na Kaly-yuga, que começaria trinta e seis annos depois do seu passamento.

Esta encarnação é objecto do grande poema heroico, o *Mahabharata*, do qual Crishná é o verdadeiro e principal heroe.

Nona encarnação. *Budha avatar.*—Vishnú appareceu n'esta encarnação unicamente aos seus primitivos devotos. Os gentios affirmam que se ignora o logar aonde reside Budha, que significa encoberto, ou Vishnú invisivel. Crêem que ha de apparecer no fim da sua epocha, que dizem ser a presente, para julgar os homens. Costumam represental-o n'esta encarnação deitado e em completa nudez, observando o que se passa no mundo; mas os que assim o representam, são unicamente os *joinas* da seita de Budha.

Como em Goa não existe a seita dos joinas, que está quasi extincta no Industão, por se haver concentrado na China, os gentios do Concão figuram-n'o, conforme se vê na estampa, com as pernas encruzadas, de aspecto alegre, e com os respectivos emblemas nas mãos correspondentes aos seus quatro braços. As figuras que se notam aos lados, são dois *joguys* ou santões chamados Dentás, seus adoradores.

Referem tambem os mythologistas goanezes que Budha era filho de um poderoso rajah; que fôra educado no luxo e opulencia oriental; mas que na idade de vinte e oito annos, operando-se uma grande mudança nos seus sentimentos, viu as dores moraes, as enfermidades physicas, e a morte a aguár todos os prazeres da vida; a miseria dos homens commove-o, e fal-o desprezar as riquezas e a gloria da dignidade real. Abandonando a sociedade dos homens poderosos, procurou a solidão para meditar sobre os meios de libertar as creaturas de suas acerbas dores. Convivendo com os brahmanes solitarios, mas não se conformando com as doutrinas do brahmanismo, concentrou-se em si, e, á força de profundas meditações, adquiriu a suprema sciencia e a qualidade de Budha. Alguns gentios affirmam que não desprezou tão inteiramente as honras da realeza, como seus sectarios pretendem, se não que intentou arrebatar o poderio brahminico, proclamando-se representante da Divindade, como sua emanação celeste, poder absoluto e irresponsavel, guarda da verdade civil e religiosa; e sendo então perseguido pelos defensores da religião brahminica, se refugiou com seus discipulos em Ceylão, d'onde passou ao Thibet, á Tartaria e á China, estabelecendo em cada uma d'estas regiões seu culto, que não é mais que uma fórma de brahmanismo, que tentou derrubar, arvorando-se em chefe religioso.

Decima encarnação. *Calunquy avatar.*—A decima e ultima encarnação de Vishnú, denominada *Calunquy,* dizem os gen-

RAMÁ AVATAR (setima encarnação)

tios que ha de succeder no fim da presente idade do nosso planeta, segundo o seu systema cosmographico. Conforme os Vedas, affirmam elles que o universo, quando terminar a epocha em que vivemos, chamada *Caluyuga* ou Calunquy, e que é computada em quatrocentos e trinta e dois mil annos, dos quaes se acham volvidos quatro mil novecentos e sessenta e sete, passará a ser um montão de vapores, uma força espalhada, vaga e tenebrosa, como aquella d'onde saíu o germen da humanidade, voltando ao estado de *pralaya* (cahos).

Esta acção será executada por Shiva ou Mahés. Então Vishnú, como se vê da estampa, apparecerá sobre a terra montando um cavallo branco alado. Em uma das mãos terá uma espada, na outra o checrá, e na terceira o buzio xenco. N'esta terrivel figura, e ao clangor do xenco chamará a juizo final os perversos, que destruirá. O sol e a lua se obscurecerão, a terra tremerá, as estrellas cairão, a serpente sexa, vomitando fogo, queimará todos os mundos, e todos as creaturas perecerão para deixar o logar a outros systemas de mundos, a outros soes, outros astros, outras terras, mares, plantas e animaes, que serão novamente creados por Vishnú, para continuarem a historia universal e eterna.

Dizem as tradições brahminicas que Brahmá dividíra a duração do universo em quatro *yugas* ou epochas.

A primeira, denominada *Critayuga,* comprehendeu um milhão setecentos e vinte e oito mil annos. N'esta epocha os homens eram altos e robustos, e viviam longos annos, sempre saudaveis e na melhor harmonia; a terra produzia vinte e uma por uma semente; as alfaias domesticas e ruraes eram de oiro que a terra produzia em abundancia, mas que ninguem apreciava. O que então se estimava eram as pedras preciosas, que passavam por moeda corrente.

A segunda epocha, chamada *Tritayuga,* abrange um milhão duzentos e noventa e seis mil annos. Foi n'esta epocha que o genero humano se multiplicou, e se manifestou a ambição e a malicia, fazendo escassear o oiro, que era accumulado pelos mais fortes, dando logar ao apparecimento da prata, até então desconhecida. Começou a enervar-se sensivelmente a organisação do homem, pela avidez com

VISHNÚ

que os ambiciosos pretendiam enthesourar o oiro, que passou a ser reputado uma preciosidade, sendo por este motivo que se ficou denominando *epocha do oiro.*

A terceira, designada *Duapar,* computa-se em oitocentos e sessenta e quatro mil annos. N'esta epocha augmentou consideravelmente o genero humano, e com elle crescêra a fraude, a avareza, o odio, as inimizades e as vinganças, cujo resultado foi enfraquecerem progressivamente os corpos humanos, e tornarem-se sujeitos ás necessidades e enfermidades provenientes do conjuncto d'estes sentimentos desorganisadores. Sendo a prata introduzida no commercio como moeda corrente, chamaram a esta epocha, *epocha da prata.*

A quarta, denominada *Caluyuga* ou *Calunquy,* que é a epocha em que vivemos, comprehende a existencia de quatrocentos e trinta e dois mil annos, dos quaes, como já tivemos occasião de dizer, se acham volvidos quatro mil novecentos e sessenta e sete. Diz-se que tendo a maldade e a perfidia tomado maiores proporções n'esta epocha fôra desterrada a *verdade* para as regiões ethereas, e, que sendo a moeda de prata substituida pela de *calaim,* lhe deram o nome de *epocha de ferro.*

Terminada esta epocha, voltará o universo ao primitivo estado de *pralaya.* Nos ultimos doze annos a terra tornar-se-ha esteril, assim como todos os seres animados, que pouco e pouco perderão a vida á mingua de alimentos e de calor; apparecerão então doze soes que irão perdendo o seu calorico até de todo se extinguirem, e diversos signaes na lua e nos astros, que tambem deixarão de existir; os tremores de terra serão continuados, e medonhas trovoadas porão os homens e os animaes em extrema confusão. Um homem poderoso se levantará e sujeitará ao seu mando todos os reinos e imperios do mundo, os quaes terão um só rei, uma só religião e um só Deus. Emfim, no dia fatal da terminação da presente epocha, no *dies iræ* das vinganças de Shiva, haverá o grande desequilibrio de todos os mundos, a magnifica machina do universo ficará toda desconjuntada, e o nosso planeta terá exhalado o seu ultimo sopro de vida para dar logar a outro systema planetario.

Os naturalistas hindús approximam-se de uma maneira admiravel das doutrinas anthropologicas modernas.

Shiva ou *Mahés.*—Shiva, terceira pessoa da *trimurty,* a quem foi concedido o direito de destruir e reformar a materia, é representado n'esta estampa montado n'um *gnú,* com cinco faces, recebendo por este motivo a denominação de *Mahadeu-Panchamuqui.* Quatro faces representam os quatro pontos cardeaes, e a quinta mostra a atmosphera, d'onde deriva o Ganges.

Tem quatro braços: n'uma das mãos segura Parvoty; na outra o Ganez; na terceira e quarta emblemas de destruição, pendendo-lhe do pescoço um collar de caveiras.

Nas grandiosas tradições primitivas sobre *Anant* ou *Narayana,* nota-se a idéa da unidade de Deus, ser infinito; na doutrina das emanações de Vishnú acha-se, ainda que muito desfigurada, a idéa da creação, sendo digno de observar-se que a ordem da producção da luz, das aguas e da terra tem certa analogia com a da creação, tal como se refere no primeiro capitulo do Génesis.

Nos tres attributos de Anant e nas suas transformações em Brahmá, Vishnú e Shiva, será permittido ver um reflexo da idéa da Trindade.

As indicações de Platão e outros philosophos gregos sobre o augusto mysterio da Trindade manifestam que esta idéa não era de todo desconhecida dos pagãos; e é de crer que os gregos a houvessem adquirido em suas viagens pelo Oriente, pois que ha probabilidades de que das margens do Ganges e do Indo a civilisação tenha passado para as do Nilo, do Egypto para a Grecia, d'esta para Roma, e d'aqui para o occidente da Europa.

A metempsycose ou transmigração das almas é um ponto fundamental das doutrinas dos brahmanes. Consequentemente, prohibem matar e comer os animaes. A recompensa dos bons e o castigo dos maus estão unidos com aquella idéa divulgada por toda a Asia e por todo o Egypto. As almas se procederam bem, recebem como recompensa a íntima união com Brahmá em Moká, reino onde reside

CRISHNÁ AVATAR (oitava encarnação)

a felicidade suprema; e se se conduziram mal, são castigadas, passando para os corpos das bestas e de outros animaes, ou para o *Naracá* (baratro) conforme a gravidade da culpa.

Câmadhênú.—É a deusa gentilica do amor e uma das quatorze rotnãs. Tem, como mostra o desenho[1], a fórma de vacca alada com geba e rosto de mulher.

Tendo pertencido a Angdias no acto da partilha das rotnãs, veiu depois a ser possuida pelo brahmane propheta Visvá Carmá para o soccorrer na sua extrema pobreza.

Carmá, recebendo de Câmadhênú tudo quanto necessitava para si e sua familia, recommendou-a aos seus devotos, como um ente digno de adoração; e compoz diversos canticos em louvor das excellencias da sua protectora, os quaes ainda hoje o povo gentio recita com devoção diante das imagens em pedra, que se encontram em quasi todos os pagodes, ou diante de qualquer vacca, principalmente de côr preta.

Conta mos hindús, que divulgando-se os beneficios que *Câmadhênú* prestava ao propheta Visvá, e chegando esta noticia ao conhecimento do rei *Sahasrassur,* parente de Carmá, viera este um dia visital-o, para pessoalmente conhecer tão grande maravilha. Depois de satisfeita a sua curiosidade, Sahasrassur quiz retirar-se. O propheta pede-lhe que se demore em sua casa aquelle dia; o rei desculpa-se com a sua numerosa comitiva e com a falta de alimentação para tanta gente. Visvá responde que Câmadhênú forneceria todo o necessario. O rei accede ao convite, e vê a veracidade da affirmativa do seu parente.

Maravilhado com o que presenciava, cobiça o precioso animal, e pede a Visvá que lh'o ceda! Não podendo este deixar de satisfazer ao desejo do rei, por saber que uma negativa seria a sua sentença de morte, recorre a Vishnú, rogando o tire da difficil situação em que se vê, isto é, entre a morte, se recusa, e a miseria, se se priva de Câmadhênú.

Vishnú, ouvindo as preces do propheta, chama para junto de si Câmadhênú, que, á vista do rei e de toda a sua comitiva, sobe para o *Vaikuntá*.

---

[1] Este desenho foi-nos offerecido pelo sr. Dagy Ranes, dessay de Tanem Bocal, quando estivemos em sua casa em 1864.

BÉTAL, DEUS DA PROPAGAÇÃO

Os hindús, mórmente os gugyres e brahmanes, adoram a vacca, e em seu louvor recitam uma oração no acto de se lavarem. Na hora derradeira da vida estes hindús tomam na mão direita a cauda de uma vacca, persuadidos de que na exhalação do ultimo suspiro a alma passa para o corpo d'aquelle animal, que reputam ser a ultima transformação do homem; e que a vacca assim como a sua congenere Câmadhênú ha de subir a Moká, onde reside Brahmá, levando comsigo a alma do finado.

É tal a veneração, que estes gentios têem pelas vaccas, que estabeleceram em differentes pontos do Industão asylos, onde são recolhidas e alimentadas juntamente com outros animaes domesticos abandonados.

Em Bombay existe um grande estabelecimento d'este genero, construido a expensas dos gugyres, brahmanes e parses. Este grandioso edificio, pelos indigenas denominado *Dâramsallá,* é um extenso rectangulo com accommodações amplas, arejadas e devidamente apropriadas a cada especie de animal que ali entra, tendo no centro os alojamentos para os empregados d'este hospicio.

Os animaes que ali dão entrada ficam pertencendo ao estabelecimento de beneficencia, que lhes dá casa e alimentos até perecerem, mas aquelles que entram com o fim de serem tratados de qualquer enfermidade, são, depois de curados, restituidos a seus donos, pagando estes as respectivas despezas.

Quando em maio de 1871 visitámos pela segunda vez este notavel estabelecimento, vimos ali muitos animaes da especie cavallar, asinina, vaccum, ovina, caprina, um grande numero de gallinaceas e outras aves, e alguns macacos. A especie suina, condemnada pelos legisladores orientaes, não tem ingresso n'esta casa de beneficencia brahminica.

Bétal.—Este idolo é o deus gentilico da propagação. A esculptura, que mostra a estampa, existe no pagode de Alorna, onde a vimos e desenhámos em 1863. É feita de granito pardo, e tem um metro de altura. Está com a bôca aberta, para significar que ha de engulir todo o mundo. Na mão esquerda tem a *lingá,* symbolo da propagação, e na direita uma espada para destruir o universo, quando soar a hora da aniquilação dos seres organisados, isto é, a *Maha pralaya*, ou grande destruição.

Os adoradores do Bétal seguem a seita nomeada *Lingaváto,* estabelecida por Sancarachary, e que ha 580 annos, proximamente, se introduziu em Carnate, estendendo-se depois aos reinos de Vizeapôr e Golconda.

Os hindús que professam as doutrinas de Sancarachary, adoram no *ruxy* ou santo Bétal a Máhadeu sob a invocação de Isparâ, e são obrigados a fazer uso diariamente de lavagens, sandalo e cucomb, e a trazerem como distinctivo uma pedra designada *lingá,* que, engastada n'um tubo de prata, oiro ou qualquer metal, trazem suspensa por um cordão ao pescoço ou ligado a um dos braços. Esta pedra, tambem chamada *Lingavá de Isparâ,* symbolisa o orgão genital de Isparâ, o qual é considerado emblema da natureza fecundante.

Os sectarios de Lingavá, logo depois do nascimento de seus filhos, e precedidas certas ceremonias, lançam-lhes ao pescoço a lingá, e no caso de a perderem, são obrigados a não tomar alimento algum, emquanto não for substituida por outra.

Os bottos ou sacerdotes adoradores da lingá, chamados *zagamás,* são geralmente solteiros, e os poucos, que casam, só o podem fazer com consentimento do seu respectivo suamy.

Não podem comer carne nem peixe, e admittem na sua seita toda a sorte de individuos sem distincções, precedidas algumas ceremonias e penitencias. Os homens podem casar com diversas mulheres, e a ceremonia do casamento consiste em fazer assentar os noivos a par um do outro, ligados por um nó dado com o *puruvem* do homem no panno da mulher, e em collocar, ao mesmo tempo que repetem orações, alguns grãos de arroz na testa dos nubentes.

Não comem diante de pessoas estranhas á sua seita, nem os homens em companhia das mulheres; vestem sempre pannos brancos, e quando morrem não são queimados, mas postos de cócaras dentro da cova com uma luz adiante de si, como já fizemos menção a respeito da familia dos reis de Sunda, que segue a seita de Lingavá.

BUDHA AVATAR (nona encarnação)

Os cones representados aos lados dos pés do Bétal são lingás de granito, com uma concavidade na base; iguaes a estas encontram-se em todos os pagodes, nas casas particulares, e pelas estradas, sendo algumas d'ellas feitas de barro.

De todos os idolos hindús é a lingá o que tem mais adoradores, principalmente do sexo feminino.

A lingá, tambem denominada *Vana-lingá*, por ser o rei Vana o primeiro que a instituiu e ordenou a sua adoração, é similhante ao Priapo dos gregos.

Ardhanary.—É Mahadeva o symbolo da benignidade, em figura de Ardhanary, que em maratha quer dizer semi-mulher ou Isvar-Parvoty, como outros a denominam, tendo ao seu lado direito um *vago* (tigre), e ao esquerdo um *vraxabha* (boi) chamado *Nandy*. Esta figura costuma apparecer nas *tacardumas* ou representações, que os hindús fazem nos seus pagodes.

Pimpól.—Os hindús têem grande veneração por esta arvore, que Linneo denominou *Ficus Indica*, por supporem que n'ella se convertêra Sarasvaty, e que na raiz habita Brahmá, no tronco Vishnú, e nos ramos Shiva. É considerada emblema da volubilidade, em virtude das suas folhas se moverem á mais leve aragem. Vê-se um exemplar do pimpôl no desenho do pagode de Sirodá.

Veddo, arvore de Gralha ou dos banianes.—Esta arvore, á qual o gentio, que se vê na estampa, está fazendo a sua *prodoxaná* ou oração do *veddo*, é a *Ficus religiosa*, de Linneo, que os hindús têem em grande veneração, por crerem que n'um certo dia alguns brahmanes fatigados de uma longa jornada, se sentaram á sombra de um grande veddo, sobre um ramo do qual, sem ser visto pelos viandantes, se achava o menino Crishná.

N'este momento *Gurudda*, com uma grande baleia no bico, pousou sobre um ramo d'esta arvore, que, cedendo ao grande peso, teria esmagado todos os brahmanes, se Crishná, para os soccorrer, não tivesse sustentado á baleia sobre seus hombros. Os brahmanes reconhecidos por este feito introduziram a pratica religiosa de diariamente darem algumas voltas em roda da arvore de gralha, collocarem sobre o seu tronco algumas flores, e de lhe deitarem agua com uma colherinha.

Esta ceremonia é designada, como dissemos, *prodoxaná*, e constitue tambem uma das penitencias gentilicas do ultimo

PRODOXANÃ OU ADORAÇÃO DO VEDDO

grau, que se pratica andando á roda dos idolos dentro dos pagodes ou do edificio exteriormente. Os hindús das castas superiores, como os bottos, os brahmanes não sacerdotes, e os quetrys fazem a *prodoxaná* no interior dos templos; ás bailadeiras e outras pessoas de casta servil só lhes é permittido fazel-a no exterior e á roda das arvores sagradas. O penitente anda sempre com o lado direito voltado para o objecto sagrado, e quando passa em frente d'elle pára, faz uma reverencia, e continúa a volitar, fazendo cem e mais voltas segundo o tempo e as circumstancias.

Pagode de Camaxa-deu.—Este esplendido templo hindú está situado na aldeia de Sirodá das Novas Conquistas. É junto d'elle que existe o grande viveiro de *calavontes* ou bailadeiras, que fornece o Estado da India e Bombay de mulheres de facil amor, e aonde os adoradores de deidades gentilicas vão frequentes vezes em romaria, principalmente quando o governo geral da nossa India se lembra de renovar a observancia das portarias publicadas em 30 de julho de 1694, em 14 de setembro de 1755, e depois em differentes epochas, prohibindo a entrada das bailadeiras nas Ilhas, Salcete e Bardez, que exploram e ás vezes arruinam os homens, que se deixam captivar por suas seducções. A aldeia de Sidorá tem 5:283 habitantes, sendo 1:926 christãos e 3:357 não christãos. Na provincia de Pondá existem 417 bailadeiras, sendo o maior numero junto do pagode de Sirodá, conforme os dados estatisticos officiaes de 1881.

Zátará.—Assistimos a esta festividade gentilica em dezembro de 1863 em Amoná. Consiste ella nas *sandhiás* ou orações feitas ao idolo no interior do pagode e na conducção daquelle em procissão até ao ponto em que se acha uma ara, onde lhe sacrificam cabritos e gallos, com o ceremonial que mostra o desenho tirado do natural.

Procissão gentilica.—Os hindús conservam ainda os mesmos usos e costumes, que tinham no tempo em que o insigne poeta Camões escreveu os *Lusiadas*.

Nas noites de segunda para terça-feira de cada semana andam ao redor dos principaes pagodes, e percorrem as ruas proximas d'elles com o idolo tutelar da aldeia em pro-

CALUNQUI AVATAR (decima cucarnação)

cissão, como mostra o nosso desenho tirado do natural. Em tempo chuvoso a procissão é feita dentro dos templos. O nosso epico, referindo-se aos idolos, diz: que estas figuras foram fabricadas pelo modelo, que lhes deu o diabo, e que eram abominaveis, como se deprehende dos versos que se seguem:

«Alli estavam das deidades as figuras,
Esculpidas em páo; e em pedra fria,
Varias de gestos, varias de pinturas,
E segundo o demonio lhes fingia:
Vêem-se abominaveis esculturas,
Qual a chimera em membros se varia.

«Hum na cabeça cornos esculpidos,
Qual Jupiter Hammon em Lybia estava;
Outro n'um corpo rostos tinha unidos,
Bem como o antigo Jano se pintava;
Outro com muitos braços divididos,
A Briaco parece que imitava;
Outro fronte canina tem de fóra,
Qual Ambis Memphetico se adora.»

CANTO VII, ESTROPHE 48.

Religião.—A religião dos primitivos habitantes de Goa, coeva com o seu estabelecimento no Concão, era o brahmanismo puro, que, com o dominio musulmano, perdeu a sua inicial pureza.

Quando Affonso de Albuquerque conquistou Goa, encontrou ali as mesquitas erigidas ao lado dos pagodes, e estabelecido o culto dos Vedas e do Alcorão, que fazia proselytos na classe dos escravos, a quem depois de circumcidados se lhes dava a liberdade. Encontrou igualmente o brahmanismo com todas as suas superstições e os sacrificios humanos das *sattys*[1], que já descrevemos, e dos *engenchados*, que consistia

1 «*Provisão do Viso Rey Dom Constantino defendendo que nenhuma mulher gentia se queime viva.*—O Viso Rey da India etc. faço saber a quantos este meu alvará virem que eu ey por bem e mando, por alguns justos respeitos que me a isso movem do serviço de Deus e de El Rey meu senhor, que da noteficação deste em diante nenhuma molher gentia moradora das terras de Salcete e Bardez se queime viva por morrer seu marido, nem por qualquer outro caso, nem desta ilha de Goa, nem das outras ilhas a ella annexas, sob pena de qualquer pessoa que

em insar os homens até ao topo de um grande poste (como o que se vê no desenho do Agursal) por meio de cordas com ganchos de ferro, em que se suspendiam pelas costas os que se offereciam em sacrificio aos deuses, rasgando-lhes as carnes.

Estes sacrificios humanos foram prohibidos, nas Novas Conquistas, por portaria do governador geral do estado, o sr. conselheiro José Ferreira Pestana, datada de 7 de dezembro de 1844.

Escriptores antigos affirmam que o christianismo tinha sido, muito antes da conquista dos portuguezes, introduzido em Goa pelo apostolo S. Thomé, que, depois de prégar em Edessa junto com S. Thadeu a doutrina do Divino Mestre, fôra no anno de 30 da era christã para Goa, onde convertêra não só o povo, mas os reis e dominantes; que o christianismo fôra professado por alguns habitantes, e que, emfim, se extinguíra por falta de prelados e cathequistas, assim como pelas perseguições que lhe movia o crescente musulmano.

Faria e Sousa diz que os primeiros proselytos de S. Thomé em Goa foram os filhos de Mantrazar, como se prova pela doação feita a certo pagode, apresentada em 1532 no juizo

---

a fizer queimar, ou para isso der conselho ou favor de qualquer maneira, ora seja parente da tal molher que se queima, ora não, perder toda sua fazenda, ametade pera quem o acusar, e a outra ametade para as obras da casa do Apostolo S. Thomé, e ficar cativo do dito senhor pera todo sempre. Portanto o notefico assy ao ouvidor geral, e aos capitães das ditas terras, e a todos mais officiaes e justiças, a que este for apresentado, e o conhecimento pertencer, e lhe mando que em todo e por todo o cumprão, e fação cumprir e guardar da maneira que se nelle contem inteiramente sem duvida nem embargo algum, o qual será apregoado no dito Salcete e Bardez, e nos mais lugares que for necessario, para que a todos seja notorio, de que se fará assento nas costas delle, e se cumprirá posto que não passe pela chancellaria sem embargo da ordenação em contrario. Rodrigo Monteiro o fez em Goa a 30 de Junho de 1560. Bertholameu Chanoca o fez escrever.=*Viso Rey*.» (*Livro do Pai dos Christãos*, fol. 78, v.)

PAGODE DE CAMAXÁ-DEU EM SIRODÁ

e gravada em letras concanys em uma lamina de metal, em que o doador invocava a Deus creador dos ceus e da terra, que por amor do seu povo fôra servido de vir tomar carne a este mundo, e confessava no fim da assignatura a trindade em unidade; mas que elle, padre Sousa, não sabia discernir bem se a trindade a que o rei se referia era a verdadeira, ou se era o *avatar* do theomorfismo.

E tambem se deprehende que S. Thomé estivera em Goa, por terem os alvaneis (que por ordem de Affonso de Albuquerque andavam levantando as muralhas da cidade) encontrado em 1510 soterrada na aldeia de Gandaulim uma pedra de ara, onde estava esculpida a imagem de Christo, que o conquistador enviou a El-Rei D. Manuel. Segundo se lê na *Taprobana* de fr. Francisco Negrão, esta pedra fôra dada pelo apostolo ao bispo Dionysio, filho de Mantrazar, que depois morreu martyr.

No mesmo anno achou-se entre as ruinas de uma casa da cidade um crucifixo de bronze, que se mandou a El-Rei D. Manuel como signal, diz Barros, de que já em algum tempo aquella imagem recebêra ali adoração.

D. Jeronymo Osorio affirma que no anno de 1515, abrindo-se os alicerces para a fortaleza de Angediva, se encontraram muitas cruzes negras e azues, o que demonstra ter sido a ilha em tempos antigos habitada pelos christãos de S. Thomé.

Taes são os vestigios da existencia da christandade em Goa anterior á conquista, e da qual parece se perdeu a memoria pela preponderancia da religião indigena.

Quando Affonso de Albuquerque e seus companheiros de armas entraram a ferro e fogo pela segunda vez na cidade de Goa, dirigiram-se á mesquita do Hidal-Kan, e ali levantada a ara sobre as ruinas do Islam, fr. Paulo de Coimbra, superior dos franciscanos que acompanhavam o conquistador portuguez, disse a primeira missa ao exercito victorioso, que com a face na terra rendia graças ao Deus da victoria, pelo bom exito do arrojado commettimento.

«Nos primeiros trinta e um annos —refere o sr. Barreto Miranda nos seus *Quadros historicos de Goa,* publicados em Margão em 1863— que, antes de se estabelecerem outras òrdens monasticas no Estado da India, coubera exclusivamente aos religiosos franciscanos a gloria da conversão de numerosos proselytos n'aquelle Estado. Segundo o calculo approximado, se attribue aos seus apostolicos esforços a realisação de oito baptismos geraes, em que o numero de convertidos subiu a 7:000 almas de diversas castas e seitas.»

A missão d'estes religiosos não se circumscreveu sómente aos nossos dominios, mas comprehendeu tambem muitas paragens do Industão.

Fr. Antonio do Casal prégou a fé de Christo em Damão, Baçaim e suas jurisdicções. Fr. Antonio do Porto converteu os infieis nas terras do norte, onde derruiu os pagodes para em seu logar erigir igrejas, deteriorando as seculares esculpturas monolithas da Elephanta em Bombay (hoje tão consideradas pelos inglezes) e cathequisando muitos joguys e fakirs.

Fr. João Loria e fr. Antonio de S. Francisco internaram-se na provincia de Decan, para evangelisar os povos do reino de Nisamaluco.

Fr. Pedro e fr. Clemente apostolaram no reino do Hidal-Kan com incontestavel proveito para a christandade.

Fr. Henrique cimentou a crença em Meliapôr, onde se achavam depositadas as reliquias do corpo do apostolo S. Thomé.

Fr. Xisto e fr. Francisco Gallego sacrificaram em Cochim suas vidas a favor da exaltação do nome de Christo.

Fr. Martinho da Guarda, fr. Estevão e fr. João de Elvas regaram com o seu sangue a arvore da fé em Cananor, onde fr. Vicente de Lagos conseguiu á força de suas grandes virtudes, soffrimentos e fervorosas predicas, a conversão da familia real de Tanor, que foi a Goa receber do 1.º bispo D. João de Albuquerque a confirmação do baptismo.

Fr. Pedro de Amarante prégou contra os infieis em Chandegary, Malandre e Cochim. Fr. Manuel de S. Mathias pastoreou no reino do Porcá, Coulão, Travancôr e outras regiões.

No intuito de propagar o evangelho em tantas, tão dilatadas e longiquas zonas, onde as grandes difficuldades a

SHIVA OU MAHÉS

vencer enfraqueceriam as forças dos mais audaciosos conquistadores, jamais aquelles religiosos seraficos trepidaram, antes proseguiam com animo calmo e alegre nos seus trabalhos apostolicos, confiando menos nas forças physicas, que nas da Providencia, que fortalecia e retemperava os seus espiritos.

Mais tarde, como vimos no capitulo v, a austera santidade d'esta veneranda familia franciscana deixou-se subjugar pela influencia malefica das paixões ruins até tocar as raias da ultima relaxação, a ponto de conspurcar o seu manto de abnegação e humildade evangelica.

Padroado.—Possuimos actualmente do nosso antigo senhorio religioso ou padroado portuguez nas Indias orientaes, a provincia ecclesiastica metropolitana de Goa, composta, alem da séde na capital da India portugueza, das dioceses de Damão e titular de Cranganor, Cochim, e de S. Thomé de Meliapor, que chegára, no principio do seculo XVII, a comprehender a Arabia Feliz, a Persia, o Affganistan, Cabul e Lahore, o Thibet, Scinde, a Tartaria central, toda a India, Ceylão, as Maldivas, os reinos de Nepol, o imperio Birman, o Pegú, a peninsula Malaia, as ilhas de Sumatra, Sunda, Batavia, as Molucas, os imperios da China e do Japão, o reino de Siam, a Tartaria oriental, a Cochinchina, Tonkim e o reino da Coréa, por onde os missionarios portuguezes prégaram o evangelho e engrandeceram o nome de Portugal.

O arcebispo de Goa *pro tempore* continúa a exercer, em virtude da concordata firmada em Roma no dia 23 de junho de 1886[1], os direitos metropolitanos nas dioceses que lhes são suffraganeas, e sendo elevado á dignidade de patriarcha *ad honorem* das Indias orientaes, gosa alem d'isso do privilegio de presidir aos concilios provinciaes de todas as Indias.

Directa ou indirectamente, o direito do padroado manter-se-ha sobre a vastissima área da peninsula Indo-Gangetica, accentuando-se e firmando-se nas quatro dioceses propriamente portuguezas acima indicadas.

De 1.640:000 catholicos, hoje espalhados pelo Industão, meio milhão, approximadamente, obedecerão ao arcebispo

[1] Vide decreto de 22 de julho de 1886 publicado no *Diario do Governo* de 28 do mesmo mez.

ZÁTÁRA EM AMONÁ

de Goa e aos tres bispos portuguezes, dos restantes uma parte, terão padres goanezes, e todos obedecerão a bispos apresentados pelo Rei de Portugal á santa sé e escolhidos de entre a lista triplice formulada pelos prelados não portuguezes das Indias orientaes.

A archidiocese de Goa fundada no reinado de D. João III, por bulla de Paulo IV, *Etsi Sancta*, de 4 de fevereiro de 1557, sendo primeiro arcebispo de Goa D. Gaspar de Ornellas, e governador da India Francisco Barreto, abrangerá, alem do territorio das Velhas e Novas Conquistas, o Canará septentrional, comprehendendo uma população superior a 200:000 catholicos, e na parte sujeita á soberania britannica entre 10 a 11:000. Constituirá uma diocese contínua, e pelas condições da sua organisação, e principalmente pela grandeza e illustração das suas honrosas tradições, ficará, diz o relatorio com que o nobre ministro dos estrangeiros, o ex.^mo^ conselheiro Henrique de Barros Gomes, precede o decreto approvando a concordata, em circumstancias de vir a ser novamente o grande imperio religioso da India, congregando, em torno das reliquias venerandas de S. Francisco Xavier, os concilios que a miudo ali deverão celebrar-se para definitivamente organisar a igreja oriental, e regular o que importe á sua disciplina, conservação e engrandecimento, e renovando assim a lembrança dos concilios provinciaes ali celebrados nos seculos XVI e XVII com tamanho lustre e esplendor da sé primacial de Goa.

A diocese de Damão conservará o titulo de Cranganor, recordando a que fôra creada em Angomale por Clemente VIII no anno de 1601, sendo arcebispo de Goa e primaz do Oriente D. fr. Aleixo de Menezes, e transferida por Paulo V para Cranganor em 1609, e ficará comprehendendo, alem dos territorios portuguezes de Damão e Diu, onde apenas existem cinco igrejas e 1:865 catholicos, a parte do districto de Baroche ao sul do rio Norhadda, os districtos de Surrate e do Concão septentrional, a ilha de Salcete, e tambem o grupo, por muitos titulos importante, das christandades que existem na cidade e ilha de Bombay com suas ricas igrejas, capellas e importantes estabelecimentos de umas e outras dependente. N'estas condições a diocese de Damão quasi toda contínua ficará abrangendo uma população superior a 50:000 almas.

A diocese de Cochim creada em 1558 por Paulo IV, sendo vice-rei da India D. Constantino de Bragança, e que até agora abrangia christandades e igrejas dispersas pelas duas costas do Malabar e Coromandel, ficará circumscripta mais de accordo com as conveniencias de uma salutar administração ecclesiastica, abrangendo ainda assim unicamente nas regiões do Malabar, uma população catholica entre 60:000 a 70:000 almas.

A diocese com a sua séde na veneranda sé cathedral de S. Thomé de Meliapor, erigida em 9 de janeiro de 1606 pelo summo pontifice Paulo V, sendo vice-rei da India D. Martim Affonso de Castro, á qual ficarão ligadas as igrejas de Calcuttá e Daka, que constituiam o vicariato geral de Bengala, e o grupo importante das christandades do Maduré, comprehenderá por seu lado uma população, que, independentemente das christandades do Maduré, deve orçar por uns 50:000 catholicos.

As igrejas de Malaca e Singapura, actualmente dependentes da jurisdicção extraordinaria do arcebispo de Goa, sendo insufficientes para, sem grave encargo para o thesouro, constituirem diocese, ficarão sujeitas á jurisdição do bispo de Macau.

A maior vantagem da nova concordata, escreve o sr. conselheiro Mártens Ferrão no seu importantissimo relatorio, é que por ella se termina o estado provisorio, organisando-se um estado definitivo não superior ás condições actuaes do paiz, mas muitissimo em relação ao estado actual do padroado.

É por meio do patriarcha das Indias orientaes que as propostas para o provimento das novas quatro dioceses de eleição, que serão creadas pela santa sé em Bombay, Mangalor, Quilou e Maduré, completando a organisação da igreja da peninsula industanica, subirá a El-Rei de Portugal, para ser feita a escolha e apresentação ao Santo Padre.

Portugal mantem as suas dioceses historicas com uma vasta circumscripção de jurisdicção contínua, comprehendendo muitas igrejas hoje da jurisdicção dos vigarios apostolicos, e a veneranda cidade de Velha Goa voltará a ser o centro do catholicismo das Indias orientaes.

CAMADHÈNÚ (deusa), vacca do amor

O illustre negociador da concordata foi o nosso eminente jurisconsulto e erudito professor, o ex.[mo] conselheiro João Baptista da Silva Ferrão de Carvalho Mártens, embaixador de Portugal junto da santa sé, auxiliado por Sua Magestade El-Rei o sr. D. Luiz I, que se dignou interceder pessoalmente escrevendo a Sua Santidade o Pontifice Leão XIII sobre esta importante questão, que acaba de ser resolvida «sem ferir (como diz Sua Magestade na sua carta de 10 de fevereiro ultimo) os sentimentos patrioticos de uma nação tão catholica quanto orgulhosa da sua historia e do seu direito».

Pelo *Annexo ao artigo 3.º da concordata*, que contém detalhadamente exposta a circumscripção, se verá que se muitas das igrejas do Padroado passam para a *propaganda fide*, tambem algumas d'esta jurisdicção foram transferidas para aquelle, ficando a propaganda de posse das melhores, que nos tem usurpado, e que foram fundadas por Portugal (quando Roma dormia em santo ocio) á custa de muito sangue portuguez, e largamente dotadas a expensas do seu thesouro.

O documento a que alludimos é o seguinte:

Annexo ao artigo 3.º do projecto da concordata

I

A Igreja Patriarchal Metropolitana e Primacial de Goa ficará comprehendendo:

1.º Todo o territorio das possessões portuguezas da India que hoje lhe pertencem, com excepção dos districtos de Damão e de Diu, que ficarão pertencendo á diocese suffraganea de Damão e titular de Cranganor, nos termos do art. 3.º da presente concordata.

2.º O Canará septentrional com as christandades de uma e de outra jurisdicção que o compõem, e que são actualmente as seguintes:

De Sadashigor;

De Sunkerry;

De Karwar;

De Ankola, com as christandades de Bingi, Chindierro, Bollingolly, Yellopor;

De Sircy;

De Honowar, com as christandades de Kiroly, Boteul, Ferquembat;

De Chandowar e Coomptá;

De Golmuna, com as christandades de Sounxim, Munkim e Baitur, constituindo assim territorio diocesano continuo sujeito á jurisdicção ordinaria de Goa.

3.º As christandades n'esta circumscripção que actualmente são de outra jurisdicção, ficam sujeitas á jurisdicção ordinaria de Goa.

PROCISSÃO GENTILICA

II

A diocese de Damão e titular de Cranganor agora erecta, em virtude do artigo 7.º da concordata de 21 de fevereiro de 1857, ficará assim composta:

NUMERO UM

1.º Dos districtos de Damão e de Diu actualmente da jurisdicção ordinaria da archidiocese de Goa;

2.º Da parte do districto de Baroche ao sul do rio Norhadda e do districto de Surrate;

3.º Do districto de Kenkam septentrional;

4.º Do actual varado das ilhas de Salcete e Trombay;

5.º Do actual varado de Baçaim;

6.º Ficam exceptuadas as christandades e estabelecimentos seguintes, hoje sujeitos á jurisdicção do vigario apostolico:

No districto de Surrate as igrejas e parochias de Surrate e Bulsar.

Nas ilhas de Salcete e Trombay as igrejas e parochias inteiras de Marolis e de Maucy na ilha de Trombay, hoje já pertencentes á jurisdicção do vigario apostolico, com os estabelecimentos da mesma jurisdicção que actualmente lhe pertencem.

No Bandorá a igreja actualmente sujeita á jurisdicção do vigario apostolico com o Stanislau's Institute e S. Joseph's Convent, que já actualmente lhe pertencem, e mais as igrejas de Iuven, Condotina e Culvem, que igualmente pertencem á jurisdicção do vigario apostolico.

7.º Para evitar qualquer confusão fica declarado que nos actuaes varados n.os 4 e 5 de Salcete e Baçaim continuam sujeitas á jurisdicção ordinaria da Diocese de Damão todas as christandades que actualmente o estão á archidiocese de Goa, não sendo actualmente sujeitas a esta jurisdicção as christandades que já ficam exceptuadas sob o n.º 6.

NUMERO SEGUNDO

Ficarão igualmente pertencendo á diocese de Damão todas as christandades com as suas igrejas, capellas e estabelecimentos dependentes, bens e rendimentos na cidade e ilha de Bombay, actualmente sujeitas á jurisdicção do arcebispo de Goa, que para maior clareza se designam aqui:

1.º De Mazagão com a igreja e estabelecimentos que lhe pertencem e capella de S. Francisco Xavier em Colabo e estabelecimentos que lhe são dependentes;

2.º De S. Francisco Xavier de Dalbul;
3.º De Cavel (Nossa Senhora da Soledade) e capella em Lonpoor;
4.º De Mahim superior (S. Miguel) com capella do Bom Conselho em Sião e escola que lhe pertence;
5.º De Mahim inferior (Nossa Senhora da Salvação) com as capellas de Matenga e de Parel, collegio e escolas annexas.

III

A diocese de Cochim suffraganea de Goa ficará assim circumscripta, comprehendendo:

NUMERO PRIMEIRO

1.º A cidade de Cochim com todas as suas christandades, igrejas, capellas e quaesquer outros estabelecimentos dependentes.

2.º As seguintes circumscripções com as christandades de uma e de outra jurisdicção que lhes pertencem:

Mattanchery e Amarambady (jurisdicção do arcebispo e do vigario apostolico);
Pallarutti (jurisdicção do vigario apostolico);
Idacochi, Arus, Punuguto e Perumpadippu;
Manasherry, S. Luiz;
Manasherry, S. Miguel;
Caunnamalé;
Candacadavuy;
Combalananguy;
Chellanam, S. Sebastião;
Chellanam, S. Jorge;
Pollitodu;
Truvine (jurisdicção do vigario apostolico e do arcebispo);
Manacudam e Toreur;
Pallipuram;
Bendurti e Tevere;
Tanghi;
Arthungal, S. Jorge;
Arthungal, Santo André e Mararicolam e Chetti;
Mararicolam (jurisdicção do arcebispo de Goa);
Kattur (jurisdicção do arcebispo);
Aleppi (jurisdicção do arcebispo e do vigario apostolico);
Vattalunyhal (jurisdicção do arcebispo);
Pungavu (jurisdicção do vigario apostolico);
Tumboly (jurisdicção do arcebispo e do vigario apostolico).

RUINAS DO SABAMOSSUDÓ DOS MOUROS EM PONDÁ

NUMERO SEGUNDO

No actual vicariato apostolico de Quilou as seguintes christandades:

1.º Aravola;
2.º Caringolam;
3.º Pontorré;
4.º Tutur;
5.º Waliatowe;
6.º Velli;

comprehendendo todas as igrejas, capellas, estabelecimentos, bens e rendimentos que actualmente lhe pertencem.

IV

A diocese de S. Thomé de Meliapor, suffraganea de Goa, ficará assim circumscripta:

NUMERO PRIMEIRO

1.º A cidade de S. Thomé de Meliapor com todas as suas christandades de uma ou da outra jurisdicção e aquellas do monte de S. Thomé, igrejas, capellas e quaesquer estabelecimentos dependentes, e em
Palavaram;
Cavelung e Chinglepett; tendo por limites a leste o golfo de Bengala; a norte os caminhos chamados Edward Elliot's Road e S. George's Cathedral Road; oeste o caminho que conduz de Madrasta a Congeveran até ao rio Palar; a sul o rio Palar até ao mar, constituindo tudo assim o territorio diocesano contínuo.

2.º No actual vicariato apostolico do Maduré:
As christandades de uma e da outra jurisdicção, comprehendendo todas as suas igrejas, capellas e quaesquer outros estabelecimentos dependentes situados nos districtos de
Tangiore;
Rigapatam e de
Manargudi;
tendo por limites a este golfo de Bengala, a norte os rios denominados Vettar e Vemar; a oeste e ao sul os limites dos districtos de Tangiore, Manargudi e Nizagapatam; constituindo tudo assim territorio diocesano contínuo.

NUMERO SEGUNDO

1.º Todas as christandades, igrejas, capellas e quaesquer estabelecimentos dependentes, com todos os seus bens e rendimentos em Calcuttá e Dacca, ou Daka, sujeitos actualmente ao vicariato geral portuguez de Bengala, e que para maior clareza aqui se mencionam:

De Boitakanak na cidade de Calcuttá;

De Chinzurak;

De Boudel no districto de Hoogly com as escolas dependentes;

Em Dacca, ou Daka, as christandades de Dacca (Nossa Senhora da Piedade);

De Tesgão (Nossa Senhora do Rosario);

De Nagory (S. Nicolau Tolentino);

De Hosnobad (Nossa Senhora do Rosario) com as christandades que lhe estão actualmente annexas e dependentes;

De Shibpur (Nossa Senhora da Guia) igualmente com as christandades que lhe estão actualmente annexas e dependentes.

2.º As christandades com as suas capellas, actualmente sujeitas exclusivamente á jurisdicção do arcebispo de Goa, sitas no actual vicariato apostolico do Maduré.

Com relação ás pequenas aldeias que ahi haja sujeitas ás duas jurisdicções, os dois bispos de S. Thomé e do Maduré proporão equitativamente, para ser resolvido pela Santa Sé e o Padroeiro, a qual das jurisdicções deverá ficar pertencendo de futuro.

V

Ainda que já fica declarado, todavia para maior clareza, e a fim de evitar quaesquer duvidas de futuro, declara-se que sempre que n'este annexo se trata de christandades, entende se que comprehende todas as igrejas, capellas e quaesquer outros estabelecimentos, que lhes estejam annexos ou dependentes, com todos os seus bens e rendimentos.

Será dada uma compensação para os bens proprios de Portugal ou dos vigarios apostolicos nos logares que forem reciprocamente cedidos. Estes negocios serão regulados por os bispos e os vigarios apostolicos respectivos, os quaes os submetterão á Santa Sé e ao Governo Portuguez.

Roma, em vinte e tres de junho de mil oitocentos e oitenta e seis.= *João Baptista da Silva Ferrão de Carvalho Mártens.*

CAPITULO VIII

Leitura da Postoca — Linguas vernaculas — Sanguem — Nedrôe — Embarbacem e Astagrar — Maharxis — Râmachondrá — Santer-deu — Émar-deu — Mauly — Rôquece Moty — Pimpôl — Hindús pedindo para Malaxinim — Dude-sagôr — Collem — Rio Negro — Uguem — Florestas — Palacio de Quepem — Pagode de Cacorá — Pagode de Chandrenate — Solóne — Devôllas — Casa de Nagú Dessay — Caz ou cajueiro — Fabrica de cancanãs — Vendedor de cancanãs — Ponôsso ou jaqueira — Bambú — Ganó — Usse ou canna de assucar — Bétle — Pimenteira — Diversas arvores fructiferas e industriaes — Contracto de pazes.

Cedendo ao predominio dos portuguezes, os habitantes da India, no impeto da conquista, assombrados de respeito, abraçaram o estabelecimento do christianismo, a civilisação e o imperio de Portugal, que, abrindo o caminho do Oriente, abriu as portas do mundo moderno, cuja gloria e immenso resultado ninguem lhe póde contestar.

«Quando os povos da Europa começavam a quebrar o ferreo jugo da escravidão exigida pelos romanos, escreve o sabio e judicioso abbade Raynal[1], o furor das cruzadas

---

[1] *Historia philosophica e politica*, pag. 101 a 120, tomo I.

reuniu os tyrannos, para sustentarem expedições extravagantes: tão grande era o seu empenho, que chegaram a vender a seus vassallos os direitos, que lhes haviam usurpado, e que de novo os tornou á condição de homens livres.

«Assim, pelas cruzadas scintillou na Europa a primeira faísca de liberdade; comtudo, sem a descoberta de Vasco da Gama, apagar-se-ía para sempre. Os turcos seguiam o caminho das nações ferozes, que vieram do Artico subjugar os romanos, para a seu exemplo fazerem o mesmo a toda a Europa. Ás instituições barbaras, que nos opprimiam, succederia jugo mais pesado, se aos vencedores do Egypto não se oppozesse a gente portugueza. Os thesouros da Asia asseguravam aos turcos os da Europa; senhores do commercio, formariam com elle poderosa marinha: com essa vantagem quem poderia obstar á sua entrada em nossas terras? Quem embaraçaria a marcha d'esse povo conquistador, pela natureza da sua politica e da sua religião?

«A Gran-Bretanha despedaçava-se pela liberdade; a França pelo interesse dos reis; a Allemanha pela utilidade do clero; a Italia pelas reciprocas pretensões da tyrannia e da impostura; a Europa achava-se coberta de fanaticos em conflicto: assimilhava-se ao delirante, que, abrindo as veias, perde, em seu furor, o sangue e as forças. Assim exhaurida que resistencia opporia aos turcos? Que seria da liberdade? Morreria, se os portuguezes não embaraçassem o progresso do fanatismo musulmano, fazendo-o parar na impetuosa carreira de suas conquistas, cortando-lhe o nervo das riquezas.

«Albuquerque debellou os turcos no Malabar, e destruiu no mar Roxo os portos, onde os arabes armavam esquadras, para disputar aos lusitanos o imperio do Oriente. Collocado no centro das colonias portuguezas, reprimiu a licença, e firmou a ordem em todas ellas, sempre activo, sabio, justo e desinteressado.

«Que direito não têem á nossa admiração os seus illustres companheiros? Que nação tem havido, que fizesse tanto, com tão poucos meios? Consistia a sua força em quarenta mil homens: com elles fizeram tremer o imperio de Marrocos, todos os barbaros da Africa, os mamelucos, os arabes, e todo o oriente de Ormuz, até ás fronteiras da China! Não tocava um a cada cem, no ataque das tropas inimigas, que em geral usavam armas iguaes, na defeza da sua fortuna e da vida. Que homens! Que principios formariam uma nação de heroes?

LEITURA DA POSTOCA

«Aos lusitanos succederam os hollandezes, que em pouco tempo foram substituidos pelos britannicos. Estas duas nações jamais tiveram a grandeza romanesca, que tanto distinguiu os portuguezes. Estes mostraram sempre, em qualquer parte, a mesma elegancia e denodo. Os habitantes da India, assombrados de respeito, cederam ao predominio d'esta nação singular.»

Mais duas gerações de homens iguaes aos illustres companheiros de Affonso de Albuquerque e o nosso imperio indiano teria ficado inabalavel.

Leitura da Postaca.—O *vedanta,* nome derivado do Vedão que escreveu o Purana, é o botto que tem por profissão explicar a doutrina dos vedas aos individuos da sua classe, sendo-lhe prohibido fazel-o diante de pessoas estranhas a ella, sob pena de ser expulso da casta e votado ao mais execrando desprezo.

Linguas vernaculas.—Passado o primeiro impeto da conquista, da demolição dos pagodes e emblemas gentilicos, e com elles da destruição dos livros escriptos nas linguas vernaculas, reconheceram depois os concilios e os prelados quanto convinha estudar as mesmas linguas, para poder progredir a obra da propagação da fé, que tinham a seu cargo.

E durante a longa lucta dos arcebispos com os frades franciscanos ácerca das igrejas de Bardez, foi sempre um argumento contra os frades a sua pouca pericia na lingua, que na opinião dos arcebispos e de toda a gente sensata era condição indispensavel para bem pastorear o rebanho, e acrescentar-lhe o maior numero de ovelhas possivel.

Exceptua-se o arcebispo D. fr. Lourenço de Santa Maria, que quiz remediar o mal não só imitando os desacertos do conde de Alvor, mas exagerando ainda os seus absurdos. N'uma celebre pastoral de 21 de novembro de 1745, suscita o arcebispo a observancia do alvará do vice-rei Francisco de Tavora, conde de Alvor (publicado em 27 de junho de 1684, no qual ao mesmo tempo que remove os obstaculos ao casamento das viuvas christãs nativas, prohibe o uso do idioma natural) emquanto aos parochos ensinarem a doutrina christã a seus freguezes e os mestres da escola a seus discipulos na lingua portugueza, com exclusão da indigena.

Os jesuitas, se não escreveram mais na lingua concany do que os franciscanos, escreveram certamente com mais felicidade. Como tinham á sua disposição a unica imprensa de Goa, publicaram maior somma de livros, e deram assim mais vigoroso impulso ao conhecimento das linguas vernaculas. A perseguição de que estas foram victimas não teve

DUDE SAGÔR

por cumplices os jesuitas. É o secretario de estado Francisco Xavier de Mendonça Furtado, e podemos dizer que o proprio marquez de Pombal, quem nos dá d'isso testemunho insuspeito, por vir de tal origem. Quando em substituição ás escolas da companhia o governo de Portugal manda instituir em Goa um collegio de clerigos naturaes, na *Minuta* para os estatutos do mesmo collegio, datada de 2 de abril de 1761, escreve o ministro: «As cadeiras, que parecem mais proprias para os estudos do referido collegio...são as seguintes: As primeiras devem ser as da instrucção das linguas proprias das terras, onde temos igrejas ou missões; buscando-se nos sequestros dos jesuitas as Artes, por onde elles ensinavam as referidas linguas.» É verdade que acrescenta logo «com tanto que sejam primeiro muito bem revistas e expurgadas», pois até nas grammaticas se receiava que se houvesse infiltrado o subtil veneno jesuitico.

As Artes compostas pelos franciscanos estavam áquelle tempo já tão esquecidas, que o governo não tinha d'ellas noticia alguma, e manda supprir a falta, no caso que as não haja nos sequestros dos jesuitas, pelas que tivessem os padres congregados ou por outras, que se formem de novo á custa da fazenda real com seus vocabularios.

Das outras corporações não consta que saísse obra alguma em lingua do paiz.

Pareciam renovados os dias do conde de Alvor e do arcebispo D. fr. Lourenço de Santa Maria. O governo politico cooperava com o ecclesiastico n'este systema de perseguição das linguas vernaculas, e com ambos os governos se conformavam os homens mais notaveis do estado, assim de origem europêa, como indiana.

O vice-rei D. Manuel de Portugal e Castro, instituindo as primeiras escolas publicas á custa do estado por portaria de 5 de setembro de 1831, prescrevia o seguinte:

«Como n'um paiz, como este, pertencente á corôa de Portugal, e governado pelas leis portuguezas, parece extraordinario que haja um numero extremamente tão diminuto de habitantes, que falle e escreva a lingua portugueza; recommenda-se aos mestres de primeiras letras, especialmente aos professores de grammatica latina, se appliquem com todo o desvello ao ensino da mesma lingua a favor dos seus discipulos, não consentindo que estes fallem nas suas escolas a da terra.»

SANGUEM

Levado do mesmo pensamento ordenava o mesmo vicerei que nas repartições publicas e nos quarteis se fallasse unicamente a lingua portugueza.

Nas escolas dirigidas segundo a norma dos arcebispos S. Galdino, D. José Maria da Silva Torres e do vice-rei D. Manuel de Portugal e Castro, aprendia-se a ler e escrever machinalmente o portuguez, sem se comprehender a significação de uma só palavra d'esta lingua, a qual unicamente se começava a conhecer, quando se estudava a grammatica latina. D'ahi veiu fallarem e escreverem muitos padres goanezes correntemente o latim, e não serem capazes de se explicar em portuguez.

Estabelecida assim a persuasão de que a lingua concany se devia considerar como cousa nulla e imprestavel, fica dada a rasão por que nas posteriores reformas e planos de instrucção publica se guardou ácerca d'ella completo silencio. Começa, porém, a apparecer a intenção de promover o ensino de outras linguas vulgares da India.

FORTE DO MEIO, VISTO DO FOSSO

O desembargador Louzada, na sua *Memoria ácerca da educação publica nos estados da India,* datada de Lisboa a 15 de março de 1841, e publicada nos *Annaes maritimos e coloniaes* do anno 1842, a pag. 6, indica como grande necessidade para a India portugueza o estabelecimento de uma aula, na qual se ensinasse a ler e traduzir os caracteres da lingua maratha como preparatorio indispensavel para empregados civis; e propõe tambem como cousa util que no seminario diocesano se ensine o idioma dos povos, cujas missões nos pertencem.

Esta idéa quasi esquecida desde o tempo do marquez de Pombal, renovada agora pelo desembargador Louzada, foi acceita pelos auctores do regulamento dos seminarios, que recebeu a approvação do governador geral conde das Antas em portaria de 17 de março de 1843, e introduziu no curso de estudos dos seminarios de Rachol e do Chorão a lingua tamul e a lingua moura ou industany. Este regulamento não chegou a ter effeito.

O governador geral Joaquim Mourão Garcez Palha, por portaria de 8 de agosto de 1843, realisou a creação de uma cadeira para as linguas maratha e canará. Ao mesmo tempo na camara dos deputados se approvava um projecto de reformação geral da instrucção publica em Portugal, no qual se dispunha que na capital dos estados da India se estabeleceria pelo menos uma escola normal do ensino primario, um lyceu e uma cadeira da lingua industany, pensamento que logo depois foi aproveitado e introduzido no decreto de 20 de setembro de 1844, em fórma de artigo transitorio; e hoje se acha realisado emquanto á escola normal e lyceu, mas não emquanto á lingua industany, sem duvida por se não sentir em Goa tão immediata necessidade d'ella, como da maratha e ainda da canará.

O mesmo desprezo da lingua materna explica a rasão de não se imprimir desde tempos immemoraveis livro algum n'ella escripto, de terem quasi completamente desapparecido os que foram antigamente impressos pelos franciscanos e jesuitas, e de se conservarem apenas mui recolhidos no centro das familias christãs das Velhas Conquistas alguns manuscriptos, parte dos quaes já são copias d'aquelles primeiros impressos.

Sanguem.—Capital da provincia de Embarbacem. Está situada no bairro da aldeia Uguem do torofo de Tuddem ou Tuddon. Conta 915 habitantes. Teve uma fortaleza gentilica, que foi conquistada e demolida em 8 de junho de 1742. Actualmente é cabeça de concelho, que abrange as provincias de Embarbacem e Astagrar com 815 kilometros quadrados de superficie, 37 aldeias, 1 parochia, 4:208 fogos e 20:118 habitantes, de facto, segundo o recenseamento de 1881.

CAMPOS DE COLLEM

Tem um pittoresco pagode na margem direita do rio, e uma alfandega no largo da igreja, que representa o nosso desenho. No bazar d'esta povoação ha uma feira semanal estabelecida por portaria do governo da India, de 12 de janeiro de 1842.

Em Sanguem convergem sete estradas que conduzem aos desfiladeiros dos Gattes de Tinem, de Cuissim, de Digui, de Candol, de Doncorpem, de Panguinim e de Polem.

«Quando o sr. Marquez de Louriçal chegou segunda vez a este governo (relata o honrado Marquez de Alorna na *Instrucção* ao seu successor o vice-rei Marquez de Tavora) achou Pondá, e Goddo, que lhe serve de cidadella, occupada pelo Maratha, como tambem a Praça de Sanguem situada sobre o rio que corre em Rachol e visinha aos Gattes de Tinem e Diguim ou Digui; determinou com grande acerto expulsar o inimigo da nossa visinhança; principiou por Sanguem que atacou, e demoliu; e voltou com as tropas sobre Pondá, que teve o mesmo destino; ficou comtudo o Goddo em poder do inimigo, e encarregado do seu governo Ismal-Can, cabo mouro, que procurou vendel-o a quem melhor partido lhe fizesse; negociou com o Bounsuló a sua entrega e para a embaraçar convidámos o Sunda para que commettesse partidos a Ismal-Can. Celebraram-se os pactos de ambas as partes com a mesma fé, e d'esta fórma tornou o Goddo ao seu antigo dominio: Da nossa parte restituimos ao Sunda as praças demolidas[1]. Aconteceram estes successos, quando o sr. Marquez já prostrado de forças, pela doença de que falleceu, não teve tempo de premeditar outras conquistas que as da eternidade. O governo que lhe succedeu, ou fosse por falta de experiencia, ou por outra causa, não attendeu ao futuro, nem procurou

1 Referia-se ás praças de Sanguem e de Pondá, menos a denominada *Goddo* ou *Mórdongôr*, conquistada e demolida pelo vice-rei Conde da Ega, quatorze annos depois, em 1764, como já dissemos no capitulo anterior.

a utilidade que a conjunctura, e a opportunidade do tempo lhe offereceu para desafogar e alargar o nosso dominio; contentou-se com 40:000 xerafins, que o rei de Sunda offereceu pela despeza d'aquella expedição, presumindo ter feito hum revelante serviço.

«Na minha opinião muitos foram os erros, que n'aquella occasião se commetteram; o primeiro foi demolir-se Sanguem, quando mais nos importava a sua conservação; por ser aquelle sitio por onde os inimigos costumam fazer entrada na Provincia de Salcete, e estar pouco distante dos Gattes por onde descem; occupado por nós servia de Pra-

NEDRÔE

ça de Armas para os sustentarmos com gente, e mantimentos; e no caso de o inimigo os passar, importava muito conservar na retaguarda do seu exercito huma Praça, que lhe embaraçaria os comboios; e ficavamos senhoreando todo o Rio de Rachol. O segundo foi, que podendo negociarmos com Ismal-Can a entrega do Goddo, o guarneceriamos com gente nossa, e nos ficaria o Sunda mais submisso, e nós livres do susto de que os Marathas o tornem a occupar, estando tão visinho de Goa, e nas mãos de Sunda; acho provavel, que por este meio senhoreassemos toda a Provincia de Pondá, que nos convem, por ser a mais pingue, e da qual recebemos continuamente o beneficio de muitos mantimentos necessarios; e porque se a precisão nos obriga por conta da visinhança, a defendel-a á nossa custa de qualquer invasão, muito mais util era possuil-a como propria, e accrescentar as suas rendas ao nosso dominio que largal-a a quem necessita de nós para a conservar e defender. Mas no caso que quizessemos largal-a ao Sunda, sempre devia

CASA DE CAMPO EM CUSSEMANE

ser por troca, e com reposição do Cabo de Rama, de que o Rei Sunda se apoderou indevidamente ha tempos, sendo huma parte da Provincia de Salcete; e ainda hoje ha pessoas, que se lembram de andar sempre unida a ella, e cobrarmos os fóros; e poderiamos tambem fazer-lhe ceder o Forte de Piro[1], e Enseada das Galés, e Rio de An-

[1] É nome do districto e da fortaleza fundada por Sadassiva na provincia de Caruar, de cuja mesquita offerecemos no capitulo IX o desenho do natural. Em linguagem maratha denomina-se *Pil-goddo* e *Sadassiva-goddo*, e hoje entre os inglezes, seus dominantes, *Sadashigor*.

colá, que tanto prejuizo causam ás nossas Embarcações miudas pelos direitos que continuamente se alteram naquelles Portos; e serviriam de freio para que o Sunda se não tentasse com a pirataria, que quasi só contra nós exercia debaixo de boa paz. Mallogrou-se esta occasião tão opportuna, e favoravel, para nos ter agora em contínuo susto aquelle Goddo, se se verificar a noticia que corre de que Naná pertende despojar a Sambagy Rajá, de Calapor, e todo o seu Dominio, e senhorear-se do dito Goddo para nos opprimir, e molestar de mais perto. Neste caso ver-se-ha v. ex.ª obrigado a fazer ao mesmo tempo todo o esforço para sustental-o, como para conseguir apoderar-se de Molondim, para que Naná nos não fique tão vizinho por mar, e terra. Passemos agora ao modo de defença.

«Acha-se v. ex.ª em um Paiz, que tem todas quantas vantagens se pódem imaginar para a defensiva:

«O nosso[1] se divide em tres partes; a primeira, he a Ilha de Goa, e suas adjacentes, e as outras duas, as Provincias de Bardez, e Salcete; a primeira he banhada por hum lado do Oceano, desde Chaporá até Agoada, e pelo outro de hum Rio caudaloso, que desagua no mar, e a devide da Ilha de Goa: pela parte que olha para o terreno inimigo he defendida por huma muralha forte pouco mais d'hum quarto de legoa, desde o Forte Novo até Coluale, obra do sr. Conde de Linhares; comprehendendo-se nesta linha o mesmo Forte, o de Tivim, o do Meio, e o de Coluale, com hum fosso principiado, e não concluido, que facilmente podia tornar ilhada esta Provincia por todas as partes: Nesta mesma Provincia está situada a Fortaleza d'Agoada, que defende a entrada da Barra de Goa, em hum monte alto, e forte por natureza; continuando-se-lhe o fosso que está

[1] Ainda não possuiamos as provincias denominadas Novas Conquistas, apezar de estarem incluidas no contracto das pazes que se fizeram com Mealecão no governo do viso-rei D. Pedro Mascaranhas, como se infere do mesmo contrato, transcripto no fim d'este capitulo.

PAGODE DA DEUSA MAULY EM UGUEM

principiado em Sinquerim, facilmente podia tambem ficar Ilha: Nesta Provincia está igualmente situado o Forte dos Reis, que cruza com a Artelheria do de Gaspar Dias, situado na Ilha de Goa, para difficultarem a passagem do banco que se acha na entrada daquella Barra. A Provincia de Salcete, he a mais exposta ás invasões do inimigo pela parte dos Gattes, e se houvesse constancia nos Sipaes, e Naturaes, seria difficultosa a descida pelos desfiladeiros asperos das Terras do Sunda. A Praça de Rachol[1], supposto seja irregular, he com tudo para os inimigos da Asia bastantemente forte; no meu tempo lhe mandei obrar hum fosso aquatico, e tem a facilidade de se poder innundar todo o terreno ao redor pela parte de Curtorim, e da Ilha dos Padres da companhia[2], sem que lhe fique mais que hum pequeno ataque em huma emminencia na parte em que a Fortaleza he mais forte: Nesta Provincia está tambem situada a Fortaleza de Mormugão, que defende a Barra daquelle Rio (Zuary), que divide Goa da dita Provincia; obra do Avô de v. ex.ª o sr. Conde de Alvor.

«A Ilha de Goa, a maior de todas, he banhada por duas partes de dous Rios caudalosos (Mandovy e Zuary), que divididos em diversos canaes, formam as Ilhas adjacentes de que abaixo tratarei; o unico passo secco que tem estes Rios he de fronte de S. Braz defendido pelo Forte daquelle Nome; pela extremidade aonde existe o Forte do Cabo, que defende a Barra, a circunda o mar Oceano; segue-se o Forte de Gaspar Dias, de que já acima fiz menção, e a Ponte de Pangim, obra do sr. v. Rei Conde de Linhares, que serve de trincheira, e embaraço aos inimigos: Os muros a que deu principio o sr. v. Rei D. Antão de Noronha, e seguiram outros v. Reis, discorrem desd'o Forte de Dau-

---

1 A praça de Rachol foi conquistada a primeira vez ao Hidal-Kan por Crisná Ráo que d'ella fez entrega ao capitão-mór e governador da India, Diogo Lopes de Sequeira.

2 Esta ilha, hoje peninsula, faz parte da aldeia da Raia.

guim por S. Braz, e S. Thiago, donde voltam pelo Mangueiral, S. João Sagú, e continuam até ás Portas de Moulá; vindo a terminar em pouca distancia da casa da Polvora por cima do outeiro que lhe fica dominante, cujo espaço immenso o não guarnecem dous mil homens, obra imperfeita, e com o tempo arruinada em varias partes: No lado que olha para Salcete toda a praia he defendida por algumas faxinas nas partes onde he mais facil o desembarque; e no sitio chamado de D. Paula se deve ter cuidado para evitar qualquer surpreza pela parte do mar[1].

RUINAS DA PONTE SOBRE O RIO NEGRO

«Por cima da Igreja de Pangim, se acha hum terreno espaçoso, e da maior vantagem que se póde desejar, para que, no caso que os inimigos entrem em Goa, não possam presistir nella; tem huma esplanada natural por todas as partes, igoalmente dominante a todo o Paiz circumvisinho, sem padrasto algum que lhe servir de ataque; termina-se nelle a Ponte de Pangim, que feito hum pequeno Reducto na testa della em Ribandar, e outro no fim, será impossivel que os inimigos a possam penetrar; por hum lado desta Ponte a defende hum Rio caudaloso, e pelo outro, hum terreno inundado, e cortado de Salinas; está perto da Bar-

[1] A montante e curta distancia de D. Paula, na margem direita do Zuary, está *Nedrõe*, como mostra o desenho com igual nome.

ra por onde podem vir os mantimentos; naquella praia podem as embarcações maiores e menores estar seguras, e abrigadas de toda a tempestade; e he a melhor situação onde devia estar a Alfandega para evitar os desvios que se fazem por entre canaes. Depois que reconheci este terreno assentei que elle era o unico, e verdadeiro receptaculo das Forças de Goa, se o inimigo a invadisse, e que não poderia

GENTIOS PEDINDO PARA A DEUSA MALAXINIM

presistir nella sempre que nos mantivessemos naquelle sitio: Oxalá que os Engenheiros, que inspiraram o sr. conde de Alvor, fazer a despeza immensa, que se fez em Mormugão se tivesse applicado a esta, o que bastaria para fazer perder as esperanças a qualquer inimigo de senhorear-se nunca d'esta capital.

«As Ilhas adjacentes são: A Ilha de Divar, chamada vulgarmente da Piedade, aonde os inimigos em tempo mais calamitoso nunca entrarão, porque os canaes que a circumdam não dão váo, e pela parte que olha para a terra firme he defendida do Forte de Naruá, que vareja com a sua Artilheria todo o Rio por aquella parte: A Ilha do Chorão o tem sómente na parte que olha para a terra firme, mal defendido por hum Forte que lhe fica em grande distancia.

«As duas Ilhas de Paliem (Panelem), e Corjuem mais contiguas á terra firme, e onde o canal he mais estreito, são defendidas pelo Forte desta ultima Ilha: a de Santo Estevam tem dous váos, hum delles defendido por um Forte d'onde os tiros fazem pouco effeito, e servem de maior defensa a ambos os váos as Baterias razas que se acham junto d'elles: A Ilha de Combarjua, he a mais exposta a ser invadida, porque o canal que a separa de Goa, bem como da Terra do Sunda, he mais estreito, e na baixamar se póde vadear com facilidade; o lado que olha para Goa está bem defendido pelo Forte de S. Braz, e no de Sunda mandei formar huma trincheira de Gabions unidos, e huma Bateria para a sua defensa.

«Os váos, e passos seccos, se defendem facilmente com Baterias razas sobre elles, e com Manchuas postas de hum e outro lado dos mesmos váos para os cruzarem com Artilheria, e em caso de receio do inimigo com Balões que andam de noute pelos rios para prevenir o damno da Armada aos que guardam os Postos: esta precaução basta para que o inimigo, que receia muito o nosso fogo, não intente, e se lhe difficulte a passagem dos váos na baixamar, temendo que com qualquer dilação volte a enchente, ficando perdidos, e cortados.

«Estas vantagens, que em outro paiz seriam desejadas para se defenderem os Postos com pouca gente, e mediana constancia, se inutilisam neste, pela pusilanimidade dos habitantes; porque ainda que estejam tão seguros como no Castello de Milão, ao ouvir huma Rabana do inimigo, ou o

PAGODE DE MÁHADEU EM CACORÁ

voato de que apparece, ainda em larga distancia, isto só basta para fugirem dalli cem legoas, sem que haja forças humanas que os contenham, nem para ao menos verem o pouco fundamento que ha para o seu pavor: Algumas vezes se tem evitado este inconveniente postando as Tropas regulares nos sitios mais perigosos, e os Naturaes nos lugares de menos risco, e nas Embarcações d'onde não pódem ter liberdade de fugir, com alguns Officiaes Militares e poucos Soldados que os contenham.»

Combatendo a repugnancia que os goanezes sempre manifestaram pelo serviço militar, escreveu o marquez de Pombal a seguinte carta dirigida ao povo, e camara geral de Salcete:

«Foi presente a El-Rei Meu Senhor a Supplica que lhe fez essa camara com data do 1.º de março do anno proximo passado de 1775, nella vio o mesmo Senhor, pela primeira vez, que huma Nação se fizesse a si propria na presença do seu Soberano, injurias tão grandes como são: Primeira. Confessar fraqueza commua do corpo, e do espirito, para aniquilar-se a si mesmo na estimação universal das gentes. Segunda. Demonstrar que ignora, ou quer subterfugir os primeiros principios da união, e da Sociedade Civil, que obriga os vassalos a exporem a vida pela defeza do seu Rei, da sua propria Patria, e das vidas, e fazendas dos seus compatriotas. Terceira. A de renunciarem a si os adiantamentos da Nobresa, e do cabedal, a que sobem aquelles que na profissão militar tem feito os seus nomes tão distinctos, e as suas familias tão illustres na estimação commua dos seus respectivos Monarchas; unindo-os ás classes de que se compõe a Nobreza do Reino. Quarta. A de mostrarem, que ignoram que a profissam militar não absorve em si todas as outras profissões; porque em todas as Monarchias, em que ha, e não póde deixar de haver Soldados e huma numerosa Côrte, que assiste ao Soberano hum grande numero de Tribunaes Politicos, e Magistrados Civis, hum grande numero de homens de negocios, que enchem as Praças deste Reino, hum infinito numero de Lavradores, Agricultores, e trabalhadores, que cultivam as terras, outro grande numero de Artifices, de todos os Officiaes mechanicos, outro grande numero dos criados aprendizes que servem, sendo tudo isto muito compativel com o serviço das Tropas, porque ha regras certas, e impreteriveis para se fazerem as recrutas, e alistarem os Soldados com huma tal moderação, que comparando-se com o pequeno numero dos que sahem dos Povos com outro incomparavel dos que nelle ficam, vem a ser insignificante o primeiro, á vista do segundo, e sendo esta regra de moderação a que vai recommendada ao Governador e Capitão General desse Estado para observar na India, como se está praticando em Portugal, espera Sua Magestade, que logo que essa camara abrir os olhos para conhecer a deformidade dos absurdos, em que incorre, será a mesma que levante os seus espiritos do grande abatimento em que se acham. Por huma parte fazendo assentar praça nobre e voluntariamente aos filhos dos Bragmanes, e Chardós mais distinctos, como neste Reino estão praticando os filhos dos Marquezes, dos Condes, dos Fidalgos da primeira classe, e de todo o resto da Nobresa. E pela outra parte aspirando a que os sobreditos seus filhos cresção em Postos, que lhes acrescentem a graduação, a estimação pessoal, e que os faça subir á propria estimação

ÉMAR-DEU

de Sua Magestade e de toda a sua Côrte, servindo assim de credito e honra á Patria: pois este he o caminho, que seguiram todos os ascendentes das familias, que hoje se estão vendo em Portugal mais illustradas, não podendo o mesmo Senhor persuadir-se a que os Portuguezes tenham maior espirito, e sejam mais capazes de estimulos, e de honra do que os Indianos. Deos Guarde a v. mercê. Lisboa, 28 de fevereiro de 1776=*Marquez de Pombal*» (Ao Povo, e Camara Geral de Salcete.)

Embarbacem.—A provincia de Embârbacem está situada a sueste da capital do Estado. Confina ao norte com Satary e Bicholim; ao sul com a provincia de Astagrar; a leste com o territorio britannico, e a oeste com Chandrovaddy,

Cacorá e Pondá. Tem de comprimento de norte a sul 28 kilometros, e de largura leste a oeste 20 kilometros, perfazendo uma superficie approximada de 560 kilometros quadrados.

A sua população, segundo as bases adoptadas para as outras provincias, é de 12:812 habitantes com 2:480 fogos. Divide-se em torofos ou reunião de aldeias.

O seu solo é muito productivo e fertil em cereaes, legumes, arvores fructiferas e florestas.

O *Rio Negro,* que ao despenhar-se dos gattes de Cuissim forma a famosa cascata denominada *Dude-sagór* (cascata

CASA DOS CAMPOS DE UGUEM

de leite), vae desaguar no Madey entre Usgão e Volvoi. O *Rogaró,* que vae desaguar no limite de Bicholim e Satary, proximo a Gangem, e o rio de Sanguem, que, depois de banhar os campos de *Portugal e Castro* em Uguem, vae desaguar no rio de Rachol, são os mais notaveis da provincia.

Dude-sagôr.—Quando visitámos esta esplendida catadupa, partimos de Cussemâne no dia 19 de novembro de 1866, e, depois de caminhar todo o dia, fomos pernoitar na méta do gatte de Cuissim. Na madrugada do dia seguinte saímos da méta acompanhados de um guia, que nos conduziu á cascata pelo extenso valle de Sonaulim, que o governo de Goa cedêra a Fondú Saunto e seus companheiros, chefes marathas da soberania de Varim, revoltados contra o poder britannico, durante o tempo que estiveram emigrados na nossa India em 1845, e antes de írem para Timor. Á saída d'este valle seguimos pela margem esquerda do rio Negro até ao ponto em que se começava a ouvir um rumor surdo, que augmentava á proporção que íamos progredindo. De antemão, o guia tinha-nos prevenido para o espectaculo que se nos offereceu, e que era impossivel ver sem admiração, como sem horror. No fundo da estreita garganta formada pelos alcantis da montanha arvorejada achavamo-nos em cima de um enorme rochedo rodeado de precipicios de grande profundidade, nos quaes se despenhava escumando o rio Negro, que se precipita de grande altura das penedias dos Gattes, e offerece um panorama surprehendente.

Da cascata dirigimo-nos a Collem, onde está a casa da administração dos vastos e valiosos campos da *Sociedade patriotica dos baldios das Novas Conquistas,* organisada em 1828, e que foi approvada por decreto de 5 de maio do mesmo anno.

Foi esta sociedade constituida sob os auspicios do vice-rei D. Manuel de Portugal e Castro, com sessenta e seis accionistas e um capital de 250:000 xerafins, com o louvavel intuito de promover a agricultura pelos melhores processos agrarios, em treze dilatadas planicies da provincia que lhe foram concedidas em aforamento pela camara geral da mesma provincia, mediante o fôro annual de 354 xerafins, 1 tanga e 25 réis, e com amplas isenções por um determinado praso, successivamente prorogado por todos os subsequentes governadores geraes da India.

Em junho do referido anno a sociedade, começando por onde devêra terminar, não só fez construir magnificos edificios em Collem e Uguem para os directores ruraes e outras habitações para os colonos, como tambem uma igreja, canaes de irrigação e uma ponte sobre o rio Negro, da qual restam os pilares, como se vê no desenho, que offerecemos.

Infelizmente esta empreza agricola, apesar da feracidade e boa situação dos campos, da grande abundancia de agua

PALACIO DO GOVERNO EM QUEPEM

para os irrigar, e do energico impulso da primeira auctoridade do Estado, falhou por falta de sufficientes colonos, e principalmente por causa de uma gerencia desconhecedora das mais rudimentares noções de economia rural. Todavia, em 1870, com a solicita direcção do sr. Ludovico Xavier Mourão, primeiro barão de Combarjua, começava a corresponder á espectativa do governo e aos desejos dos associados. Actualmente sendo estes campos atravessados pela linha ferrea de Mormugão a Cuissim, augmentarão consideravelmente de valor n'um futuro proximo.

Na base do outeiro em que assenta a casa dos campos de Ugem acha-se em ruinas o pagode consagrado a Émardeu; e no caminho que conduz ao rio Negro, no centro da floresta, encontra-se os Maharxis denominados *Ròquecc-Moty*, de que offerecemos o desenho. O ruxi intitulado *Deusa Mauly* (aranha), está no *raem* ou floresta virgem do Vaguerim de Satary. Santer-deu, e os gentios pedindo para a deusa Malaxinim foi em Gangem que os desenhámos, bem como o ruxi designado Râmachondrá.

A NO. de Collem, atravessando a estrada de Tinem ou *dos algodões*, que conduz ao pagode e ao caes de Usgão, na montanha sobranceira a Gangem está o *Bondól*, logar onde Dipú Ranes e seus sequazes se refugiavam muitas vezes, quando, pelos annos de 1852 a 1855, eram mais de perto perseguidos pelas forças do exercito de Goa.

Florestas.—As florestas de Embarbacem, densamente arborisadas, são importantes pelas excellentes madeiras de construcção que encerram.

A zona florestal definida e demarcada para matas reservadas do Estado, abrange a superficie total de 2:223^{hect},6827 e comprehende as aldeias de Chiurem, Calém, Sirsorém, Sirgão e Baté.

A flora predominante n'estas matas é o *sissó, nanon, téca, jambó* e *marêta*. Alem das arvores indicadas como flora dominante, encontra-se tambem em grande abundancia nas mesmas matas o *keir* ou pau ferro (acacia catechu), o *hedú*, e no terço superior das montanhas mais elevadas, o *panri* ou ebano branco, tambem nomeado *pau marfim*.

O valor das matas reservadas n'esta provincia, calculando o preço de cada arvore a 4 tangas, e considerando que cada uma occupa o espaço de 6 metros quadrados, é de 1.325:378 rupias, representadas por 3.706:137 arvores. As plantas topographicas das florestas d'esta como das outras provincias do territorio de Goa foram por nós levantadas em 1870 e 1871, em virtude de uma portaria do ex.^mo^ visconde de S. Januario, dignissimo governador geral da nossa India,

ROQUECE-MOTY

havendo sido coadjuvado no trabalho de agrimensura pelo aspirante de artilheria, Francisco Gomes da Silva.

A exploração das florestas e o *chobinó* ou córte de madeira são ainda feitos como na primitiva.

As matas da India portugueza, diz a commissão incumbida de as estudar em 1870, e de que fomos vogal secretario[1], que comquanto muito deterioradas pelo abandono a que se hão votado, devastadas pelos abusos que se têem permittido nas concessões de *cumerins* e liberdade dos córtes, e

[1] Relatorio da commissão da matas nacionaes. (*Boletim do Governo do Estado da India*, n.ºs 43 a 47 da serie de 1871.)

pouco aproveitadas pelo mau systema da sua exploração, constituem ainda assim uma importante riqueza nacional pelo valor que representam.

A área definida e demarcada para matas de 1.ª classe, a designada para as de 2.ª, e todas as que constituem as de 3.ª, podem, sem erro de calculo, ser computadas em um valor superior a 7.000:000 de rupias, ou 2.800:000$000 de réis.

DEUSA MAULY

As melhores madeiras de construcção conhecidas e apreciadas como taes, nascem espontaneas do solo das matas, que abrangem a superficie de 17:000 hectares.

Realçam pelas suas dimensões, e pela utilidade que se tira da sua applicação em grandes peças para mastros de navios, vigas mestras, varas de lagar, prumos, columnas, pranchões, etc., os troncos grossos de *mudá* (calophylum-inophylum), *calajar, cartó* ou *cazeró* (strichnos nux vomica), *jaqueira* (artocarpus integrifolia); pela sua solidez, por serem applicaveis a utensilios que têem de soffrer grandes attritos, como são eixos, rodas, chumaceiras, cavilhas, ou que ficarem mais sujeitas a apodrecer, como são estacas, tutores, postes, revestimentos de menias, etc., o *asson* (brindelia espinosa), *bell* (œgle narnellos), *bendi* ou *pau de rosa* (thespezia papulnea), *brend* ou *brindoeiro* (garcinea silvestris), *faci* ou *fasqui* (dalbergia paniculata), *hédu* (nanclea cordifolia), *marêta* (terminalia glabra), *mirió, nagine* ou *puna bastarda* (sterculia fetida), *nanon* (languerstrecemia microcarpa), *téca* ou *sailó* (tectona grandis), *pat-ponósso, angeli* ou *jaqueira brava* (artocarpas irsuta), *quinzól* (penlaptera paniculata), *jambó* ou *zambó* (inga xilocarpa), etc.; pela sua propriedade para obras de esculptura e outras de bellas artes, o *pongueiró;* pela sua rijeza para peças pequenas que demandam grande consistencia, como são dentes de rodas, fuzellos, torneiros, pegas ou cabos, etc., o *anli* ou *tamarindeiro* (tamarindus indica), *aptá* (bauhinia parviflora), *babul* (acacia arabica), *birla mahar* (caryota urens), *combió* (careya arabica), *guelá* (randea durnetrum), *kalame* (nanclea parviflora), etc.; pelos seus ondeados devidos ao desenvolvimento dos raios medulares, ás suas direcções caprichosas e ao seu natural colorido para muitas e variadas obras de marceneria, o *sissó* (dalbergia sissoides), *sirassó* (acacia espiciosa), *caz* ou *cajueiro* (anacardium occidentale), *hum* (guateria carassoides), *panri* ou *ebano branco* (bauhinia alba) e outras.

Nos paizes onde a industria florestal, guardadas as devidas proporções, representa um capital, muito inferior relativamente ao valor das matas do territorio de Goa, é ella considerada como um dos mais importantes assumptos da administração publica e são do mais elevado alcance os resultados que d'esta industria se aufere. A França, a Allemanha e a Inglaterra dão provas incontestaveis d'esta asserção.

As matas da nossa India são muito valiosas, e promettem no espaço de poucos annos attingir um valor muito maior, se forem tratadas, cultivadas e exploradas como merecem.

General Oliveira.—O sr. João Luiz de Oliveira, general de divisão reformado, de quem fallámos a pag. 230 do 1.º

PAGODE DE CHANDRENATE

vol., foi por muitos annos administrador geral das matas nacionaes e nosso estimavel companheiro de trabalhos nas florestas das Novas Conquistas.

Palacio de Quepem.—Está esta bonita casa de campo dos governadores geraes da India situada na margem esquerda do rio de Parodá. Foi construida por um padre europeu, natural de Braga, que por sua morte a deixou ao Estado, para recreio dos governadores que n'ella quizessem habitar.

O ex.mo conde de Torres Novas foi alguns annos passar n'esta propriedade o mez de dezembro e parte de janeiro, e em 1862 e 1863 aqui passámos os mencionados mezes, em companhia de s. ex.a e da familia do sr. conde de Sarzedas.

Pagode de Cacorá.—Ao SE. de Sanvordem, na margem esquerda do rio de Sanguem, fica a aldeia de Cacorá com o seu modesto pagode rodeado de casas de bailadeiras, e tudo escondido n'um macisso de verdura á beira de uma pequena e pittoresca lagoa, d'onde se avista a granitica montanha do Chandrenate com o seu elegante pagode no topo consagrado a Sidenate-deu. Esta montanha a mais elevada das Velhas Conquistas está situada entre Quepem e Salcete, na margem esquerda do rio de Parodá. Proximo do pagode encontra-se uma risonha povoação, que em 1866, quando a visitámos pela segunda vez, contava 13 fogos, sendo 2 casas de bottos e 11 de bailadeiras occupadas por 100 habitantes todos gentios.

Solóne (forno alto de fundição).—Entre as densas florestas das Novas Conquistas acham-se muitas minas de ferro, e *solónes* ali estabelecidos desde remotissimos tempos.

Existem minas de ferro nas fraldas do outeiro de Baga em Bardez, em Pernem, Satary, e sobretudo, sendo as mais notaveis e ricas em minerio, as do outeiro denominado *Corcoremansotembo,* as de Sirsorem, Sigão, Collem, Calem, e outros pontos juntos ás abas dos Gattes, na provincia de Embarbacem; Netorlem, Bati, Curdi, Badém,

Torsay, Rivana e Colombo, na provincia de Astagrar, e Malcornêm na provincia de Chandrovaddy, das quaes se extrahe todo o ferro de que se faz uso no territorio de Goa.

Estas minas são exploradas por um grande numero de *dovôllos* (fundidores de ferro), pela maior parte naturaes de Navelim de Salcete.

JOÃO LUIZ DE OLIVEIRA

Em quasi todos os pontos acima indicados encontram-se numerosas massas de mineral, isoladas, soltas, de 1 a 2 e mais kilos de peso.

Estas massas offerecem superficialmente o aspecto de oxydos de ferro, e, quebradas, mostram uma côr cinzenta-azulada, brilhante e granulosa.

Alem d'estas encontram-se outras pequenas massas de oxydos de ferro cravadas em grandes rochas, que parecem formadas de peroxydos de ferro.

Acham-se algumas misturadas com principios terreos, sem que a analyse demonstre combinação alguma com o enxofre, arsenico, etc.

Profundando-se o terreno, encontram-se numerosas massas em um estado mais puro, mas igualmente soltas, e de dimensões iguaes ás que se acham na superficie. Emfim,

SANTER-DEU

quanto mais se profunda o terreno, mais abundante e mais puro é o minerio.

A natureza suppriu a falta da sciencia da mineração em Goa. Conhecer o minerio, recebel-o da superficie do terreno em abundancia, e fundil-o, eis a que se reduz n'estas paragens a difficil arte de exploração praticada pelos *dovôllos,* que o preparam, e o fundem para o vender aos ferreiros purificadores.

Todo o processo para a reducção do minerio divide-se em calcinação, trituração e fusão no forno alto; sendo todas estas operações executadas com a maior singeleza, e com os mais simples e grosseiros instrumentos.

Os *solónes,* como mostra o desenho, têem muita similhança, e quasi identidade em miniatura com os *fornos altos* da Europa. O nosso desenho mostra o forno pela face posterior.

Estes fornos são construidos de pedra e barro ordinario, e forrados interna e externamente de greda. A parte superior é formada de barro cozido, e 'abraçada por tres arcos de ferro, dividindo-se a altura total do forno em tres partes.

A abertura superior serve para dar saída ao ar e vapores do forno, para lançar no interior d'elle o carvão, que é feito de *zambó* (inga xilocarpa), e o minerio.

D'esta abertura até onde se vê o arco de ferro inferior, se estende a parte denominada chaminé do forno, por onde o minerio desce, e soffre a maior parte da acção desoxygenante.

Na parte sobre que assenta a chaminé, que se póde chamar o fogão, é onde se produz o maximo calor; em certa altura do fogão é que o minerio e os vidros terreos se fundem.

Finalmente, na terceira parte, denominada o *cadinho,* é que se reune o mineral fundido.

A porta do forno, que no desenho está voltada para o lado aonde se vêem dois *dovóllos,* e que durante a operação se conserva fechada, serve para tirar o producto da fundição, e para dar entrada ao tubo commum de dois folles.

Os folles são formados de duas pelles de chitela, terminados cada um por um tubo de barro cozido communicando com um terceiro; estes tubos servem só para uma fusão.

Cada producto ou massa de operação é transportado á cabeça de mulheres, para ser vendida aos ferreiros purificadores por o modico preço de 3 a 4 tangas.

Casa de Nagú Dessay.—Quando levantámos a planta das florestas de Collem, estivemos hospedados em casa do

CANCANACHI-SÁRÁ, FABRICA DE CANCANÁS

sr. Nagú Dessay, que generosamente poz á nossa disposição uma parte d'ella, durante os dias que ali demorámos.

A extrema simplicidade da vida dos gentios das Novas Conquistas, afastando a necessidade de commodidades, torna quasi inutil o privilegio do rico, e faz de toda a gente pobres voluntarios. Por outro lado, a total ausencia de gosto pelas artes e pelo que contribue para a elegancia da vida material, dá á casa do abastado incrivel aspecto de privação[1].

---

[1] Para a actual falta de gosto pelas bellas artes muito concorreu a prohibição do 1.º Concilio Provincial de Goa, e as subsequentes provisões dos vice-reis, que não permittiam o desenvolvimento d'ellas, como se vê dos seguintes documentos: «*Provisão do v. Rei Dom Duarte de Menezes para que os infieis não fação imagens e outras cousas do culto divino:*

«*Petição:* Diz o Padre Pay dos christãos que o primeiro Concilio Provincial de Goa sabendo da muita irreverencia, com que os pintores gentios, e outros officiaes infieis tratavão as imagens e figuras da nossa santa religião christã pelo odio que lhe tem, mandou que nenhum christão mandasse pintar imagens, nem outra cousa alguma pertencente ao culto divino a pintor infiel, nem mandasse fazer a ourives, fundidores, ou latoeiros infieis calices, cruzes, castiçaes, nem outra cousa alguma que ouvesse de servir em as igrejas, como se póde ver do Decreto 28 da 2.ª Acção do dito Concilio de Goa, e porque nem toda esta prohibição do Concilio feita aos christãos bastou para os ditos officiaes infieis deixarem de fazer as ditas cousas: Pede a Vossa Senhoria que em Nome de Sua Magestade, de cuja jurisdição são os ditos infieis, lhes mande sob graves penas, que a Vossa Senhoria parecer, que vista a muita irreverencia e desacato, com que os ditos officiaes infieis tratão as ditas cousas pertencentes ao culto divino em odio de nossa santa fee, nenhum pintor ou escultor infiel pinte ou faça imagens de Christo Nosso Senhor, nem da Virgem Nossa Senhora, nem outro algum santo, nem outra cousa alguma que pertença ao culto divino e igrejas dos christãos, nem os ourives, fundidores, latoeiros, ou quaesquer outros officiaes infieis fação calices, cruzes, crucifixos, imagens, ou figuras dos santos, castiçaes, nem outra cousa alguma, que aja de servir no culto divino, e das igrejas, visto tambem aver ahy officiaes christãos, que possão fazer as ditas cousas, no que receberá justiça, esmola, e mercê.

«*Provisão:* Dom Duarte de Menezes, do conselho do Estado de Sua Magestade, Viso Rey da India etc. Faço saber aos que este meu alvará

As habitações só recebem luz pela porta e por umas pequenas janellas com balaustres de madeira nas casas de maiores dimensões, como a que representa o desenho. A

CASA DE NAGÚ DESSAY EM COLLEM

mobilia consta apenas de um *cataló* (leito) ou estrado de madeira assente sobre quatro pés de $0^{m},3$ de altura, de uma ou mais esteiras de bambú, algumas almofadas, vasos de cobre ou de barro e uma pequena arca de madeira.

---

virem que avendo em respeito ao que diz o Padre Pay dos christãos na petição atraz escrita, e o que nella allega, e visto a prohibição do Concilio Provincial, que nesta cidade de Goa se celebrou, e com o parecer dos desembargadores da Mesa da Relação ey por bem, e me praz, e por este mando em nome d'El-Rey meu senhor, que nenhum pintor ou outro official infiel faça alguma cousa das conteudas e apontadas na dita petição, visto os respeitos porque o dito Concilio o prohibio, sem licença expressa do Prelado por escripto, em que particularmente lhe conceda o que hade fazer, e por quanto tempo, sob pena do que fizer qualquer cousa das sobreditas conteudas e declaradas na dita petição atraz, pagar pela primeira vez cincoenta pardáos, e pela segunda cento, ametade para quem o acusar, e a outra ametade para a casa dos cathecumenos desta cidade, e pela terceira vez ser degradado para as galés, e estar á minha mercê, e a mais pena que me parecer serviço de Deus. E este será apregoado nos lugares publicos desta cidade para a todos ser notorio, alem de ser já apregoado e declarado pelo dito Concilio, parecendo assy bem ao dito Pay dos christãos, e da dita noteficação se fará termo nas costas deste. Notefico assy a todas as justiças

Os climas frios obrigando o homem a uma lucta perpetua contra os incommodos exteriores, fazem com que se dê alto apreço aos requintes do bem-estar e do luxo. Pelo contrario

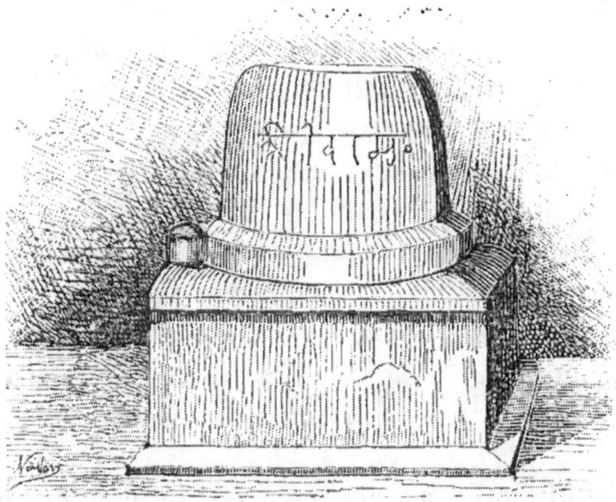

RAMACHNODRÁ

nos climas quentes, como o da nossa India, que despertam necessidades pouco numerosas são os paizes do idealismo e da poesia. Os accessorios da vida são ali insignificantes a par do prazer de viver. O embellezamento da habitação

de Sua Magestade, mais officiaes e pessoas a que pertencer, e lhes mando que assy o cumprão e guardem, e fação inteiramente cumprir e guardar como se neste contem sem duvida nem embargo algum. E este valerá como carta passada em nome de Sua Magestade e sellada do seu sello pendente sem embargo da Ordenação do Livro 2.º em contrario. Antonio da Cunha o fez em Goa ao primeiro de janeiro de 1588.=*Dom Duarte de Menezes.* (Tem certidão de ser apregoada na cidade de Goa nos logares publicos, e acostumados, e pelas ruas dos ourives e dos pintores, a 8 de janeiro de 1588.»

«*Confirmação do Governador Manoel de Sousa Coutinho.*—Confirmo a Provisão acima que o Viso Rey Dom Duarte de Menezes passou ao Pay dos christãos desta cidade sobre nenhum gentio pintar nem esculpir imagens de Deus Nosso Senhor, nem de seus santos, e mando que se cumpra como se nella contem sem duvida alguma; e valerá como carta sem embargo da Ordenação em contrario. Antonio da Cunha o fez nos Reis a nove de mayo de 88.=*O Governador.* (Livro do Pay dos christãos, fol. 53 e fol. 94).»

é superfluo; todos estão em casa o menos tempo possivel, e só para se subtrahirem á acção mais intensa dos raios do sol e da luz, motivo por que as casas são demasiado escuras no interior.

Quanto ao luxo dos vestidos, qual o modo de rivalisar com os que a natureza deu á terra, ás avesinhas, aos insectos e aos animaes silvestres?

O vestuario dos *saucares* ou gentios mais opulentos, consiste n'uma *angui, angracá* ou *cabaia* que lhes desce até aos artelhos, e de um *mundassó e pagddy*, especie de trunfa ou turbante. As armas de que fazem uso são a *tarvar* ou espada, o *zuranty, caitoca, tuboca* e *bonduc,* armas de fogo fabricadas no paiz, e umas espadas curtas e curvas com os punhos e guarnições de ferro ou de bronze chamadas *gurddós*.

A sociedade indiana é formada por individuos separados por differenças de aptidões, de tendencias, de crenças e de instinctos inconfundiveis e inassimilaveis, divididos por antagonismos de castas.

Os gentios são, em geral, por natureza timidos e vingativos, e quanto têem de fingidos e simulados, tanto têem de prevenidos e suspeitosos, porque julgam pela sua pouca fé, a fé alheia. Os militares, denominados sipays (dizia o nobre marquez de Alorna), se tivessem ordem e valor á proporção das outras circumstancias, seriam invenciveis. Nenhuns como estes soldados soffrem tanto qualquer incommodo; não necessitam de fardamento, porque andam nús da cintura para cima; com tres ou quatro ápas, que é uma especie de bolos feitos de arroz ou de trigo, têem que comer para varios dias, e em rasão d'esta desigualdade escusa-se o grande embaraço de carriagem, que necessita um grande exercito para a conducção de mantimentos. Estas tropas não são taes que esperem a pé firme um inimigo bem ordenado, e que acommettam com intrepida resolução; todas as suas operações consistem em surtidas, surprezas e emboscadas; e nas matas virgens dos imponentes des-

L. MENDEZ

VENDEDOR DE CANCANÁS

filadeiros dos Gattes, onde impera o tigre real e em que se suppõem seguros, são terriveis, e muito mais formidaveis nas derrotas. São summamente astutas para se aproveitarem de qualquer desordem ou vantagem; as suas maiores emprezas se terminam mais em estragos, latrocinios e assolações do paiz, do que em combates, que se decidam pela espada e pelo fogo a que têem grande horror.

A população das Novas Conquistas é quasi exclusivamente agricola; póde-se dizer que a industria manufactureira é nulla. Não se encontram senão alguns ourives, oleiros de louça grosseira de argilla vermelha, as officinas metallurgicas acima descriptas, e, como mostra o respectivo desenho, algumas fabricas de *cancanãs* ou manilhas de vidro, lacre e massa de cajú, a que chamam *cancanachi-sárá*.

Os artifices indigenas, antes de começarem o trabalho que se lhes encommenda, pedem sempre algum dinheiro adiantado por conta do que hão de ganhar, sob pretexto de que são pobres, e não possuem meios para comprar os utensilios indispensaveis para o desempenho da obra. Têem sagacidade; e á força de paciencia, e com poucos e grosseiros utensilios imitam o que os melhores operarios europeus executam com maior numero de instrumentos, e mais aperfeiçoados.

Cajueiro.—O *caz* ou cajueiro (anacardium occidentale de Lin.) é uma arvore que tem folhas simples, flores em paniculas terminaes, calice campanulado, com cinco divisões, corolla com cinco pétalas espaçosas, cinco ou dez estames, com anthenas oblongas ou arredondadas, um ou tres estiletes, um ou tres estigmas, caroço comprimido, reniforme, e sustentado por um pedunculo espesso, carnoso, turbinado ou periforme.

O fructo do cajueiro é denominado *bibó* ou *castanha de cajú*, e o seu pedunculo carnoso *pero de cajú*. Este pero está cheio de um succo muito adstringente, com o qual se prepara o *vinho de cajú* e differentes bebidas refrigerantes. A amendoa é doce, e d'ella se faz frequente uso na economia domestica. Tem-se-lhe attribuido a singular propriedade de exaltar as faculdades intellectuaes, e de desenvolver a memoria. O cajueiro tambem fornece uma gomma assaz abun-

CAJUEIRO

dante, de que se fazem as manilhas, e que poderia substituir a gomma arabica. Propaga-se por sementeira, e cultiva-se nas encostas dos outeiros pedregosos.

Jaqueira.—A jaqueira ou *ponósso* (artocarpus integrifolia, de Lin.) é uma arvore de grande porte. As folhas da jaqueira são inteiras no estado adulto, lobuladas emquanto novas, e não excedem a $0^{m},16$ de comprimento. O fructo, que é oblongo e amarellado, attinge muitas vezes $0^{m},55$ de comprimento sobre $0^{m},22$ de diametro, e chega a pesar de 10 a 12 kilos. Nasce das gemmas ou corpos germinadores, que existem no tronco e nas ramificações das pernadas da jaqueira, e offerece um alimento adocicado, muito estimado pelos indús. As sementes da' jaqueira, conhecidas pela denominação de *castanhas de jaca,* são preparadas de diversos modos, e constituem um bom alimento.

GENTIA PARTINDO JACA

Distinguem-se as jaqueiras em *baricas* e *geriçaes*. Uns dão preferencia aos fructos das primeiras, outros aos das segundas. Esta bella arvore propaga-se por semente, que para esse fim é lançada á terra, por uns em janeiro ou fevereiro, e por outros em abril ou principios de maio.

A sementeira mais racional é feita em janeiro, em cestinhos de bambú de $0^{m},5$ de altura e $0^{m},30$ de diametro. Cheios estes cestos com terra de boa qualidade, semeiam-se n'elles algumas castanhas de jaca, para mais tarde se aproveitar a planta que offerecer mais robustez, e que, depois de attingir certo desenvolvimento, é transplantada com o mesmo cestinho, que apodrece, e lhe serve de estrume, para o logar, onde se deve desenvolver, e dar fructo.

A jaqueira cresce e desenvolve-se em toda a nossa India, e fornece excellente madeira de construcção, que é considerada a melhor depois da téca.

Bambú.—O bambú (*Bambusa,* Scherber) denomina-se na nossa India *canuáqui,* e produz uma semente similhante ao trigo, da qual os habitantes das Novas Conquistas extrahem uma excellente farinha, com que fazem *ápas* para se alimentarem, e dizem ser extremamente nutritiva. Ha diversas especies de bambú na nossa India, a saber: *mani, conddo, velluva* (canna da India), *sabry* (ôco por dentro), e *babry* (macisso).

Ganó ou engenho de espremer canna.—A canna do assucar (*saccharum officinarum,* de Lin.), *Usse* em concany, é cultivada nos terrenos de regadio da nossa India. Precisa de cinco a seis mezes para poder attingir o seu completo desenvolvimento.

Os productos d'esta planta são numerosos. Independentemente do assucar que fornece extrahe-se d'ella tambem a aguardente, o vinagre, e a *jagra,* da qual uma grande parte é consumida pelos indigenas. A canna dividida em fragmentos é um importante objecto de commercio nos mercados e festividades, onde os naturaes a compram como gulodice.

Para extrahir o assucar, passam-se as cannas por entre dois cylindros de um engenho simples de espremer, a que, chamam *ganó,* como representa o nosso desenho. Esta machina apenas consiste n'esses dois cylindros de madeira, que são postos em movimento por meio de um parafuso sem fim, e pelo esforço de um boi ou bufalo, que é rendido sete vezes em vinte e quatro horas. O *ganó* trabalha dia e noite; e pelo emprego de sete bois póde espremer o *rôsso* ou succo de sete mil cannas, que produzem approximadamente 60 kilogrammas de assucar bruto. O liquido que se obtem por meio d'esta operação, é de boa qualidade, quan-

SOLÔNE

do a *jagra* produz um setimo do seu peso de assucar bruto, e um terço de xarope.

Como os cultivadores do assucar ignoram a arte de refinação, extrahem depois a *jagra* por meio do cozimento do *rósso,* e fazem d'ella umas bolas grosseiras e negras, e assim as levam ao mercado.

Os *usseis* ou cannaviaes do territorio de Goa são vigorosos, e as cannas produzem abundante e boa qualidade de assucar.

Quando as cannas estão maduras, cortam-se junto á raiz, tiram-se-lhe as folhas, e em seguida extrahe-se-lhe o succo pelo processo já indicado.

Bétle.—A bétle *(chavica bétle), caumchem-pan* em concany, é uma planta arbustiva e trepadeira, que se encontra em diversos pontos do territorio de Goa, e com especialidade nos arecaes, onde se cultiva em grande escala.

Suas folhas alternas, pecioladas e membranosas são colhidas logo que começam ligeiramente a amarellecer; são empregadas, como já tivemos occasião de dizer, pelos hindús que as mascam misturadas com os fructos da arequeira, cal viva, e ás vezes com cardamomo, cravo da India e canella, para lhe diminuir a acidez. Estas folhas têem a propriedade de excitar as faculdades digestivas, enfraquecidas pela acção debilitante do clima; tornam os labios vermelhos, e o halito agradavel. Todavia, alguns individuos acreditam que o uso immoderado da bétle é uma das causas da caria dos dentes, e da molleza dos hindús das castas superiores.

Os arecaes são os logares onde, de preferencia, se cultiva a bétle, que sobe em espiral até ás ultimas ramificações superiores das arequeiras.

Ha duas especies de bétle, a branca e a negra; a primeira é mais estimada, e o fructo similhante ao da pimenta redonda é raro e não empregado na masticação, como as folhas.

Conjunctamente com a bétle costumam os hindús cultivar a pimenta *(Piper nigrum).*

A pimenteira é uma planta sarmentosa, com a hastea nodosa, elevando-se até ás ultimas ramificações superiores das arvores que se lhe avizinham. As bagas que produz são de côr avermelhada e de polpa molle e doce ao paladar, e encerram muitos grãos de um sabor picante. Esta especie, que é cultivada nos arecaes, é muito importante por seus fru-

PAGODE DE USGÃO

ctos, que constituem a maior quantidade da pimenta do commercio.

Encontra-se tambem nas florestas das Novas Conquistas a pimenteira silvestre (*Piper siriboa,* de Linneu). Esta planta é um arbusto sarmentoso como a pimenteira negra, e a hastea trepa igualmente como esta até ás summidades das arvores, que lhe estão proximas. Os indigenas servem-se na masticação dos botões, simples ou misturados com uma casca aromatica.

Ainda que seu sabor activo e irritante seja menos estimulante que o da bétle, o uso continuado d'esses botões determina muitas vezes stomatites ou inflammações da bôca e escoriações dos cabellos.

GENTIA TRANSPORTANDO FERRO FUNDIDO

A colheita da pimenta produzida annualmente nas terras do rei de Sunda era computada em 1:500 candis, que o governo portuguez lhe comprava para a carga das naus do reino. Com o perdimento da fortaleza do Piro e de Caruar, passou o commercio da pimenta para os inglezes, que nunca lhes occorre serem nossos alliados, senão quando se trata dos seus interesses, e não dos nossos.

Alem da jaqueira, cajueiro, bananeira e mangueira, já descriptas, cultivam-se tambem nas Novas Conquistas, entre outras que deixámos de mencionar, as seguintes arvores fructiferas e industriaes: laranjeira *(citrus laurantium)* ou *narinquimi* em linguagem concany—*limbimi* ou limoeiro, *(citrus limonum ou acido)*—*maullinguy* ou cidreira *(citrus medica)*—papaia—arvore do pão *(artocarpus incisa)*—anoneira *(anóna reticulata)*—ateira *(anóna squamosa)*--amoreira ou *chunchy (morus indica)*—arvore de durião *(anóna muricata)*—ananazeiro ou *anenassi (bromelia ananás)*—algodoeiro herbaceo, e algodoeiro da India ou *capussimi (gossypum indica)*, goyabeira *(psidium pyriferum)*. Nas florestas, principalmente nos sitios em que ha agua nativa, encontram-se da mesma especie da goyabeira duas variedades.

O fructo da goyabeira, denominado *goyaba*, é amarellado e similhante a uma pequena maçã; é comestivel, e faz-se d'elle um excellente doce, a que os indigenas goanezes dão o nome de *perada*, e os portuguezes recebem do Brazil com o de *doce de tijolo*.

Como planta industrial e textil liberiano cultiva-se nas Novas Conquistas grande quantidade de linho canhamo.

Contrato das pazes, que se fizerão nesta cidade (Goa) com o Mealecão em tempo do VisoRey Dom Pedro Mascarenhas, confirmadas em tempo do Governador Francisco Barreto

Em nome de Deos amen. Sejão certos os que este contrato virem que no anno do nacimento de nosso senhor Jesus Christo de mil quinhentos cincoenta e cinquo annos aos vinte e quatro dias do mez de abril nesta cidade de Goa nos aposentos da fortaleza della, onde ora está o muito illustre senhor Dom Pedro Mascarenhas, do conselho del-Rey nosso senhor, e seu VisoRey nestas partes da India, estando ahy presente Sua Senhoria, e asy o Mealecão, verdadeiro socessor do estado do Ydalcão, por elle foi dito que

CANNA DE ASSUCAR

o dito estado lhe pertencia como a filho legitimo que hera de Jufo Ydalcão, por seu neto Malucão, filho de Ismael, que no dito estado socedeo por fallecimento do dito seu pay, por ser filho mais velho irmão delle Mealecão, fallecer sem legitimo erdeiro, e lhe tirar os olhos Ybraemo, que ora ho dito estado endevidamente pessue, por ser filho bastardo do dito seu irmão, que ouve em uma sua manceba, o qual como tirano desterrou a elle Mealecão, e lhe tomou suas rendas com recco dos grandes e principaes do estado o aceitarem por Rey e senhor, e que do desterro fora chamado por alguns pera lhe ser entregue seu estado, e vindo ter a esta cidade por fallecer o Acedecão, pessoa principal neste negocio, e no reino, não podéra aver effeito, e des então estava nesta cidade, posto que neste tempo os Governadores que forão, desejarão muito de aver conclusão neste caso, e tratassem muitas vezes de o efeituar sem chegarem a isso. E por hora nosso senhor, como justo juiz, mostrar caminho pera se lhe dar o seu, permitio estar o dito Ybraemo malquisto com os grandes do reino, que com elle trazem deferenças e guerras, e se offerecem a meter a elle Mealecão de posse do dito estado; e que por elles o não poderem fazer sem ajuda e favor de Sua Senhoria, que representava a pessoa e estado do dito senhor, cujo VisoRey hera, do qual elle Mealecão tinha recebido emparo, e muitas onras e mercês, e sostentamento de sua pessoa e casa em todo o tempo que n'esta cidade resedio, que vay em treze annos pouco mais ou menos, lhe requeria de sua parte ouvesse por bem mandallo pôr em Pondá, que he huma das fortalezas do dito estado, que estão aquem do Gate, e lhe dar licença pera isso, e favor, e ajuda, que a Sua Senhoria bem parecesse pera poder ser restituido no seu; e que pera conhecimento deste tamanho beneficio e mercê, que esperava de lhe ser feita em no assy mandar poêr no dito Pondá, e por respeito das muitas que já tinha recebidas, elle desdagora prometia a elRey de Portugal nosso senhor, e se obrigava de lhe manter verdade, e de comprir e guardar todos os seus mandados, que forem pera as cousas da jurdição das terras que lhe offerecia, e de ser amigo do estado de Sua Alteza, e dos que forem amiguos dos Portuguezes, e contrario de seus inimigos, aos quaes não daria nem dará favor nem ajuda alguma, antes os persiguirá em quanto suas forças abrangerem, e acudirá com sua propia pessoa a isso, sendo necessario.

CAES DE USGÃO

It. E que dá ao dito senhor doje pera todo o sempre pera elle e os successores dos Reinos de Portugal todo o direito que tinha e pode ter per qualquer via que fosse nas cidades, villas, e lugares, rios, e portos de mar que forão senhorio desta cidade de Goa em tempo de mouros e gentios, as quaes terras de Goa começão do rio de Hetancora, da tanadaria de Sanviser, que he o extremo das terras de Canarás de Garçopá, e vão fenecer no rio de Tamboná, tanadaria de Salsy, que se chama Acherá, e des das agoas vertentes do Gate até o mar com todo o Conquão de Porbuly, fiquando e entrando tambem nesta demarcação Dabul com suas terras; e que todo ho sobredito dava e concedia com todallas villas, cidades, e fortalezas, lugares, portos, e alfandegas, rendas, foros, tributos, officios, jurdição mero e misto imperio, que por qualquer via que seja lhe pertenção, ou possão pertencer aos direitos senhorios das ditas terras, com

PARIÁ FAZENDO SOLODOS

todollos portos do mar, rios, e todas as outras cousas que estão dentro das ditas demarcações, sem elle Mealecão, nem os seus socessores do dito estado em tempo algum per nenhuma via que seja pretenderem ter direito, nem jurdição em todo ho sobredito, nem em cada huma das ditas cousas, e todo livremente deixar pessoir e aver ao dito senhor, e aos socessores dos Reinos de Portugal por seus governadores, capitães, e officiaes como cousa sua propria, e de sua coroa.

It. E avia por bem que o dito senhor, e Sua Senhoria e os governadores que nestas partes fossem, possão mandar fazer os baluartes qũe lhe bem parecer no alto do dito Gate, e nos passos delle pera segurança e guarda das ditas terras e povoações que estão delle para o mar, e nas ditas fortalezas e baluartes possão pôr os capitães e jente d'armas que ouverem por bem.

It. E asy avia por bem que os tratantes viessem com suas mercadorias, fazendas e mantimentos das terras de seu estado ás que per este contrato ora concede ao dito senhor, sem lhe serem tolhidos os caminhos e passos em tempo algum doje pera todo o sempre, sem lhes por isso levarem mais tributos nem direitos senão os que estão antigamente postos, e se levão.

It. E queria e avia por bem que as moedas douro e prata, e cobre, e de toda a sorte corressem de suas terras pera as do dito senhor, e as dos Portuguezes pera as terras do seu estado, sem nas compras nem pagamentos aver nenhuma duvida nem embargo a se receberem, sô pena de quem as rejeitasse encorrer nas penas que o direito dá a quem não recebe a moeda de seu Rey; e quando fossem faltas do verdadeiro peso que avião de ter, se satisfaria a valia do que mingoasse na moeda pela parte que com ella fizesse pagamento: e esto se entenderia e trataria asy em quoanto as moedas estivessem na valia em que ora estavão, porque abaixandose por alguns delles ditos senhores, ou pelos que lhes socedessem, averia n'isso outra ordem.

It. E disse o dito Mealecão que elle se obrigava a não recolher em suas terras os Portuguezes e vassalos do dito senhor, que lá fossem sem licença dos governadores e capitães de Sua Alteza.

It. E que os escravos dos Portuguezes que pera suas terras fugissem, e se acolhessem a quaesquer partes de sua jurisdição e estado, os não consenteria, e os mandaria entregar a seus donos; e tornandose mouros, os faria vender, e entregaria o dinheiro, que se nelles fizesse, a seus senhores.

It. E que os rendeiros e officiaes do dito senhor que por dividas que a Sua Alteza devessem se acolhessem ás ter-

GANÓ OU ENGENHO DE ASSUCAR

ras delle Mealecão, se obrigava aos mandar prender, e entregar ás justiças de Sua Alteza quando lhe fosse requerido.

It. E asy prometeo elle dito Mealecão de nunqua em tempo algum demandar, nem pedir quoaisquer rendas occultas ou manifestas, presentes ou passadas dos tempos atraz, que fossem devidas ou obrigadas a se pagarem ao senhorio do Ydalcão os povos daquellas terras e lugares atraz declarados, que ora ao dito senhor concedia, porque todas as alargava a Sua Alteza, que mandasse arrecadar e receber como cousa sua, asy as que até o presente forem devidas, como as que mais se deverem até com effeito se as ditas terras entregarem ao dito senhor.

It. E se obrigou mais o dito Mealecão que depois de o Sua Senhoria ter posto em Pondá com a gente e favor que pera isso lhe fosse necessaria, se lhe quizesse dar alguma jente d'armas com hum capitão que a governasse, e huma bandeira de Sua Alteza que o ajudasse, e fosse com elle ao Ballagate, que lhe prazia, e era contente, e prometia dar para Sua Alteza a terça parte de todo ho dinheiro, ouro, prata, pedraria, e joias de qualquer thesouro que na dita conquista ganhasse, e ouvesse per qualquer via que fosse, e isto em quanto os ditos Portuguezes andassem em sua companhia, e o não desemparassem, por quanto os outros dous terços queria hum pera sy, e o outro pera os soldados e lascaris que o na guerra servissem.

It. E que aos ditos Portuguezes que com elle fossem ao Ballagate daria cavalgaduras compradas por seu dinheiro, e lhes daria de soldo o que se no dito Ballagate costuma dar á jente branqua, e Parseos, e Turcos, que andam na guerra.

It. E disse mais o dito Mealecão que se obrigava que sendo caso que depois de o Sua Senhoria ter posto em Pondá, e se por falta do favor de seus vassallos e amigos, que se lhe ora na terra offerecião ou per qualquer outra via desistisse da empreza que ora começava, e se tornasse recolher a Goa, ou se fosse pera qualquer outra parte, e Sua Senhoria e os que o socedessem ficassem em guerra com o Ydalxá per esta causa de lhe ter dado licença e favor pera sua ida, que elle dito Mealecão com sua pessoa e fazenda se obrigava ao ajudar e a este estado pera a dita empreza todo o tempo que a contenda durasse: e a mesma obrigação fez Coge Semacedym de com sua pessoa e fazenda hajudar a Sua Senhoria e aos governadores que neste estado socederem.

BONDOL

It. E disse mais o dito Mealecão que por quanto se o nosso senhor ajudasse a ser restetuido em seu estado não podia escusar para conservação delle, e pera o serviço de sua pessoa mandar trazer da Persia alguns cavallos em cada hum anno, que Sua Senhoria lhe permetisse em nome de Sua Alteza doje para sempre depois delle ser metido de posse de seu estado, de lhe deixar tirar forros dos direitos que se costumão pagar nesta cidade a Sua Alteza cinquoenta cavallos em cada hum anno; e isto dos que elle mandasse trazer pera sua pessoa comprados por seu dinheiro e feiturisados por criado ou feitor seu.

It. E que em cada hum anno podesse tambem das mercadorias que mandasse trazer das ditas partes ou d'outras quaisquer compradas do seu dinheiro, tirar d'alfandega desta cidade livres e forros dos direitos até contia de doze mil pardáos douro de emprego, dos quaes doze mil pardáos de mercadoria ho não obrigarião os rendeiros e officiaes da dita

PAGODE DE CAMESSOR-DEU EM CORGÃO

alſandega a lhe pagar os direitos que estava em costume levaremse a outras pessoas. E que estas liberdades dos cinquoenta cavallos forros, e doze mil pardáos de emprego pedia lhe fossem concedidos em cada hum anno que os mandasse trazer, porque o anno que lhe não viesse, não gozaria do dito interesse, nem pediria satisfação delle pera os annos vindouros, posto que lhe viessem os ditos cavallos e mercadorias em dobrada cantidade.

It. E que outrosy lhe concedesse Sua Senhoria que nos seus rendeiros e officiaes que o servissem na arrecadação das suas rendas depois delle dito Meale ser posto em seu estado, se por dividas que lhe devessem fogissem pera Goa, ou pera as terras do dito senhor, e dos socessores dos Reinos de Portugal, se goardasse a ordem que no capitulo atraz hera declarado pera os rendeiros e devedores de Sua Alteza, e lhos mandasse entregar a elle dito Meale, ou a seus socessores quoando ho requeressem.

It. E que os escravos que lhe fugirem, e se acolhesem ás terras de Goa, ou a quaisquer outras do dito senhor, que outrosy fossem entregues e restituidos a seus donos; e fazendose christãos, fiquarião nas terras delRey nosso senhor, e se tornaria o preço per que fossem vendidos, aos ditos seus donos.

It. E asy disse mais o dito Mealecão ha Sua Senhoria que nas terras e comarqua conteuda neste contrato que ora dava pera a coroa dos Reinos de Purtugal, Sua Senhoria e os Governadores que o socederem não mandarião derribar as mesquitas e pagodes que ora tinhão feitas nas sobreditas terras, nem os costrangerião a deixar sua ley fazendolhes força alguma, senão receberião somente os que per sua vontade se quizesem fazer christãos.

It. E outrosy pedio que os gentios e mouros que nas ditas terras ficassem depois de Sua Senhoria ter tomado posse dellas, lhe não fossem tomadas suas erdades, ortas, e outras fazendas de raiz, pagando elles inteiramente os fóros e trebutos que a Sua Alteza fossem obrigados, e gozarião de as pesoirem como até quy as tiverão em quoanto não cometessem delitos por que por direitos merecessem perder seus bens.

It. E que sendo Sua Senhoria de todo o conteudo neste contrato satisfeito, e aceitasse, elle dito Mealecão lhe prazia para mais segurança do que asy nelle lhe prometia, de deixar suas molheres nesta cidade de Goa, e asy a suas filhas, e a hum dos filhos, os quaes não fossem fora da dita cidade até elRey nosso senhor ser empossado de todas as terras conteudas e declaradas neste contrato; e que depois de asy

PAGODE DE ZANBAULIM

Sua Alteza ser satisfeito do que lhe asy prometia, elle dito Mealecão poderia mandar pelas ditas suas molheres e filhas, e Sua Senhoria lhe deixaria ir livremente ficando nesta cidade o dito seu filho, o qual estaria em poder de Sua Senhoria e dos Governadores que o socedessem todo o tempo que elles Governadores ordenassem pera firmeza e mais segurança de sua paz e amizade.

E que do que asy prometia elle dito Mealecão e seus filhos, a saber, Mamedecão, e Meadebul Cadil, jurarião no moçafo de o comprirem, e de em nenhum tempo, em parte nem em todo, hirem contra nenhuma das condições e clausulas prometidas e otorgadas por elles neste contrato; e que tendo os seus vassallos, ou os delRey nosso senhor antre sy algumas deferenças, ainda que antre elles entreviesse mortes, ou outros escandolos, que nem por isso sua amizade, que asy tinhão assentado, ficasse quebrada, antes fossem por elle dito Meale, e per Sua Senhoria castigados os culpados per justiça conforme a suas culpas, e as amizades per elles assentadas ficassem firmes e valiosas pera sempre.

E visto por Sua Senhoria todo ho sobredito, e como o Mealecão lhe tinha os dias passados estas cousas sobreditas requeridas e prometidas da maneira que lhas ora concede, ouve sobre isto conselho com letrados teologos, canonistas, juristas, e com os capitães e fidalgos, e os vereadores principaes cidadãos desta cidade de Goa, e com elles assentarão de dar licença ao dito Mealecão pera o que pedia, e o mandar poer em Pondá pera dahy com sua gente ir tomar posse de seu estado; e requerendolhe alguma ajuda de jente pera mais seu favor, daria Sua Senhoria aquella que lhe bem parecesse com aver o terço do thesouro que se na conquista ganhasse e aquerisse pela maneira sobredita, e ficarem livremente todas as terras, rendas, foros, e trebutos com as mais cousas que o dito Mealecão tinha neste contrato prometidas pera ElRey nosso senhor, e os socessores do Reino de Portugal: e por lhe isto parecer cousa do serviço delRey nosso senhor e bem destas partes, o avia em nome de Sua Alteza asy por bem, e o otorgava, e pormetia asy, e pela maneira acima e atraz declarado de o comprir, e que o mesmo farião os V. Reys e Governadores que pelo tempo em diante nestas partes forem.

E logo ahy, pelo dito Mealecão, e pelos ditos seus filhos Mamedecão, e Meadebidul Cadil, que presentes tambem estavão, foi dito que todo o conteudo neste contrato elles otorgavão e concedião, e prometião de o cumprir doje pera todo o sempre, renunciando de sy todo o direito, aução, senhorio, que nas terras, direitos, e cousas conteudas neste contrato tinhão e podião ter por qualquer via que fosse, e todo o concedião e trespassavão no dito senhor, e nos socessores dos Reinos de Portugal, e jurarão na sua ley e no seu mossafo de nunqua em nenhum tempo o contradizer, e de todas e de cada huma das ditas cousas cumprirem muy inteiramente.

E estando asy pera asinar este contrato Ally Ydalcão e seus filhos, e o senhor V. Rey foi movido mais per condição necessaria pera cada uma das partes, que por quanto muitas vezes acontece serem agravados muitos Portuguezes, que com suas mercadorias ou a negocios vão ao Ballagate, e lhes tomão lá suas fazendas, que o senhor V. Rey com os Governadores que o socedessem, acontecendose tal cousa, mandaria requerer a Ally Ydalcão, ou quem em seu lugar governasse, que mandasse fazer justiça, e entregar a fazenda que assy fosse tomada, e não lhe fazendo com brevidade entregar, Sua Senhoria e os Governadores que depois viessem, mandarião fazer embargo, e reprezaria em qualquer fazenda do Ydalcão, ou de seus vassallos, que em Goa, ou em qualquer das fortalezas de Sua Alteza que estivessem, até com effeito ser restituida á parte que estivesse desapossado do seu; e que nem por esta reprezaria e embargo deixarião de ficar valiosas e firmes suas pazes e amizades declaradas neste contrato: e a mesma ordem teria Alli Ydalcão quando seus vassallos se queixassem de lhe ser tomado o seu sem lhe quererem fazer justiça, mandado requerer.

E logo foi jurado per Sua Senhoria em hum missal que lhe apresentou ho Padre Baltezar Dias, Reytor do Collegio de Sam Paulo, em que o senhor Governador poz a mão, prometendo no dito juramento dos santos avangelhos de em todo o que lhe fosse possivel goardar e comprir os ditos contratos: e o mesmo juramento foi feito por Alli Ydalcão, Mamedecão seu filho, e por Meadebul Cadil, e outro seu filho, e logo puzerão a mão no seu mossafo segundo costume de sua ley, prometendo cada hum per sy de mui inteiramente goardarem e fazer goardar todo o sobredito, e asy o jurou Coje Cemacedym Asedecão presente mym Rodrigo Anes Lucas, Secretario, que este contrato acabei de escrever, e forão presentes aos ditos juramentos Dom João Lobo, e Dom Antão, Fernão Martins Freire, Vasco da Cunha, o Padre Baltazar Dias, Coje Porcoly, Cosme Anes, Vedor da fazenda; e estes contratos lhe forão declarados per Christovão do Couto, lingoa, que tambem hera presente; e foi assignado nos aposentos de Banastary, onde acabei de as escrever o derradeiro dabril da sobredita hera.=*O Visso Rey Dom Pedro =Dom João Lobo=O Padre Baltazar Dias=Fernão Martins Freire=Dom Antão de Noronha=Cosme Annes=Vasco da Cunha=Rodrigo Annes Lucas=Ally Ydalcão=Mamedecão,* e outro seu filho, *Coje Semasedym—Christovão do Couto.*

BAILADEIRA DE CACORÁ

Aos ij dias do mez de Mayo da era de 1555 annos, na fortaleza de Pondá, estando eu Rodrigo Annes Lucas, secretario, na dita fortaleza, donde fui com os capitães e fidalgos, e gente que o senhor Governador mandou acompanhar Alle Ydalcão, sabendo que estava em esta companhia e era vindo, me mandou chamar, e me disse que lhe escrevesse huma carta a Sua Senhoria, em que lhe dava conta da obediencia e amor, com que os seus vassallos o vinhão receber e visitar, sabendo que Sua Senhoria o tinha mandado pôr em sua liberdade com as mais onrras e mercês que lhe nisto tinha feitas, as quaes elle dito Alle Ydalxá tanto estimava que desejava merecellas e servillas a ElRey de Portugal nosso senhor, e a seus Governadores todo o tempo de sua vida: e porque ao presente não podia como desejava, me dizia que se trazia os contratos que asynára em Benastarym, porque os queria ver, e eu lhos dey, e me mandou que fizesse per minha letra estas regras, nas quoais afirma e confirma tudo o que atraz no dito contrato he escrito, e o pormeteo de o comprir e goardar muy inteiramente o que asy nellas he declarado, e espera de com muitas mais ventagens lhe reconhecer os muitos beneficios que lhe Sua Senhoria tinha feitos; e por me asy requerer o fiz, sendo presente seus filhos, e Dyanatacão, capitão de Pondá, e Coje Porcoly, o capitão de Goa Gaspar de Mello de Sampayo, Martym Affonso de Miranda, Dom Francisco Mascarenhas, Gonçalo Correa, Francisco de Mello, Antonio Ferrão, Tanadar mór, e eu Rodrigo Annes Lucas, secretario, que este assento fiz por me asy dizer dito Ale Ydalcão, porque queria ora, por ser em sua justa liberdade, confirmar tudo o que por elle hera asygnado nos limites da ilha de Goa; o qual contrato fiqua feito em duas folhas de papel e esta meya, em que Sua Alteza asynou com seus filhos, e os abaixo escritos no dia e era sobredita.—O signal do dito Ale Ydalcão, e dos seus filhos.=*Gaspar de Mello de Sampayo*=*Martym Affonso de Mello*=*Dom Francisco Mascarenhas*=*Gonçalo Correa*=*Francisco de Mello.*

MÉTA DE ORENVÔL EM CANÁCONA

Ao derradeiro dia do mes dagosto da era de 1555 annos na aldea de Belgão, termo das terras de Pondá, em a tenda do senhor Francisco Barreto, capitão geral e governador destas partes da India, estando hy Ale Ydalcão e seus filhos, Çalabatecão, e Catatacão, e o Acedecão, e Deanetecão, e outros, per sua Senhoria foi dito aos ditos capitães que pois elles erão vindos a serviço do Ydalcão Aly segundo se continha nas cartas de crença que lhe tinha enviadas Aynel Maluquo, que elle era contente de lhe entregar a pessoa do dito Ydalcão, o qual tinha posto avia dias em sua liberdade em Pondá, assy e da maneira que pelo V. Rey Dom Pedro, que Deos aja, estava assentado, e que elles todos per si e em seu nome, e em nome do Ynel Maluquo, que os a isto enviou, jurassem no mossafo per seu verdadairo Rey e senhor ao dito Ydalcão, e elles forão disso mui contentes, e jurarão, e prometerão de sempre obedecer e servir como a seu Rey e senhor que he, e o por tal o receberão e obedecerão, e assy jurarão de obedecer a todos seus filhos e erdeiros, a que legitimamente pertencer erdar seu reino e estado, e que todalas terras e fortalezas que o dito Ynel Maluquo e elles tinhão aqueridas do seu estado, e que a elle pertence, que elles prometião de lhes entregar e pôr em sua obediencia, para que dellas ordene o que fosse sua mercê, e assy de todallas que tem sogeitadas, e que em nenhum tempo elles, nem suas gentes desempararão o serviço e obediencia do dito Ydalcão, e compririão elles, e cada hum delles inteiramente, e o dito Ynel Maluquo, em cujo nome vinhão tambem obedecer; e que nenhum concerto e amizade farão, nem consentirão fazer com Ybrahemo, que endevidamente tem e no me de Ydalcão, nem com o filho, neto, bisneto, nem pessoa outra alguma de sua geração, nem parcelidade, nem amizade alguma tratarão com cada hum delles, nem com outro nenhum principe nem Rey comarcão do dito estado, nem com outra nenhuma pessoa que seja em prejuizo do dito Alle Ydalcão sem seu expresso consentimento, e sem o fazerem a saber ao Governador da India que antão for; e asy prometião e juravão que nem per sy, nem per outrem, agora nem em tempo algum contrariarião, nem desfarião nos contratos, pazes e amizades, e beneficios, e doações, que o dito Ale Ydalcão tem feitos e contratados com o Viso Rey Dom Pedro Mascarenhas, que Deos aja, e que ao diante confirmar e contratar asy com o senhor Governador, como quaisquer outros que ElRey nosso senhor tiver persidentes neste Estado, antes os confirmão e aceitão em seu nome, e dos ausentes agora e pera sempre. E loguo o dito Ydalcão Aly jurou e prometeo no mossafo de comprir e guardar muy inteiramente todo o que com o Viso Rey Dom Pedro tinha assentado no contrato atraz escripto, e que asy e da maneira que se nelle continha o tornava a confirmar, pera se muito mais conservar a amizade que elle tinha com o senhor Francisco Barreto, Governador que ora he, e que queria e desejava ter pera sempre com todollos Governadores que o muito alto e muito poderoso Rey Dom João o 3.º e os Reys de Portugal mandase resedir neste Estado, e o asynarão, e os sobreditos capitães o jurarão perante mym Rodrigo Annes Lucas, Secretario, declarandolhe o acima escrito Christovão do Couto, lingoa do senhor Governador, sendo presentes o capitão de Goa Jorge de Mendonça, e os Vereadores em ella Matheus Fernandes, e Manoel Fidalgo, e Dom Antão de Noronha, Coje Porcoly, e Agostinho Fernandes, ouvidor geral, o Licenciado Amrique Jaques, desembargador da casa da sopricação, e Coje Porcoly morador em Goa, e eu Rodrigo Annes Lucas, que o escrevi na dita tenda, dia e era sobredita.=*Francisco Barreto*=*Salabatecão*=*Tatecão*=*Anetecão*=*Jorge de Mendonça*=*Amrique Jaques*=*Agostinho Fernandes*=*Manoel Fidalgo*=*Matheus Fernandes*=*Christovão do Couto.*

Mando ao Chanceller e Desembargadores que em Rollação veijão este contrato que Mealecão fez com o V. Rey Dom Pedro, que Deos perdoe, e comigo retificou, e vejão se Coje Cemacedym per elle he em alguma cousa obrigado a Sua Alteza por respeito dos gastos e despezas que á custa de sua fazenda se fizerão, e se o deve por elle reter, e o mandar obrigar, e de tudo o que lhes parecer que devo fazer com justiça ponhão aqui seu parecer, sendo presente o procurador do dito senhor. Em Goa a 9 de Outubro de 1556.=*Francisco Barreto.*

Satisfazendo ao mandado de V. S.ª parece, vista a forma do contrato, que em quanto não ouver guerra, a que se obrigou Coge Cemacedym pela maneira declarada no dito contracto, que não deve de ser reteudo nem requerido por agora a que pague cousa alguma por resão de dito contrato. Em Guoa a 9 de Outubro de 1556.=*Francisco Alvres.*=*Gonçalo Lourenço.*=*Agostinho Fernandes.*=*Tyntino Martins.*=*Jeronimo Rodrigues.*

O qual contrato foy aqui tresladado do proprio *de verbo a verbo* como nelle hera conteudo sem borradura nem antrelinha, cousa que duvida faça, per mym Andre Ayres, escrivão dos contos, e o concertey com o Contador Alvaro Mendes Pereira, o que asy o certeficamos oje 8 de Abril de 1581.=*André Ayres.*=*Alvaro Mendes Pereira.* (Livro de registos antigos no cartorio da fazenda, fol. 66.)

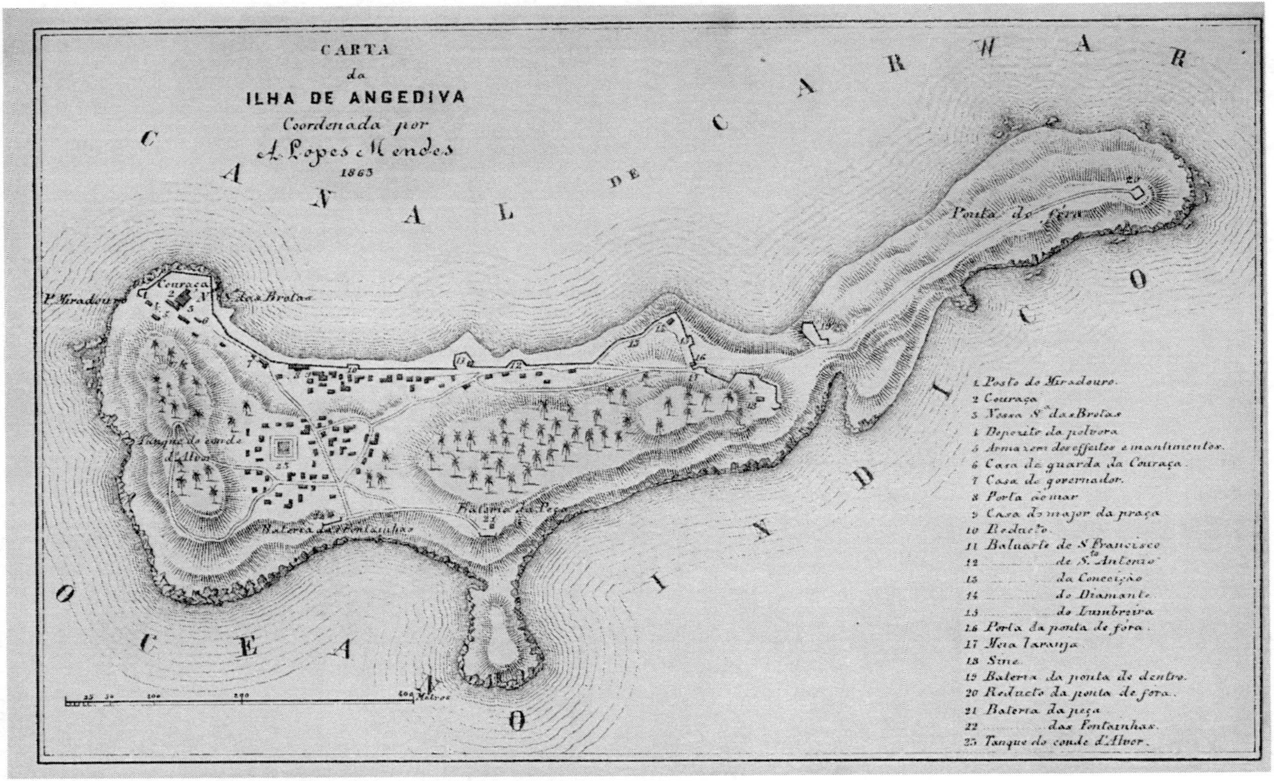
CARTA
da
ILHA DE ANGEDIVA
Coordenada por
A. Lopes Mendes
1863
CANAL DE CARWAR
OCEANO INDICO
P. Miradouro
Couraça
N. S. das Brotas
Tanque do conde d'Alvor
Bateria das Fontainhas
Bateria da Peça
Ponta de fora
1 Posto do Miradouro.
2 Couraça
3 Nossa S.ra das Brotas
4 Deposito da polvora
5 Armazem dos effeitos e mantimentos.
6 Casa de guarda da Couraça.
7 Casa do governador.
8 Porta do mar
9 Casa do major da praça
10 Reducto.
11 Baluarte de S. Francisco
12 ... de S.to Antonio
13 ... da Conceição
14 ... do Diamante
15 ... do Lumbreira
16 Porta da ponta de fóra.
17 Meia laranja
18 Sino.
19 Bateria da ponta de dentro.
20 Reducto da ponta de fora.
21 Bateria da peça
22 ... das Fontainhas.
23 Tanque do conde d'Alvor.
25 50 100 250 400 Metros

CAPITULO IX

Provincia de Salcete—Dandim—Panoramas de Margão—Igreja matriz de Margão—Capella de Nossa Senhora da Piedade—Seminario de Rachol—Praça de Rachol—Houri dos Pondáos em Aquem—Santá—Condado de Conculim—Capella dos Martyres de Conculim—Igreja de Assolnã—Repreza de Vagozuão—Betul—Expulsão dos gentios—Foral—Caminho de ferro—Praça de Cabo de Rama—Provincia de Canácona—Mesquita do Piro—Xaurim—Agursal—Suamy—Ilha de Angediva—D. Francisco de Almeida—Planta topographica de Angediva—Os ninhos das andorinhas do mar.

Em outubro de 1864 fomos encarregados pelo governo geral da India de ir á provincia de Salcete, conjuntamente com os srs. major de engenheria, Manuel Martins, e o capitão do exercito, Sebastião Augusto da Costa Leal, dignissimo administrador das propriedades ruraes de Assolnã, Velim e Ambelim pertencentes á fazenda publica de Goa, a fim de examinar uns aforamentos contestados.

Partimos de Pangim na madrugada do dia 4 do referido mez de outubro, em direcção a Margão.

A NE. cobria as montanhas um denso nevoeiro, que, desligando-se da terra com o calor do sol, foi escurecendo a atmosphera de modo que se não descobriam distinctamente os objectos na distancia de 80 a 100 metros. Este phenomeno meteorologico é proprio da phase denominada *lua de S. Francisco*.

Depois de visitarmos a esplendida casa de campo em Dandim, que está situada á beira do rio Zuary, nas ilhas de Goa, atravessámos este rio, junto do forte de S. Lourenço, para a provincia de Salcete.

Dandim.—Esta formosa e confortavel casa de campo pertencia, quando a desenhámos, ao ex.mo sr. D. Manuel de Carcomo Lobo, e hoje é dos herdeiros de seu filho D. Francisco de Carcomo Lobo.

O sr. D. Manuel era o prototypo do antigo fidalgo portuguez, verdadeiramente nobre em toda a extensão da palavra, cavalheiro lhano, delicado, captivante, altamente prestavel, e que todos respeitavam affectuosamente. S. ex.a e os srs. conde de Sarzedas, visconde de Bucellas e barão de Combarjua, que nos honraram com a sua amisade, eram, no tempo em que vivemos em Goa, os principaes influentes das Ilhas e Novas Conquistas, sendo o sr. barão o que maior preponderancia tinha no exercito do Estado da India, e o chefe politico da classe descendente dos europeus, que conta entre outros muitos filhos distinctos, os escriptores que pessoalmente conhecemos e de quem n'este momento recordâmos os nomes, os srs: visconde de Ribandar, João de Mello Sampaio, Manuel J. da Costa Campos, Elvino de Brito, actual director geral de agricultura no ministerio das obras publicas, Chrystovão Ayres, Fernando Leal, Frederico Diniz Ayalla, D. Antonio de Mello, C. J. de Brito, Placido da Costa Campos Junior, Claudino C. de Sousa e Faro, Eugenio Nunes, Guilherme Moniz Barreto, José Joaquim Fragoso, J. J. Fernandes Arez e J. F. de Assa Castello Branco, sendo estes dois ultimos nossos companheiros de trabalhos em Satary.

DANDIM

Se o plano de nosso livro o comportasse e possuissemos os retratos e os respectivos apontamentos biographicos, tratariamos aqui dos titulares gentios, os srs. barão de Carapor, de Dempó e de Pernem; e dos escriptores Suriagy Amanda Ráu, Caxiba Sinay, Gangarama Porobo Sinary e outros; dos nativos, os srs. Francisco Luiz Gomes, Miguel Vicente de Abreu, dr. Agostinho Vicente Lourenço, I. Emilio Baptista, Bernardo Francisco da Costa, J. I. de Loyola, Ismael Garcias, J. C. Barreto Miranda, Tolentino Ferrão, Filippe Nery Xavier Junior, Gustavo Adolfo Frias, Frederico Gonçalves, José Nicolau da Fonseca, José Ignacio da Fonseca, Gerson da Cunha, e de outros habilitados nas mais celebradas escolas asiaticas, europeas e americanas, que se illustraram como poetas, litteratos, publicistas, parlamentares, e no episcopado, dos quaes oito foram elevados á categoria de bispos sagrados ou eleitos.

Se igualmente coubesse nos limites d'este nosso humilde trabalho o desenvolvimento de todos os assumptos que apenas deixâmos esboçados, fallariamos tambem dos escriptos sobre hygiene, historia contemporanea da India e historia medica dos nossos patricios e amigos João Stuart da Fonseca Torrie, Carlos Pedro Barahona e Costa, Antonio Gomes Roberto, e F. B. Alexandre Figueiredo Magalhães, que dezesete annos depois da nossa convivencia em Goa, tivemos o prazer de abraçar no Rio de Janeiro, por occasião da nossa visita á gentilissima capital do imperio brazileiro em outubro de 1882; do general Ferreira de Brito, amparo e protector de todos os desvalidos, e emfim, publicariamos, com a devida venia, a interessante correspondencia, que a respeito da mesma India tivemos a honra de trocar com uma dama respeitabilissima, e cujos trabalhos litterarios tornam cada vez mais formosa e esplendida a sua corôa de escriptora primorosa, a ex.ma sr.a D. Maria Amalia Vaz de Carvalho, que na sua carta datada de Pinteus no 1.º de outubro de 1870, nos dizia: ... «Mais feliz do que eu v. foi buscar a inspiração que lhe faltava aqui, n'essas regiões mysteriosas em que a terra é tão prodiga de esplendores que fascinam, e em que os homens deixaram vestigios de extincta civilisação que nos attrahem sempre».

Salcete.—Esta provincia é uma peninsula que estanceia ao sul das Ilhas de Goa. Deriva o seu nome da palavra concany, *Satpoty*, que significa 60 aldeias, *gãos* ou *potys*.

DANDIM (vista interior)

Fez parte da primeira conquista de Goa por Affonso de Albuquerque, entregando-se pacificamente ao conquistador portuguez em 17 de fevereiro de 1510, que a arrendou conjuntamente com a peninsula de Bardez, ao gentio Timoja, pela quantia de 60:000 pardáos de ouro[1], livres de todos os

[1] No *Tombo Geral*, fol. 84, ha esta declaração sobre moedas: —Os Gancares e moradores das terras de Salcete são obrigados a pagarem seus fóros e direitos per tangas brancas de quatro barganis a tanga, e

encargos. Reconquistada pouco tempo depois pelo Hidal-Kan, foi novamente encorporada no Estado em 1520, mediante a posse que d'ella tomou o capitão da cidade de Goa, Rui de Mello, até ao dia em que se effectuou nova restauração, devida aos esforços do rei mouro.

Foi esta provincia muitas vezes invadida pelo Hidal-Kan e seus filhos Malu-Kan e Abrahem no tempo do intrepido governador Nuno da Cunha e do vice-rei D. João de Castro, sendo posteriormente doada aos portuguezes pelo principe Meal, e confirmada a doação por seu sobrinho Abrahem, durante o governo do vice-rei Martim Affonso de Sousa, que d'ella tomou posse em 1544, e depois a arrendou e a

de treze barganis o pagode d'ouro, como pagavão ao Idalcão, e pagão todas as mais tanadarias de sua jurdição, e pagavão tãobem os Gancares desta ilha de Goa quando o Governador Affonso d'Albuquerque a tomou, a qual moeda de Pagodes se chamava antigamente pardáo d'ouro, e tinhão de valia trezentos e sessenta reis, e por o Viso Rey Dom Affonso bater patacões com nome de pardáo d'ouro, em que poz de valia os ditos trezentos e sessenta reis, igoalandoos na valia com o dito pardáo d'ouro pagode, ficarão os moradores destas terras, e os de Bardez, e os da ilha de Goa pagando esta moeda de patacões, com a qual satisfarião seus foros, pelo dito preço de trezentos e sessenta reis, e por o pardáo d'ouro pagode ficar sendo de mais valia que o dito pardáo d'ouro patacão, per ser moeda de prata e ligada, e per isso valer menos, ficou o dito pardáo d'ouro pagode valendo mais o que tinha de melhoria na bondade e valia, e assi ficarão os gancares pagando de menos do que devião pagar tudo que menos valia o dito pardáo d'ouro patacão a respeito do dito pardáo d'ouro pagode, que nunca teve certa valia, per alevantar e abaixar a sarrafagem dos ditos pagodes segundo a muita ou pouca liga que se lançava nos patacões, e tãobem segundo os tempos em que as partes avião os ditos pagodes pera os seus tractos; mas achandose na fazenda del Rey nosso senhor que os moradores destas terras, e os de Bardez erão obrigados pelos seus foraes a pagarem seus foros e tributos por moeda de tangas brancas de quatro barganins a tanga, e de treze barganins o pardáo d'ouro pagode, forão os ditos gancares requeridos que assy o pagassem, e correndo sobre isso letijo forão condenados por sentença da Relação dada no tempo do Viso Rey Dom Antão a que pagassem os ditos foros pelos ditos pagodes como os devião, e assy se arrecadão per bem da dita sentença.

de Bardez, por tres annos, ao tanadar-mór de Goa, Crusná, pela quantia de 143:000 xerafins.

No seculo XVIII foi varias vezes invadida, sendo a ultima invasão em 23 de janeiro de 1739 em que o maratha, occupando Margão e a fortaleza do Monte, aonde actualmente se acha a capella de Nossa Senhora da Piedade, talou toda a provincia.

Decorridos seis mezes, e mediante a capitulação de 2 de maio do mesmo anno, o maratha invasor retirou-se para as provincias, hoje conhecidas por Novas Conquistas, d'onde foi expulso em 1764, pelo vice-rei conde da Ega, que mor-

---

Ainda como subsidio para a historia das moedas (escreve o sr. Rivara no *Archivo portuguez Oriental,* pag. 327) que correram na India em tempo dos Portuguezes, poremos aqui o extracto do que achâmos na obra —*Remissiones Doctorum ad contractus, ultimas voluntates, et delicta spectantes in librum quartum et quintum Ordinationum Regiarum Lusitanorum,*— impressa em Lisboa em 1618, auctor Manuel Barbosa. Traz elle a pag. 42 uma noticia *da valia das moedas antigas que ouve neste Reino, e ha na India.* As da India são estas:

Moedas de ouro.—Pardáos de ouro de 18 quilates, valerão a desaseis e desasete vintens (320 a 340 reis). Moeda de ouro que tem a imagem do *São Thomé,* he de ouro de 18 quilates, pera 1250 reis. Na India tambem as ha com a mesma imagem do São Thomé lá batidas per mandado dos Vicereys; val cada huma dellas dez tangas, que são 600 reis. *Venezianos* são moedas que correm na India assim chamadas porque vem de Veneza a Ormuz, e a outras partes orientaes, val cada huma dellas onze tangas e meia até doze, que são 690 reis até 720, porque cada tanga val lá tres vintens (60 reis). Outras moedas correm lá a que chamão *Pagodes;* val cada huma d'ellas nove tangas e meia até dez, que importão 570 reis até seis tostões (600 reis).

Moedas de prata.—Leal tinha de valia 12 reis. *Tanga* he moeda que corre na India, importa tres vintens (60 reis fracos). *Salares* são humas moedas feitas na Persia, e outras partes, e vem ter a Ormuz; tem de valia cada huma dellas 90 reis, e ás vezes mais. *Xerafins,* a que por outro nome chamão *Bastiões,* são humas moedas batidas na India por mandado dos Vicereys, tem de valia cada huma dellas 300 reis.

Actualmente a moeda que corre na nossa India é a *Rupia* que vale, como já dissemos, 400 reis fortes e se divide em 16 tangas.

LARGO DE S. PEDRO EM MURGÃO

reu em Lisboa preso e minado de desgostos, por ver quão mal se lhe pagavam os serviços que fizera na India.

Abrange a superficie quadrada de 337 kilometros, e divide-se em 30 freguezias e 60 aldeias, com 24:565 fogos e 109:620 habitantes, sendo 102:751 christãos e 6:869 não christãos.

Margão.—A villa de Margão, a *Athenas conconense,* é capital de Salcete, cabeça de comarca e de concelho do mesmo nome. Tem 2:522 fogos e 12:225 habitantes, sendo 10:878 christãos e 1:347 não christãos; uma igreja matriz, que é um dos templos mais esplendidos e grandiosos da India portugueza, mandada construir pelos padres da companhia de Jesus. Além da igreja parochial, que tem por orago S. Pedro, possue cinco capellas, algumas das quaes de bellissima architectura, como é a de Nossa Senhora da Piedade. D'esta capella, situada, como já dissemos, no cume de um outeiro a leste da villa, disfructa-se o mais esplendido panorama que se póde imaginar, e que os nossos desenhos pallidamente representam.

Possue tambem um monumento, erigido junto da igreja matriz, ao cidadão Bernardo Peres da Silva; 16 escolas, sendo 3 publicas e 13 particulares; 2 collegios, igualmente particulares, 2 theatros, e 2 typographias onde se imprimem os jornaes: *Estreia literaria*—*O Goamitra*—*A India Portugueza*—*Opinião publica*[1]—*O Oriente*—*O Paiz*—*A Semana* e o *Ultramar*[2].

Tem ainda mais esta importante villa, 10 fontes de agua potavel, 5 lagôas, 2 famosos tanques gentilicos, muitas casas de commercio e officinas de diversos mistéres. Entre os edificios mais notaveis contam-se: o da municipalidade, camara agraria, gãocaria, administração do concelho, cadeia, quartel militar, os dois cemiterios e muitas casas particulares.

---

[1] Este jornal publica-se em Orlim, bem como *O Crente.*

[2] *O Oriente* publica-se em Carmolim, e a *Sentinella da liberdade* em Benaulim, aldeias de Salcete.

As casas nobres de particulares são quasi todas de um só pavimento, de fórma graciosa e apalaçada, com amplos commodos, balcões e jardins, povoados de virente arvoredo, sempre magestoso e bello.

Margão deriva o seu nome, diz o sr. F. Nery Xavier no *Bosquejo historico das communidades (pag. 33, not. 145)*, das palavras *Moto-Gão,* que em sansckrito significa *terra do grande pagode,* em que residia o *suamy* ou prelado

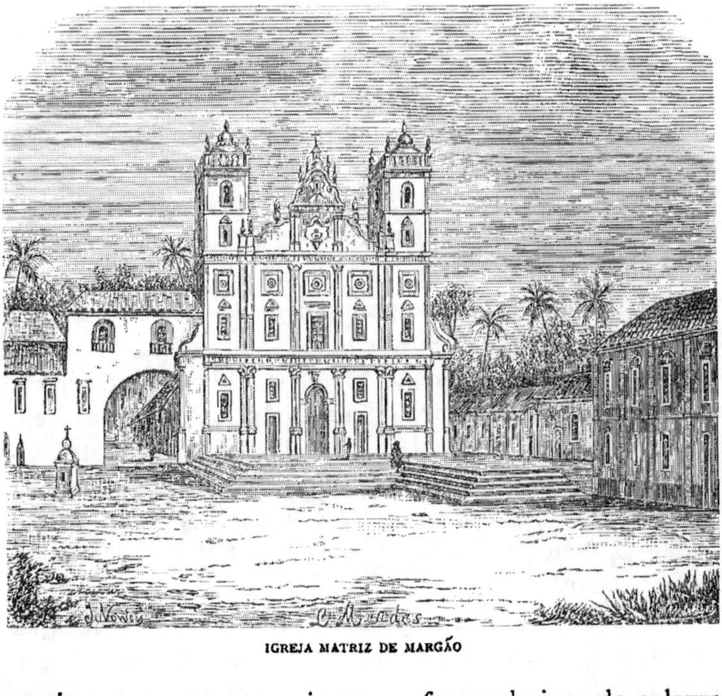

IGREJA MATRIZ DE MARGÃO

gentio; e que outros escriptores o fazem derivar da palavra *Mase-Gão,* ou *Mondó-Gão,* isto é, aldeia do centro ou do negocio.

Lê-se no *Oriente conquistado,* continúa o sr. F. Nery, que o nome Margão procede de *Marú-Gão* ou aldeia dos diabos; ou talvez de *Már-Gão,* que quer dizer: aldeia dos farazes ou pariás, seus fundadores e primitivos povoadores. Que os gentios de casta nobre, para occultarem esta deshonrosa e repellente origem, a fazem provir de *Mal-Gão,* que é como se dissessemos em portuguez primeira aldeia da comarca; e, emfim, que outros auctores dizem vir de *Masú-Gão* ou aldeia central.

Os que adoptam a etymologia de *Marú-Gão* dizem ser esta a mais acceitavel, porque os diabos appareciam mui-

CONSELHEIRO JOSÉ IGNACIO ABRANCHES GARCIA

tas vezes, até sem temor do rei dos astros, no alto do monte sobranceiro á povoação, berrando pelos gãocares da aldeia, e convidando-os a expulsar os padres jesuitas, que, para lhes fazer pirraça, construiram no cume do monte uma ermida a Santa Cruz, onde nunca mais esses mafarricos pozeram os seus pés de cabra...

Contam ainda velhas chronicas que os marganenses adoravam um idolo representando a figura de um cavalleiro denominado *Damador*, que foi brahmane porobo, filho do dessay, governador de Margão, e que tendo casado, fôra morto e a noiva n'um recontro pelos habitantes de Chimbel.

O diabo tomando a fórma do finado cavalleiro, e, para zombar dos jesuitas, começou a fazer correrias atemorisando os marganenses, que, para contentar este poderoso inimigo, lhe erigiram um grande pagode, onde foi adorado como deus tutelar dos habitantes da aldeia.

Ainda existe o tanque d'esse pagode infernal, que se denomina *Damdol*, no qual os gentios de Margão lançam annualmente o Ganês, finda a sua *ganêsachovote*.

Os escriptores mais bem informados da verdade, como Couto, J. Ferreira de Andrade e outros affirmam que Margão era n'aquelle tempo a aldeia cabeça de todo o Salcete, a mais nobre das tres comarcas sujeitas á cidade de Goa, e davam-lhe algumas vezes a bem merecida denominação de villa, muitos annos antes de ser officialmente elevada áquella categoria.

Conselheiro Abranches Garcia.—D'entre os distinctos magistrados judiciaes europeus, que durante a nossa estada na India ministravam recta justiça em Salcete, mencionaremos o sr. conselheiro José Ignacio Abranches Garcia, actual presidente da relação de Lisboa, nosso amigo e consocio na Sociedade de Geographia, cavalheiro muito illustrado e estimabilissimo pelo seu comportamento sempre correcto e digno.

Tendo s. ex.ª exercido em Portugal o cargo de administrador do concelho por espaço de seis annos, foi nomeado procurador da corôa e fazenda para a comarca de Sotavento de Cabo Verde, onde depois serviu como juiz de direito e prestou relevantes serviços ao paiz. Passando na qualidade de juiz de direito para Moçambique ali prestou igualmente assignalados serviços como juiz, vogal do con-

PANORAMA DE MARGÃO (primeira vista, norte)

selho do governo, e como particular publicando o *Indice alphabetico* de todas as leis, decretos e portarias de execução permanente do ministerio da marinha e ultramar e do governo geral d'aquella provincia, que se contém no *Boletim official* dos annos de 1854 a 1861 inclusive, pelo que foi louvado por portaria do ministerio da marinha e ultramar de 23 de fevereiro de 1863. De Moçambique passou para a comarca de Salcete, e d'aqui para a relação de Nova Goa, onde serviu nove annos, sendo por algumas vezes eleito membro do conselho do governo. Foi em Pangim que s. ex.ª publicou o *Archivo da Relação de Goa*, de que já fallámos.

Existiu outr'ora na aldeia de Margão, que se elevou á categoria de villa por alvará de 12 de julho de 1779, um importante hospital denominado do padre Paulo Camerte, seu fundador.

Em 17 de maio de 1574 a companhia de Jesus construiu na referida aldeia um collegio, tomando para este fim posse dos *namoxins* e *deussuns*, ou terrenos dos pagodes, e uniu ao mesmo collegio o hospital dos pobres, ou do padre Camerte, o seminario dos meninos pobres, a casa dos cathecumenos, uma escola de instrucção primaria e de doutrina christã, uma de theologia moral, e outra de lingua concany.

Annos depois foram o collegio e o hospital incendiados pelos mouros; porém os padres da companhia substituiram este collegio pelo seminario de Rachol, que construiram no anno de 1580.

Collegio de Rachol.—Este collegio, em virtude da ordem do visitador Nicolau Pimenta, voltou de novo a Margão em 1597, e em 1606 foi novamente estabelecido em Rachol, e mais tarde convertido em seminario de estudos ecclesiasticos, titulo pelo qual ainda hoje é conhecido.

A pequena distancia do seminario está a antiga *Praça de Rachol*.

Esta praça dos mouros, hoje reduzida em parte a um montão de ruinas, está situada na margem esquerda do rio

Zuary, que banha a provincia de Salcete pelo lado oriental, e fronteira á provincia de Pondá.

Foi, como já dissemos, cedida aos portuguezes sendo vice-rei da India Diogo Lopes de Sequeira, pelos annos de 1518 a 1521, por Crisná Ráu, descendente do imperador Rama Rajah, que a tomou ao Hidal-Kan.

Sobre a porta do antigo castello ainda se lê a seguinte inscripção:

SENDO O CONDE DE ALVOR VICE-REI DA
INDIA MANDOU REFORMAR ESTA FORTALEZA
DEPOIS DE SE DEFENDER DO CERCO DO
SAMBAGY, EM 22 DE ABRIL DE 1684.

O marquez de Alorna em 1745 tambem ali mandou fazer varias obras, entre as quaes muito avultava o fosso aquatico, e um açude, que inundava o terreno adjacente, quando a praça era atacada.

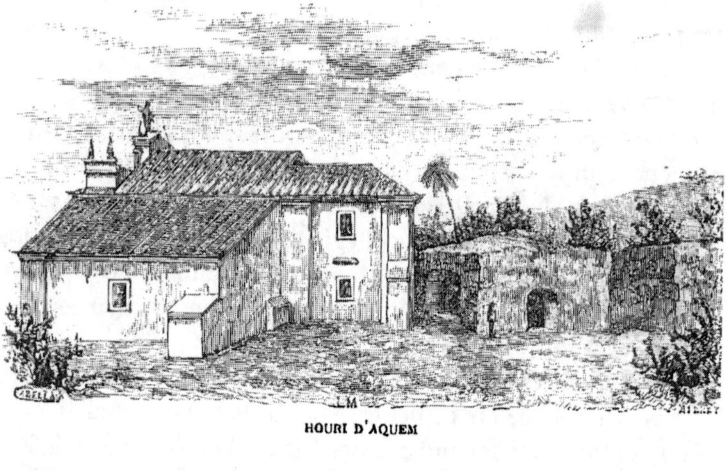

HOURI D'AQUEM

Figura na historia da India como praça fortissima, que viu mais de uma vez ante suas muralhas exercitos numerosos, que debalde a investiram. Dentro dos seus muros havia uma bella povoação, e nobres casas de fidalgos da provincia de Salcete, que ali residiam com o general da mesma provincia, para se acobertarem das incursões e rapinas dos inimigos que desciam dos Gattes pela provincia de Pondá, e assolavam os nossos campos.

Tornando-se insalubre pelo estado pantanoso e emanações mephiticas do fosso que se obstruíra, foram os habitantes obrigados a emigrar para a aldeia de Margão.

Por portaria do governador geral conde das Antas, de 30 de novembro de 1841, passou o presidio que n'ella havia

CAPELLA DE NOSSA SENHORA DA PIEDADE EM MARGÃO

para a fortaleza dos Reis Magos, dando-se então baixa a esta praça, hoje quasi toda reduzida a palmares e varzeas de arroz.

A freguezia de Rachol conta actualmente 1:419 habitantes.

Proximo de Rachol está a aldeia de Loutolim, onde se encontra a esplendida e grandiosa casa do sr. Vicente João de Figueiredo de quem offerecemos o retrato, cavalheiro respeitabilissimo e mui dedicado aos europeus, e, como tivemos occasião de dizer, um dos maiores proprietarios ruraes da nossa India. A freguezia de Loutolim contava em 1881, 4:634 habitantes, sendo 4:016 christãos e 618 não christãos.

Houri.—A gruta dos Pondáos ou *houri,* que representa o nosso desenho, está situada na aldeia de Aquem da provincia de Salcete, atraz da capella de S. Sebastião da mesma aldeia. É uma casa monolitha, feita em rocha trachitica, em tempo de que não ha memoria. Tem 8 metros de comprimento sobre 6 de largura externamente e 2,5 de altura. Interiormente compõe-se de dois espaços, que se communicam por aberturas em fórma de portaes, e uma especie de vestibulo voltado para a parte posterior da capella de S. Sebastião, como se vê no desenho, que tirámos do natural em 20 de fevereiro de 1871.

Em todos os *houris,* que visitámos e desenhámos na nossa India encontrámos idolos, menos no acima descripto, que segundo a tradição popular, serviu por muito tempo de coito a malfeitores.

Santá, no embarcadouro de Amborá.—Denomina-se *Santá,* em concany, o mercado ou feira semanal, que se faz em muitos logares, e *terá* ou *zatrá* a feira, ou mercado grande, que se faz em alguns logares uma vez cada anno. Tambem se chama *zatrá* ou *zátará* a um grande concurso, ou multidão de gente, como o zátará de Amoná, de que tratámos no capitulo VII.

Condado de Conculim.—Levantando-se em 1583 os gãocares de Conculim e Verodá contra o governo constituido, e matando alguns padres de S. Paulo e os christãos das terras de Rachol, perderam para a corôa real as suas aldeias. Em 1585 foram estas conferidas a João da Silva, em fatiota, para as possuir e seus herdeiros e successores com suas gãocarias, pagando o fôro que os gãocares dellas pagavam e cumprindo com as demais obrigações, que elles cumpriam em attenção —diz a carta de mercê— aos seus serviços e

PANORAMA DE MARGÃO (segunda vista, sul)

aos muitos gastos que de sua fazenda tinha feito em serviço de Sua Magestade.

Por carta regia de 3 de junho de 1676 foi constituido nas aldeias de Conculim e de Verodá o condado de Conculim a favor de D. Francisco de Mascarenhas, filho de D. João de Mascarenhas, 2.º conde da Torre e 1.º marquez de Fronteira, pelos relevantes serviços prestados nas guerras da independencia portugueza no reinado de el-rei D. Pedro II.

Teve principio esta casa em D. Filippe Mascarenhas, viso-rei da India, por carta patente de 10 de abril de 1644, o qual tendo chegado a Ceylão em 10 de dezembro do mesmo anno, começou ali o seu governo. Chegando a Goa, tomou posse em 30 de dezembro de 1645, e governou até 31 de maio de 1651. Quando se retirava para Portugal, falleceu em Loanda no convento dos jesuitas em 1653.

Em 1871, quando visitámos este condado, era senhor delle o ex.mo D. José Trazimundo Mascarenhas Barreto, 7.º marquez de Fronteira, 5.º marquez de Alorna, 8.º conde da Torre, par do reino e general de divisão reformado, etc.

Actualmente pertence a s. ex.ª o 8.º marquez de Fronteira e Alorna.

Existe n'este condado a celebre capella dos martyres de Conculim. Foi construida para commemorar o facto de terem sido ali mortos, em 15 de julho de 1583, cinco religiosos e cinco seculares, e depois lançados n'um cavouco, sobre o qual, em memoria d'aquelle facto, se collocou uma cruz firmada em arcos cruzados. Tem este condado 1:694 fogos, 7:383 habitantes, sendo 5:038 christãos e 2:345 não christãos, e muitos artifices gentios que trabalham em cobre e latão, e uma familia de marceneiros notaveis pelas primorosas obras denominadas *lacreadas*.

De Conculim passámos a Assolnã, onde desenhámos a igreja parochial, que se acha ligada á casa da administração rural das aldeias da fazenda publica. Teve principio esta igreja n'uma capella para a construcção da qual a junta da fazenda, por despacho de 22 de outubro de 1776, estabeleceu a congrua de 400 xerafins annuaes, e 100 para a festa de S. Francisco Xavier, orago da capella.

Em janeiro de 1809 foi a referida capella ampliada, como mostra o desenho, e convertida em igreja parochial de Assolnã e Velim. Estas aldeias reunidas têem 7:859 habitantes, sendo 7:422 chistãos e 437 não christãos.

VICENTE JOÃO DE FIGUEIREDO

No limite das provincias de Salcete e Bally acha-se a grandiosa repreza de Vagozuão.

Ha terrenos no territorio de Goa que para produzirem a *vangana* ou segunda producção annual de arroz, carecem do auxilio de obras hydraulicas, que só os recursos do governo ou de individuos associados pódem emprehender e executar.

Dos proficuos resultados d'estas grandes obras tem a fazenda publica do Estado da India um exemplo na repreza de Vagozuão.

Esta repreza, situada na linha limitrophe da provincia de Bally, e aldeia de Conculim de Salcete, mandada construir pela fazenda publica para irrigar os campos das propriedades que possue e cultiva por sua conta em Salcete, foi concluida em 1863, sendo esta construcção devida aos esforços do incansavel, intelligente e probo administrador das aldeias de Assolnã, Velim e Ambelim, o sr. Sebastião Augusto da Costa Leal. Está esta repreza combinada com um vasto systema de vallas alimentares de tal fórma que fornece a agua necessaria para alimentar os grandes reservatorios ou lagôas formadas nas propriedades da fazenda, nos locaes que o intelligente e zelozo administrador julgou mais adequados.

MOURO DO PALACIO DO GOVERNO

Ao sul da provincia de Salcete, na estrada que de Assolnã conduz a Cabo de Rama, acha-se o posto fiscal fortificado de Betul. É este posto um pequeno reducto construido durante o governo interino de José Joaquim Lopes de Lima, na foz do rio do Sal, n'uma posição d'onde se descobre uma grande extensão de praia. Tem importancia, por se achar na foz do rio que conduz á antiga alfandega de Margão, actualmente collocada em Assolnã. É guarnecido por um destacamento do 1.º batalhão de caçadores commandado por um alferes.

A aldeia de Betul é povoada de musulmanos, e pertence á provincia de Bally.

Expulsão dos gentios.—Por provisão do viso-rei conde de Linhares, datada de Margão a 11 de janeiro de 1633, em manifesta contravenção do foral de D. João III, foi prohibido aos gentios o viverem nas terras de Salcete, e de terem n'ellas gãocarias. Decorridos tres annos, reconhecendo os inconvenientes d'aquella provisão, mandou o viso-rei Pero da Silva publicar um pregão, dando seguro aos gentios fugitivos em virtude da expulsão, para recolherem ao territorio de Goa, *aonde* —diz o pregão— *não serão constrangidos per pessoa alguma de nenhuma calidade, e poderão viver sem recêo, debaixo das leis e provisões de Sua Magestade.*

O foral a que nos referimos é do teor seguinte:

Foral de usos e costumes dos Gancares e Lavradores desta Ilha de Goa e outras annexas a ella[1]

Dom João per graça de Deos Rey de Portugal, e dos Algarves daquem, e dalém mar em Africa senhor de Guiné e da conquista, navegação, comercio de Ethiopia, Arabia, Persia e da India.

---

[1] Este documento foi já impresso na *Collecção das leis peculiares das Communidades agricolas das Aldeias dos Concelhos das Ilhas de Salcete e Bardez* ordenada pelo sr. Filippe Nery Xavier, e dada á luz em 1852. Mas sendo essa publicação feita conforme a copia, que ha na Secretaria do Governo no Livro das *Monções,* n.º 76, fol. 48, tirada no anno de 1712, copia muito errada, posto que de boa execução caligraphica, e de apparente authenticidade, pareceu-nos conveniente reproduzir aqui o mesmo documento com as correcções que dimanam da confrontação daquella copia de 1712 com outra mais antiga, que está no Livro Vermelho da Relação, a fol. 147, e com a que ha no cartorio da fazenda de Goa em livro especial, tirada no anno de 1725[2].

Este *Foral* tambem foi impresso nas *Memorias dos Estabelecimentos Portuguezes a l'este do Cabo da Boa Esperança pelo conselheiro Manoel José Gomes Loureiro,* Lisboa, 1835, com muitas incorrecções.

[2] Esta e as seguintes notas são do sr. conselheiro Rivara, publicadas no Fasciculo 5.º do *Archivo portuguez oriental* desde pag. 118 a 134.

SEMINARIO DE RACHOL

A quantos esta nossa Carta de Foral virem dada aos Gancares, lavradores, e foreiros, moradores, e povoadores das Aldeas, e Ilhas de nossa cidade de Goa. Fazemos a saber que por bem das diligencias, e exames que mandamos fazer para justificação e declaração do que nos erão obrigados a pagar, e pagavão aos Reis e senhores da terra antes de ser nossa, de suas heranças, foros, e obrigações, e outros encarregos; e assim os direitos, usos, e costumes em que estavão, e lhe deviamos mandar guardar; achamos per bem das ditas deligencias que elles nos são obrigados a pagar o que neste outro Foral da paga dos ditos direitos se contem. E outrosi achamos que devião de uzar destes usos, direitos, e costumes na maneira e fórma seguinte:

I. Achou-se que cada uma Aldea das ditas Ilhas tem certos Gancares, dellas mais, dellas menos, segundo o seu costume, e as ditas Ilhas e Aldeas são, e que o dito nome de *Gancar* quer dizer *Governador, e Ministrador, e Bemfeitor,* derivou-se de que em tempo antigo forão quatro homens aproveitar huma Ilha, e outra maninha desaproveitada, a qual aproveitarão, e fructificarão em tal maneira e tão bem que per espaço do tempo foi em tanto crecimento que se fez nella grande povoação e aquelles principiadores por seu bom governo, e ministramento, e grangeamento forão chamados por ello *Gancares,* e depois vierão senhores, e sogigadores sobre elles, aos quaes se obrigarão dar renda e foro por os deixarem em suas heranças, e costumes; e não se pode saber o começo disto.

II. Nesta Ilha de Tissuary onde está situada a Cidade de Goa, ha trinta e huma Aldeas, e são as seguintes: Neurá, o grande; Ganssim; Ellá; Azossim; Calapor; Morombim, o grande; Carambolim; Battim.

São as principaes por suas ancianidades, e preminencias, e as outras são estas. Tallaulim; Sallecer; Mercurim; Agaçaim; Neurá, o pequeno; Mandur; Corlim; Ororaá; Gaudalim; Renovaddy; Bambolim; Sirdão; Curqua; Taleigão:

Goa Velha; Gonvally Moulá; Cugir; Dugary; Morura; Morombimo, pequeno; Chimbel; Panellim; Bangany[1].

III. E cada huma das ditas Aldêas nos he obrigada a pagar certa renda conteuda, e declarada no dito Foral atraz, a qual os ditos Gancares de cada Aldêa com o Escrivão della repartem, e lanção pelos lavradores, e pessoas que no limite de cada Aldêa tem herança, e isto segundo a condição com que lhe he dada por seus usos, e costumes e os ditos Gancares são obrigados a fazer, e arrecadar, e pagar a dita renda, quer creça quer mingue, e a perda, ou crecimento ficarão com elles, e com a Aldêa, para pagarem a perda, ou haverem parte do crecimento as pessoas a que per seus costumes pretence, como abaixo hirão declarados, resalvando-se a perda, se for por guerra, que então serão disso desobrigados soldo á livra do que por respeito della se perder.

IV. E o dito crecimento ou perda de cada anno se repartirá soldo á livra, como cada hum pagar a renda das terras, ou terra de arroz que traz.

V. Algumas hortas, palmares, e terras de arroz são obrigados a pagar cada anno certas tangas, e posto que hajão perdas não pagão nellas; outras hortas, palmares, e arro-

1 Na copia do Livro Vermelho da Relação estão as Aldeas nomeadas assim: It. Aldea de Neuraa; It. Aldea de Gãocim; It. Aldea de Drégatim; It Aldea de Murudaa; It. Aldea de Morombim, o pequeno; It. Aldea de Chimbel; It. Aldea de Panelim; It. Aldea Bamolim; It. Aldea de Curcaa; It. Aldea de Calapor; It. Aldea de Morombim, o grande; It. Aldea de Talaulim; It. Aldea de Galimoulá; It. Aldea de Neurá, o pequeno; It. Aldea de Corlim; It. Aldea de Cirdão; It. Aldea de Solaacer; It. Aldea de Mandur; It. Aldea de Carambolim; It. Aldea de Batym; It. Aldea de Elaa; It. Aldea de Azocim; It. Aldea de Taleigão; It. Aldea de Goa a Velha; It. Aldea de Cogir; It. Aldea de Murcudim; It. Aldea de Agaçaim; It. Aldea de Siraz; It. Aldea de Gandaulim; It. Aldea de Renoarim; It. Aldea de Banganim; It. Aldea de Saleiros; *Chorão, Jua, e Divar.* It. Aldea de Chorão; It. Aldea de Caraim; It. Aldea de Jua; It. Aldea de Malar; It. Os Pescadores d'Ambarim; It. Aldea de Navelim; It. Aldea de Goltim; It. Aldea de Divar.

zes ha que pagam certo foro, e mais são obrigados á contribuição das perdas quando as ha; e ha outras heranças que os ditos Gancares podem dar de graça a pessoas que lhe bem parecer, sem foro, nem obrigação de pagar na contribuição das perdas.

CAPELLA DOS MARTYRES DE CONCULIM

VI. Se alguma Aldêa for tão perdida que não possa pagar o seu foro, e renda que nos pertence, darão os Gancares, e moradores della conta disso ao Tanadar-mór, e Escrivão da Ilha, e elles hirão ver a dita perda, e achando-se por boa verdade que a tem, o dito Tanadar-mór mandará chamar aos Gancares mores[1] das sobre ditas oito Aldêas principaes, e então bem poderão vir a isso outros Ganca-

[1] A copia do Livro das *Monções,* e a do cartorio da fazenda dizem simplesmente—*Gancares.*

res quaesquer que quizerem, posto porém que com os das oito Aldêas principaes se hão de fazer por ordenação as cousas da Ilha, e todos juntos com o dito Tanadar-mór e Escrivão, poderão os da Aldêa perdida encampar a sua Aldêa aos Gancares das oito, e elles receberão a encampação por serem a isso obrigados, e meterão em pregão em prezença dos ditos officiaes, e arrematarão a quem por ella mais der, e o que falecer alem do que pela dita Aldêa derem do foro que he obrigada a pagar se repartirá pelas ditas oito, ou por toda a Ilha[1] por aquellas heranças que são obrigadas á contribuição das perdas, de maneira que nós hajamos inteiro pagamento do foro da dita Aldêa; e o dito rendeiro, ou rendeiros serão obrigados acrescentar, melhorar, e aproveitar a Aldêa, e com esta condição lhe será arrendada, e terão os ditos rendeiros as vezes de Gancares para prover sobre ella durando seu arrendamento.

VII. E os Gancares da Aldêa perdida não perdem por o que dito he sua Gancaria, e a todo o tempo que elles pedirem a Aldêa, pagando o foro e renda, por inteiro, lha entregarão, e a dita Aldêa não será mais dos rendeiros acabando seu arrendamento.

VIII. Os Gancares por bem de seus cargos, e serem principiadores, e lhes virem os ditos cargos por geração, não perdem os titulos das ditas Gancarias, a saber, cada hum na Aldêa em que o he, por erro que faça, nem o Escrivão da Camara que assi mesmo vem por herança, e foi posto pelos ditos Gancares, somente haverão huns e outros pelos erros, e danos que fizerem, a pena que merecerem na fazenda e corpos, e tal erro porém poderão fazer que morrerão por ello, ou convirá não servirem os cargos, e em tal caso ficarão aos filhos, ou herdeiros, e não sendo o caso muito grave, o Tanadar-mór o julgará aconselhandose com alguns Gancares, e quando forem casos mais graves, dará

[1] A copia do Livro das *Monções*, e a do cartorio da fazenda dizem —*se repartirá pelos ditos por toda a Ilha.*

IGREJA DA FORTALEZA DE RACHOL

o dito Tanadar-mór conta delles ao nosso Capitão-mór, e Governador da India, ou ao Capitão da dita nossa Cidade de Goa, ou ao nosso Veador da Fazenda, se fôr caso que pertença a elle, para nisso proverem como fôr direito. E assi mesmo aos Escrivães das aldêas vem-lhes os ditos cargos por gerações, e forão primeiramente postos nellas pelos ditos Gancares dellas, quando fazem erros serão castigados como estes outros, e assi ficarão seus officios a seus filhos e herdeiros.

IX. Os chãos que houver no limite de cada huma Aldêa perdidos ou desaproveitados, os Gancares os poderão dar a quem lhos pedir para aproveitar em hortas, e palmares, e outras bemfeitorias, com condição que paguem certa renda, ou foro, que lhe bem parecer, e isto até o tempo de vinte e cinco annos, porque deshy em diante pagarão segundo ordenança e costume, que he darem chão de doze passos de comprido, que he de palmeira, a palmeira, contando as cem palmeiras, pelo chão dellas cinco tangas de quatro barganins a tanga, e a esse respeito hão de pagar de mais ou menos chão, que pela sobre dita maneira derem, e bem poderão dar os ditos Gancares os ditos chãos desaproveitados, para se aproveitarem em palmares, e hortas, por menos das cinco tangas, e passarão disso suas cartas segundo seus costumes, porém não poderão sobir das ditas cinco tangas para cima.

X. Quando derem chãos para fazerem alguns arecaes, dar-se hão per esta maneira, a saber, cinco covados em comprido, e cinco em largo, que he de huma ariqueira a outra, contando assi cem ariqueiras, e o chão dellas sendo regado de agoa do poço, por quatro barganis de foro em cada hum anno, e se são regadas de agoa que corre, será o foro de seis barganis, e depois que assi forem dadas as ditas hortas, e chão pelo ditos Gancares, não lhes podem ser tiradas, porque lhe ficam para filhos e netos, e herdeiros, e este he o costume geral, porém se além deste em cada huma Aldêa se usar outro, cumprir-se-ha.

XI. O Escrivão da Camara hade estar presente a todos os concertos, e accordos que entre si chamam *Nemos,* que forem feitos pelos Gancares principaes de toda a Ilha com os officiaes della, a saber, Tanadar-mór e Escrivão d'ante elle Portuguez, e Bragmane e sem elle Escrivão da Camara não se poderão fazer, porque escreve e assenta tudo para ao diante se desfazerem, e declararem as duvidas que podem sobrevir e pela sobredita maneira os Escrivães das Aldêas hão de estar com os Gancares dellas em todas as cousas que se fizerem em cada huma das ditas Aldêas, e por suas escripturas se regem as Aldêas de toda esta Ilha de Tissuary, e nas outras Aldêas das Ilhas de Divary, Chorão e Jua.

XII. Os Gancares poderão dar chãos cada hum em sua Aldêa de graça para aproveitar, ou aproveitados, estando vagos aos officiaes da Aldêa, a saber, ao Bragmane do Pagode, e escrivão, e ao porteiro, e ao rendeiro, e ao mainato que he lavador da roupa, e ao çapateiro, e ao carpinteiro, e ao ferreiro, e ao faraz que he servidor do Pagode, e ás mulheres do Pagode que são mancebas do mundo, e ao chocarreiro; e a estas pessoas acima ditas se dão os chãos e hortas de graça, por servirem de continuo nas ditas Aldêas, e depois de lhe ser dado, não lho podem tirar, nem metter outros em seu lugar, porque lho dão para filhos, e netos, e herdeiros, e não poderá ter cada Aldêa mais officiaes para haverem estas heranças de graça que os sobre ditos, nem lhe poderão dar mais heranças sem pagar o foro das que hora tem, e ficando as ditas heranças sem herdeiros, ou querendoas elles deixar, dar-se-hão a outros officiaes do seu mister, e os herdeiros dos ditos officiaes são obrigados a servir nelles.

XIII. A outra pessoa de fora de cada Aldêa não poderão os Gancares della dar nenhum chão, nem horta de graça, somente pagando alguma renda, salvo se o tiverem por ordenança.

XIV. Quando o Tanadar-mór mandar chamar os Gancares de toda a Ilha, ou de huma Aldêa, são obrigados a vir todos, ou fazerem camara para elegerem em cada Aldêa os que quizerem para hir ao dito chamado, e quando fizerem

BAILADEIRA SALCETANA

a dita camara, a que chamão Gancaria, se falecer algum Gancar dos ordenados na dita Aldêa, não se fará nenhuma cousa sem elles serem juntos, e assi se houver algum herdeiro daquelle Gancar que faltar, abasta para a dita Gancaria, ou camara se fazer com elle, e se o outro acinte não vier, incorrerá na pena que tem entre si ordenado.

XV. Se algum Gancar ou outra pessoa quizer vender alguma herança em alguma das ditas Aldêas, não o poderá fazer sem licença de todos os Gancares da tal Aldêa, e assi mesmo ninguem não poderá comprar sem a dita licença e se se fizer alguma venda, ou compra sem haver a dita licença, será em si nenhuma, e cada vez que os Gancares quizerem será tudo desfeito por bem do foro que nos são obrigados a pagar, para o que cumpre serem contentes, e sabedores dos taes foros, e haverem sua carta com declaração do foro que hão de pagar.

XVI. Quando se fizer alguma carta de venda de alguma herança, não bastará ser assignada por o proprio vendedor, mas ha tambem de ser por todos os herdeiros, e ainda que seja de menor idade algum dos herdeiros, far-se-ha declaração que assignou alguma pessoa que lhe pertença, por elle, e se ficar algum por assignar, a todo tempo se disfará a dita venda tornando a quantia por que foi comprada, e se fez algumas bemfeitorias o comprador, perde-las-ha.

XVII. Se algum Gancar se for, ou fugir por não querer, ou não poder pagar a nossa renda a que he obrigado, os outros Gancares da tal Aldêa se ajuntarão, e farão Gancaria, ou Camara sobre este caso, e porão termo a que venha este Gancar, e não vindo nelle, requererão aos herdeiros do dito Gancar fugido que tomem a herança e Gancaria, com obrigação de pagar o nosso foro, e dividas que dever, e não a querendo aceitar ficará aos ditos Gancares pela obrigação que tem do foro, e elles a darão a quem lhe bem parecer, pagando além do nosso foro as dividas que nos dever[1].

---

[1] Na copia do Livro Vermelho da Relação tem á margem esta *Nota:* Por certidão constou em o feito de Pero de Mendonça e Gracia Luiz que quando estes absentes tornão, os herdeiros christãos que possuem

SANTÁ OU MERCADO DE AMBORÁ

XVIII. Se algum Gancar ou outra alguma pessoa fugir por divida, ou por outra cousa alguma, ninguem lhe poderá tomar a sua herança, e serão requeridos seus herdeiros, se querem nella ficar com obrigação de pagar suas dividas, e foro, e se não houver herdeiros, ou posto que os haja, a não quizerem acceitar, ficará a fazenda de raiz aos Gancares por bem de ser foreira, e pagarão por ella o foro, e dividas que nos dever, e do que sobejar haverão o crecimento, e se minguar, pagarão o que nisto se montar, e quanto á fazenda movel ficará para nós como quer que os herdeiros não aceitarem a herança.

XIX. E se algum Gancar, ou outra alguma pessoa fallecer, ou se for da terra obrigada a algum foro, será para nós, assi como o movel, e devendo elle algumas dividas liquidas, depois de nós sermos pagos das nossas, se no-las dever, do que sobejar far-se-ha como for direito.

XX. Em cada hum anno se arrendarão em pregão as terras dos arrozes a quem por ellas mais der em cada huma das Aldêas, segundo seu costume, per bem de não serem propria de cada hum, como são as outras heranças, e porém são obrigados de se arrematarem aos moradores das Aldêas a que por ellas mais der, e se alguma das Aldêas

a fazenda lha tornão. E diz assy.—Eu Fernão Carvalho, escrivão da Aldêa de Sancoale, passei por escrita esta certidão per esta maneira segundo o costume que vem correndo da dita Aldêa per esta maneira: que quando algum foreiro, ou pessoa que tem fazenda na dita Aldêa, e se absentar destas terras para as terras dos Mouros, a fazenda do sobredito pessuem os herdeiros christãos do dito absente, pagando o foro della, e vindo o dito dono della na dita Aldêa, a pessoa que apessue a dita fazenda alarga a dita fazenda ao dono della, e per a dita maneira vem correndo o costume, e não havendo parentes christãos do absente, a fazenda do sobredito os Gancares dão a alguma pessoa para pessoir pagando della o foro, e vindo o dono della na dita aldea com condição de logo lhe tornar a entregar a dita fazenda, e por esta maneira dão, e pela dita maneira ha costume. E por tanto passo per escrita esta certidão em presença dos Gancares.

houver costume, e ordenança antiga de se darem pelo dito anno, terras de arrozes do arrendamento a pessoas de fora da Aldêa que mais per ellas derem que os outros da Aldêa, cumprir-se-ha.

XXI. Os Gancares desta Ilha de Tissuary, e das outras de Divary, Chorão, e Jua são obrigados pelos moradores das Aldêas darem begarins, que são trabalhadores, á sua custa cada anno para alimpar os muros e chapas das cavas desta cidade das ervas e mattos que nellas nascem, e assi para outros alguns serviços de necessidades, e pressas que algumas vezes sobrevem.

XXII. Se houver demanda, ou differença em alguma Aldêa sobre alguns bens de raiz, ou herança, não se poderão demandar por nenhumas testemunhas, somente por escripturas, ou conhecimentos, e por o livro da Aldêa, e quando, não houver escriptura, nem conhecimento, e o livro da Aldêa fôr perdido, será dado juramento ao possuidor da herança que declare por elle o que parecer que cumpre, e convem para a verdade ser sabida, e sobre tal caso, e outros semelhantes jurarão em hum Pagode que se chama *Uzoo*[1].

XXIII. Se alguma pessoa emprestar á outro dinheiro sobre conhecimento, e por negligencia não lho requereo, ou demandou dentro no tempo que era limitado no conhecimento, de maneira que quando lhe for pedir o dito dinheiro o devedor se pozer em negar-lho, em tal caso será dado juramento ao que tem o conhecimento que diga a verdade do que no caso passa, e jurará no sobredito Pagode.

XXIV. Não se emprestará a ninguem além de cincoenta tangas, sem conhecimento, para demandar huma pessoa, ou

---

[1] A copia do livro das *Monções* diz *Cutto;* a que está no cartorio da fazenda diz *Cutto*. Nós preferimos *Uzoo,* que he a lição do Livro Vermelho da Relação. *Uzoo* significa *fogo,* e talvez alguma divindade allegorica do fogo. Somos assim de diversa opinião da que exprime o Sr. Filippe Nery Xavier na *Nota* a este mesmo logar na sua *Collecção,* pag. 8.

CONDADO DE CONCULIM

pessoas a outra, ou a outras, até cincoenta tangas, mostrará o autor conhecimento, ou testemunhas, e além de cincoenta tangas, sem conhecimento não se poderá demandar a outras, somente poderão as partes vir a concerto louvando-se em dous homens a seus contentamentos, juramentados, que julguem entre elles depois que os ouvirem o que acharem que he direito.

MURDANGA, GUMAITA, MURDANGUITA (instrumentos musicos indigenas)

XXV Poderão dar dinheiro á onzena nesta maneira, que cada seis tangas possão receber hum barganim, e não mais; e se alguma pessoa der dinheiro d'onzena, e o não pedir, nem a onzena, e se passar tanto tempo sem o pedir que se monte tanto de ganho como do proprio, posto que passe muito tempo alem, não será obrigado pagar o devedor ao credor mais que o proprio em dobro.

XXVI. As pessoas que não valem testemunhas são estas, a saber, homem de idade de dezeseis annos para baixo, nem como o bebado, nem como cégo, nem como mudo, nem mouco, nem surdo, nem rufião, nem jornaleiro, nem hortelão, nem taful, nem filho de manceba do mundo, nem homem infame per justiça, nem homem que quer mal a outro, não poderá dar testemunho contra elle, e estes porém valerão para cousa de pouca sustancia.

Defunctos

XXVII. Morrendo hum homem sem filho ainda que tenha pai, ou outros herdeiros ascendentes, vem a herança a nós, salvo se o dito pai, e filho defuncto tem sua herança mistica, e ambos em hum titulo, ou foro, porque então herda o pai ao filho; e se hum homem tiver quatro filhos, ou mais, ou menos, não poderão partir a herança do pai em vida delle, salvo per sua vontade, e sendo o pai disso contente, parti-la-hão irmãmente, assim na morte, como na vida, e partindo-a em sua vida serão obrigados os filhos a manterem o pai de todo o necessario; e morrendo algum destes irmãos sem herdeiros descendentes, ver-se-ha a partilha entre os irmãos por morte ou em vida de seu pai, se he feita escriptura no livro da Aldêa, e estando escripta morrendo então cada um dos irmãos sem herdeiros descendentes, vem a herança a nós, e morrendo antes da dita partilha ser feita e escripta, vem a herança aos irmãos, quando não tiverem pai, e não sendo a tal herança de raiz foreira, e obrigada a renda da aldea, ficará a fazenda do tal defuncto sempre a nós, assim como movel, sem outra alguma diferença, e se algum destes irmãos se tornar mouro, ou jugue, que he semelhante a ciganos em nossos reinos, de maneira que se saia do uso de sua casa, e a fazenda foi partida entre elles, ficará a sua fazenda a nós, a saber, movel de todo, e a raiz tambem, salvo se for foreira, porque então se venderá com obrigação de pagarem o foro, e o remanescente, pagas primeiro as dividas, ficará a nós, como aqui he contheudo.

XXVIII. Ao tempo do fallecimento do defuncto, cuja herança pertence a nós na maneira que dito he, serão obrigados os Gancares da Aldea, antes que o enterrem, ou queimem, segundo seu costume, fazello a saber aos nossos oficiaes, para hirem lá inquirir, saber, e escrever a fazenda que lhe ficou, e manda-la-hão meter em pregão com os Gancares de tal Aldea presentes, e arremata-la-hão a qualquer

PRAÇA DO CABO DE RAMA

dos ditos Gancares da Aldêa, ou da geração delles, quem por ella mais der, e não a outro fóra da Aldêa, ou do parentesco, e se o mais chegado parente do defuncto, ou outro qualquer parente quizer a dita herança, com obrigação de seu foro ordenado, que pagão os Gancares, ser-lhe-ha dada, e posto que se aconteça os parentes do morto não virem á arrematação, e dahi té cinco dias o souberem, e requererem que lhes dêem a tal fazenda, tanto por tanto, dar-lha-hão, e passando os ditos cinco dias, não a requerendo para elles, não lha darão, e have-la-ha quem n'ella tiver mais lançado, e o dinheiro que se na tal fazenda fizer será para nós, e receitar-se-ha sobre o nosso Feitor, e passará certidão em forma aos Gancares de como he sobre elle carregada, para a terem para sua guarda, e não poderem ao diante por ella ser constrangidos, e porém as dividas liquidas, que os taes defunctos sem engano nem malicia deverem, serão primeiro pagas da fazenda do tal defuncto, e o que sobejar ficará a nós, como dito he.

XXIX. O movel de qualquer defuncto não tendo herdeiros descendentes, ou ascendentes como dito he, sem mais differença nenhuma ficará a nós, e vender-se-ha a quem por ella mais der, quer seja parente, quer não, dentro d'Aldea, ou de fóra della, e porém pagar-se-hão primeiro as dividas que dever, como dito he.

XXX. O herdamento vem desta maneira, do pai vem a herança ao filho, e ao neto, &c. e a pais e avós, &c. de maneira que vão a herdeiros descendentes, e ascendentes como quer que são macho, e por femea nenhuma pessoa não herda, nem filha, somente o irmão herdará na dita maneira assim declarada.

XXXI. Se algum ladrão for furtar algum dinheiro ou outra cousa alguma, e for tomado com o dito furto, será punido segundo forma de nossas Ordenações, e Leis, e se o dito furto tiver dono entregar-se-lhe-ha, posto que por seus usos e costumes pertença a nós, e isto nós aprouve conceder-lhe por folgarmos de lhes fazer mercê, como fazemos a áquelles que bem, e fielmente nos servem, como esperamos que elles o farão.

XXXII. Se algum haver se descubrir, ou se achar pertence a nós.

XXXIII. Se algum homem for casado com duas mulheres, e tiver quatro filhos de huma, e hum da outra, ou mais ou menos; posto que não sejão em numeros iguaes, quando quer que houverem os filhos de partir a fazenda do pai, parti-la-hão pelo meio, tanto levará hum filho, como os quatro, ou tres, e nenhuma filha não herdará na fazenda do pai, nem da mãi[1].

XXXIV. Nenhum official posto por nós, nem por nossos Governadores, e Capitães, e Veadores da Fazenda, não tomarão peitas, nem terras da mão dos Gancares, e Aldêas: nem poderão fazer mercadoria no limite do seu officio, e mando; e se em algum tempo for nisso comprehendido, o que acharem que tomou, e recebeu, ou tratou, será para nós. E achando-se que por seu aso se recebeu alguma perda, paga-lo-ha, e será para nós.

XXXV. E se os Gancares lançarem pedidos pelas Aldêas para cabaya, ou pachoris, ou quaesquer benesses para si, ou para darem aos Capitães, Tanadar-mór, ou outros quaesquer officiaes, ou pessoas de qualquer sorte que sejão, pagará cada hum dos ditos Gancares de cada Aldêa, que nisso forem, a contia que por todalas Aldêas lançarem, ametade para quem os acusar, e a outra para os captivos, e contribuirão com elles os Escrivães das ditas Aldêas, se forem em consentimento de lançarem as taes peitas e tiranias.

XXXVI. Quem furtar, ou descaminhar mercadoria de qualquer sorte que seja sem pagar nossos direitos a nossos

---

[1] A copia do Livro das *Monções*, e a do cartorio da fazenda dizem que á margem deste capitulo estava a declaração seguinte: —Quando alguma pessoa pretenda pedir o treslado d'este capitulo não lhe será dado, senão com tambem se tresladar a sentença adiante fol. e fol., que o encontra.==*Francisco Paes.*

XAURIM, RESIDENCIA DO COMMANDANTE MILITAR DE CANACONA

officiaes, e rendeiros, como são obrigados, paga-los-hão a razão de onze por hum do que furtar ou descaminhar.

XXXVII. Quando quer que o Tanadar-mór com os Escrivães, ou Escrivão de seu cargo juntos, ou cada hum per si forem pela ilha a cousas de nosso serviço, ou que cumprão á dita ilha, ou Aldêas della, dar-lhe-hão de comer, segundo seu costume.

IGREJA DE ASSOLNÁ

XXXVIII. E assim mesmo o nosso Feitor, e officiaes da feitoria quando lá forem prover em algumas cousas de nosso serviço, ou das Aldêas, ou ilha.

XXXIX. Qualquer peão que for com recado que cumprir a nosso serviço e arrecadação de nossas rendas dar-lhe-hão cada dia que lá estiver sem o despacharem, duas medidas de arroz para seu comer, e hum real para betre.

XL. Se alguns Gancares da ilha de Chorão, ou das outras ilhas aneixas a esta de Tissuary fogirem para os Mouros para fóra da terra por não pagarem a renda como se diz que se já fez, o que não esperamos que daqui em diante fação, perderão suas fazendas moveis para nós, e as de raiz e Gancarias se arrematarão ás pessoas em que caibão, e por ellas mais derem, obrigando-se aos foros a que as taes heranças são obrigadas; e o que mais derem pelas ditas heranças, e Gancarias, além de ficarem com o foro será para nós.

XLI. Quando houver convite, festa, ou ajuntamento em que hajão de tomar betre, ou pachoris, o principal Gancar de cada Aldêa tomará primeiro o dito betre, pachoris ou joia[1], e apoz elle os outros Gancares per gráos, segundo suas auctoridades, e costumes.

XLII. Quando se houver de fazer Camara, e nomear nomes dos Gancares por escripto, escrever-se-hão primeiro os principaes em honra, e por seus gráos huns apoz outros.

XLIII. Quando no cabo do concelho que houver, se houver de assentar o que accordarem, será escripto pelo Escrivão da Aldêa, e acabado de escrever, dirá em voz alta, que se chama *Nemo,* o que se alli acordou, e escreveu, e não havendo quem reprove o que elle assi disser, e declarar em voz alta, ficará valiozo.

XLIV. Quando se ajuntarem os Gancares da ilha para algum conselho, acordo, ou assento, será feito o tal assento pelo Escrivão da Camara de toda a ilha, e a voz que se dá no fim do assento, que se chama *Nemo,* como dito he, será dito pelo Gancar mais principal que ahi estiver da Aldêa de Neurá o grande, pelo ter por preeminencia, e não se acertando ahi Gancar da dita Aldêa, será dado o dito *Nemo* pelo Escrivão da Camara que o hade escrever.

XLV. A Aldêa de Taleigão tem per preeminencia que hade ser a primeira que comece de segar o arroz; e os Gancares della hão de vir cada anno com um feiche delle apre-

[1] A copia do Livro das *Monções,* e a do cartorio da fazenda dizem — *honra.*

VISTA EXTERIOR DO AGURSAL

sental-o ante o Altar-mór da Sé[1], dahi hirá o Vigario com elles á Feitoria onde o nosso Feitor terá quatro pardáos empregados em pachoris, e os lançará aos pescoços dos Gancares ordenados entre elles para receber esta honra, e dahi por diante poderão segar nas outras Aldêas, segundo abaixo hirá declarado.

XLVI. No tempo da sementeira a primeira terra de arroz, que se começará a lavrar, e no tempo da seifa a primeira que se segar, será do Gancar principal de cada Aldêa, e apoz delles semearão, e segarão os que quizerem, e outro tanto se uzará no cubrir das cazas cada anno de olas, que he folhas de palmeira, cobrirá sua casa o Gancar principal da Aldêa e depois toda a outra gente della.

XLVII. Os Bayladores e Bayladeiras que vierem festejar á Aldêa, hirão primeiro festejar a casa do principal Gancar, e quando forem dous juntos em huma honra ficará em peito dos Bayladores hir a casa de qualquer que quizerem, e a estes taes Gancares juntos em huma honra se levará o betre, ou outra honra, quando a houverem de receber, estando juntos com os braços crusados, e o direito de baixo do esquerdo, por tal que o que tomar por mais honra o que for na mão direita, possa o outro Gancar dizer que o presente que tomou da mão esquerda precedia porque hia sobre a direita.

XLVIII. Os Gancares que estão em communidade, a saber, que para tomar betre, ou outra honra não tem preeminencia hum do outro, podem vender a tal honra do betre, ou pachoris a qualquer dos Gancares de tal Aldêa, cada vez que vem acerto da dita honra se dar, e isto pelo preço que se avierem, o qual preço repartirão pela Aldêa, e quando não tiver quem o compre, para entre elles não haver diferença, tomará a tal honra o Escrivão da Aldêa.

XLIX. Não poderá ninguem trazer tocha, andor, sombreiro, sem nossa licença ou do nosso Governador, salvo fi-

---

1 Refere-se á festividade do *Adão* descripta a pag. 45 do 1.º volume.

cando-lhe por herança de seus pais, e avós; e áquelles que a dita licença dermos, ou o nosso Governador por merecimento de seus serviços, dar-se-ha por duas maneiras, huma he que tragão o dito sombreiro, e andor com seus piães, e tocha, e azeite á sua custa, e a outra licença he que hajão de nós a tal honra com os taes piães, e azeite pagos á nossa custa; e tambem se poderá dar tocha sem sombreiro, e sombreiro sem tocha, e andor, e cada cousa sobre si, e tudo junto em cada huma das sobre ditas maneiras tambem.

Porém o notificamos assi ao nosso Capitão-mór, e Governador destas partes da India, que hora he, e ao diante for; e assi aos Capitães desta Cidade, Ouvidor, juizes, officiaes, e justiças, e a quaesquer outras pessoas a que este nosso Foral for mostrado, e o conhecimento delle pertencer, e lhe mandamos que em todo o guardem, e cumprão, e o fação inteiramente cumprir, e guardar, como se n'elle contém, porque assi he nossa mercê. Dado na dita Cidade de Goa aos dezaseis dias do mez de Setembro. ElRei o mandou per Affonso Mexia, Veador de sua fazenda nestas partes da India. Antonio de Campos o fez de mil quinhentos vinte e seis annos.=*Affonso Mexia.*

Capitulo primeiro do Regimento que o Veador da Fazenda, Affonso Mexia, deu ao Feitor desta cidade de Goa para arrecadar os direitos e fóros desta Ilha e das annexas a ella, no qual se continha o que cada Aldea devia em forma de Foral[1].

Affonso Mexia, Veador da fazenda delRey nosso senhor nestas partes da India; faço saber a vós Miguel do Vale, cavaleiro fidalgo da casa do dito senhor, e seu feitor desta

[1] Achámos este capitulo e esta noticia no *Tombo Geral,* a fol. 24, onde se attribue a data deste Regimento ao anno de 1530; mas parecenos que he o Documento referido no preambulo do Foral antecedente, e que por isso deve ser contemporaneo delle e dado no anno de 1526. Mas ou seja de 1526, ou de 1530, tem bom cabimento aqui apóz do outro Foral. Pena he que só haja conhecimento deste fragmento.

cidade de Goa, e a quaesquer outros que ao diante forem, que eu me informei das provisões que aqui havia do dito senhor pera se obrigarem os Gancares, lavradores, e foreiros desta ilha de Tissuary, e das Ilhas de Divar, Chorão, e Jua a pagar as rendas e direitos ao dito senhor, e achey pela carta da tanadaria de João Machado, que aquy foi Tanadar-mór, que Sua Alteza avia por bem, e mandava

REPREZA DE VAGOZUÃO

que os ditos Gancares, lavradores, e foreiros paguassem ao dito senhor outro tanto como pagavão aos reys e senhores da terra em tempo dos mouros, alem de o eu trazer assy por meu regimento; visto tudo assy por my, querendoo comprir, inquiri e soube parte das rendas e foros que cada huma das Aldeas desta ilha sohia pagar, e assy as ditas ilhas, e achey que as ditas Aldeas pagavão pelo costume do cano *(sic)* do mocadão que era por onde o Çabaim arrecadava a dita renda quando lhe esta cidade foi tomada pelos Portuguezes, vinte e hum mil cento corenta e tres tangas hum barganym e dez leaes de coatro barganins a tanga; e vinte dous leaes hum barganym, e desasseis leaes por vintem[1].

Caminho de ferro.—As provincias de Salcete, de Cacorá e de Embarbacem são as que mais directamente devem lucrar com a construcção do caminho de ferro de Mormugão a Nova Hubli, por ter de atravessar os seus uberrimos terrenos.

Para a historia d'esta via-ferrea, pedimos venia para consignar aqui os seguintes apontamentos ineditos:

«Pelo que respeita á linha ferrea —diz o nosso amigo, o sr. conselheiro Thomás Nunes da Serra e Moura na resposta ao questionario do sr. Antonio Pedro de Carvalho, a que já nos referimos na nota a pag. 23 do 1.º volume.— Nos tempos em que cada povo se isolava, e se restringia ao acanhado patriotismo pela sua cidade, e ou evitava o trato com os estrangeiros, como que fossem inimigos, ou os investia para os escravisar, nenhuma utilidade se poderia achar nas vias ferreas. Para que precisariam d'estas rapidas communicações, então que só havia as estradas de guerra, e as violencias dos conquistadores romanos apenas tinham creado no mundo a unidade da escravidão, depois destruida pelo cataclysmo da invasão dos barbaros?

«Mas hoje que os povos, esquecendo antigos odios, se dão as mãos, hoje é que o seu coração e o seu interesse reclamam mais facilidade de communicações.

«Essas cintas de ferro, que galgam pelas gargantas das montanhas, que rompem pelas covas dos seus fundos valles

[1] Aqui o Tombo Geral accrescenta que estes barganis se achou depois serem de vinte e quatro leaes, e que os Gancares pagavão menos os dous leaes, como declara o veador da fazenda Fernão Rodrigues de Castello Branco fol. 20 do Foral, que fez no anno de 1541 e confessarão, pagarão dahy em diante os ditos Gancares. *Tombo Geral,* fol. 24.

SUAMY, BISPO GENTIO

não são simples monumentos de uma industria ousadamente conquistadora, tambem são os laços indestructiveis da *associação universal,* como escreveu Elias Regnault: symbolisam as idéas do progresso e da civilisação, que se traduzem na grande maxima de Eugenio Péletan: *Le monde marche.*

«Duas tentativas, que eu saiba, se têem feito no sentido de estabelecer uma linha ferrea n'este paiz para ir entroncar com o caminho de ferro inglez.

«A primeira foi, se bem me recordo, em 1864. Foram, porém, taes as condições do proponente, tão onerosas eram ellas para o thesouro que, dando-se conta á côrte da proposta enderessada a este governo geral, nunca o governo da metropole se lembrou de a acceitar ou reprovar.

«A segunda teve logar no tempo em que governava este estado o sr. visconde de S. Januario.

«Depois de trocadas as competentes notas ou correspondencias sobre este assumpto entre o governador geral do estado da India e o governador de Bombay, o *ultimatum* d'este governador foi que o seu governo não tinha interesse em construir ou continuar qualquer porção de caminho de ferro que conduzisse directamente a Goa.

«Na secretaria do governo geral devem existir todos os esclarecimentos a este respeito.

«Tenho presente a opinião de um intelligente engenheiro d'este paiz, que a respeito da linha ferrea pensa do seguinte modo:

«A classificação, ou o plano das estradas não foi subordinado ao pensamento de estabelecer uma linha ferrea que, atravessando o paiz, vá entroncar no caminho de ferro inglez. E quando para o futuro o governo portuguez esteja porventura habilitado a estabelecer esse vehiculo, atravessando qualquer ponto da fronteira terrestre do paiz, seja para entroncar no vehiculo de ferro inglez, o que é uma utopia, ou se dirija a um dos mercados inglezes—Belgão, ou Dharwar, que é um dos centros de producção do algodão—não ficarão inutilisadas as estradas, antes sim mais utilmente aproveitadas, podendo apenas acontecer ser necessario alterar em parte a classificação das mesmas estradas, circumstancia esta que jamais póde prejudicar a importancia d'ellas.

«E julga utopia o pensamento vago de uma tal linha sem estudo e sem nenhum conhecimento da topographia do terreno, aliás todo accidentado, por onde teria de passar essa via de ferro para entroncar com a ingleza, cujo ponto mais proximo —Shorapoor— está afastado da fronteira pelo menos 80 leguas; porquanto não comprehende quaes possam ser as vantagens reaes, que com isto poderá auferir o paiz, communicando por essa longa via ferrea ingleza para Bombay, porque ha a percorrer, alem das 80 leguas da fronteira para Shorapoor, mais 130 de Shorapoor para Bombay; 210 leguas ao todo proximamente, em que se terá de empregar, senão mais, pelo menos trinta e seis horas de tempo, tanto quanto se gasta em vapores de qualquer dos portos maritimos de Goa para Bombay, tocando varios pontos intermedios.

«Acresce a isto o não poder o governo portuguez, ainda mesmo desamortisando os seus bens, comportar a immensa despeza da construcção da linha ferrea, da sua reparação e fiscalisação, e da valiosissima expropriação da zona que ella teria d'occupar; quanto mais que construidas as estradas, cuja classificação está approvada, fica o paiz dotado de uma importante rede de estradas com as quaes, e com as vias fluviaes que a enriquecem, como talvez não haja igual em condições tão vantajosas ao commercio em uma área que apenas conta 3:185 kilometros quadrados de superficie, se harmonisam os interessses dos povos d'este estado pela facil communicação com os mercados estrangeiros, especialmente por meio de carreiras de vapor com os portos de Bombay e Caruwar.»

Decorridos seis annos contratou o governo da metropole a construcção da linha ferrea de Mormugão a Nova Hubli. O governo portuguez obrigou-se então a pagar semestralmente á companhia constructora do caminho de ferro *West of India Portuguese Guaranteed Railway Company Limited,* sobre o capital por ella levantado com applicação aos trabalhos auctorisados pelo contrato de 18 de abril de 1881, e ás obras do porto, e outras mencionadas no artigo 18.º do

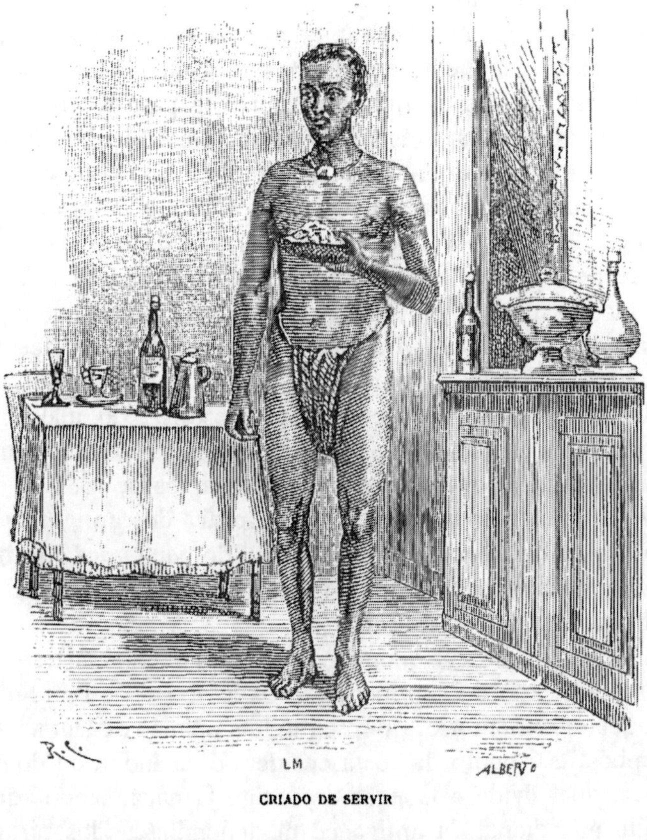

CRIADO DE SERVIR

mesmo contrato, a quantia necessaria para dar em cada anno um dividendo de 5 por cento sobre £ 800:000. Suppunha-se, com grandes probabilidades, que as despezas da construcção não excederiam, ou pouco se elevariam alem d'aquella importante somma. E, por isso, o governo destinou para esse dividendo, segundo se lê no artigo 21.º do referido contrato, o subsidio annual de 400:000 rupias, que o governo britannico tem de pagar-nos em virtude do tratado celebrado entre Portugal e a Gran-Bretanha em 26 de dezembro de 1878, assim como qualquer quantia que posteriormente o substituisse, e obrigou-se a que nenhuma outra applicação se faria do dito subsidio annual ou de quantia que o substituisse.

Se fosse necessario um capital maior, o governo portuguez concordou igualmente em dar 6 por cento sobre o capital addicional que se mostrasse ser preciso para a terminação do caminho de ferro e das obras do porto de Mormugão.

A necessidade de maior capital está affirmada na carta de lei em que o governo portuguez se obriga a garantir 6 por cento sobre mais £ 500:000 addicionaes destinadas á construcção do mesmo caminho de ferro, que já se acha em estado de adiantamento desde Mormugão até Sonaulim proximo de Sirsorem e Dude-sagor, a ponto de estar designado para se abrir ao commercio o 1.º de janeiro de 1887.

De Sonaulim para a fronteira do nosso Estado, a abertura da linha ferrea está dependente da construcção de 12 tuneis, que deverão ficar concluidos nos principios de 1888.

Praça de Cabo de Rama.—Esta praça dos antigos dominios do rei de Sundem passou ao estado portuguez em 1763, governando então a India o viso-rei Manuel de Saldanha e Albuquerque, 1.º conde da Ega.

É uma fortificação mourisca, com quinze baluartes e um fosso pelo lado do continente, situada ao sul de Betul n'um pequeno promontorio, que, segundo a opinião de alguns geographos, é o ponto da costa occidental da India, ou do Malabar, que divide o Concão do antigo Canará, sendo aqui o limite meridional da antiga costa denominada dos piratas, que desde Damão se estendia até este ponto, e o extremo septentrional da costa do Canará, que se prolongava até ao cabo de Ilhy.

Quando em outubro de 1863 visitámos esta praça, tinha a seguinte guarnição: 1 major reformado, commandante, e

GUR, ENTRADA DO AGURSAL

que era então o sr. Curvo Semedo, 1 alferes, ajudante, 1 cirurgião, 1 capellão, 1 sargento condestavel, tambem reformado, 3 cabos e 16 soldados do 1.º batalhão de caçadores, e 6 sipays. D'esta guarnição destacavam para as métas de Nuvem e de Saleri 1 cabo, 2 soldados e 2 sipays para cada uma.

Havia ali na mesma epocha 21 peças de ferro de differentes calibres, sem reparos, e espalhadas pelos baluartes.

No recinto da praça encontrámos, em bom estado de conservação, uma capella, a casa do commandante, a do ajudante, do capellão, do cirurgião, e os quarteis do destacamento. Achámos, alem d'estas edificações, a antiga habitação gentilica junto da cortina do mar, com um grande reservatorio de agua, consideravelmente arruinado, e algumas pequenas casas, em que habitavam soldados reformados.

É o sitio de Cabo de Rama considerado como ponto de grande salubridade e indicado como sanitario para convalescença de doenças. Tem duas nascentes de agua potavel, uma a L. e outra a NO., na proximidade das muralhas, mas fóra da praça, aonde tambem se acha o cemiterio.

A sua posição militar não tem hoje importancia, mas serve de conter em respeito os povos da sua jurisdicção, e os da provincia de Canácona, e de atalaia aos contrabandos, que favorecem e facilitam as desertas praias vizinhas.

Cabo de Rama está situado no extremo septentrional do pequeno districto denominado Colá ou Col, que tem 288 fogos e 1:900 habitantes.

Provincia de Canácona.—Esta provincia é a mais importante das cinco, que constituem a 4.ª divisão das Novas Conquistas, isto é, as provincias de Cacorá ou Quepem, Chandrovaddy, Bally e Astagrar[1].

É na pequena provincia de Quepem que está a séde da administração fiscal da 4.ª divisão (actualmente concelho) e o pittoresco palacio do governo[1], de que já fallámos.

---

1 Vide nota a pag. 27 do 1.º volume.

O actual concelho de Quepem abrange 3 pequenas provincias e tem 346 kilometros quadrados, 50 aldeias, 2 freguezias, 3:805 fogos e 18:665 habitantes, segundo o recenseamento de 1881.

A posse da provincia de Canácona proveiu-nos da cedencia que d'ella nos fez o rei de Sundem, juntamente com as provincias de Pondá, Embarbacem e jurisdicção de Cabo de Rama, pelo soccorro que lhe prestámos contra o maratha, Ayder Alli Kan, e pela segurança que lhe garantimos da sua pessoa e bens. Com esta provincia tivemos tambem a posse da fortaleza do Piro em Caruar, pela arte que teve o marechal de campo Veiga Cabral, então commandante das nossas fortalezas de observação e depois governador do estado, de se apossar d'ella por meio de negociações habilmente manejadas com o celebre Tipú, quando em 1790 este heroe terminou a guerra com os inglezes e marathas, alliados para o derrotarem.

A 15 de março de 1793 o governador do estado da India, Francisco da Cunha Menezes, cedendo ás exigencias de Tipú, que impugnava os nossos direitos á fortaleza do Piro, que seu pae conquistára, e temendo uma guerra com este poderoso rajah, que já tinha ajustado pazes com os seus inimigos, fez-lhe entrega da mencionada fortaleza, o que foi altamente reprovado pelo governo da metropole, pela fraqueza que esta resolução importára, attentas as circumstancias desfavoraveis em que se achava aquelle rajah.

Renovada a guerra dos inglezes com o Tipú, foi este vencido e morto.

Depois d'este acontecimento é que retomámos a provincia de Canácona, ficando a fortaleza do Piro no poder dos inglezes, que ainda hoje a possuem.

Ficámos, pois, senhores da provincia e de uma fortaleza em ruinas, das quaes apenas restam alguns vestigios no sitio em que actualmente está o *Xaurim*, residencia do commandante militar da provincia.

Estanceia a provincia de Canácona na parte mais meridional do estado da India. Confina ao N. com a provincia de Bally; ao S. com o Canará; a L. com Astagrar, e a O.

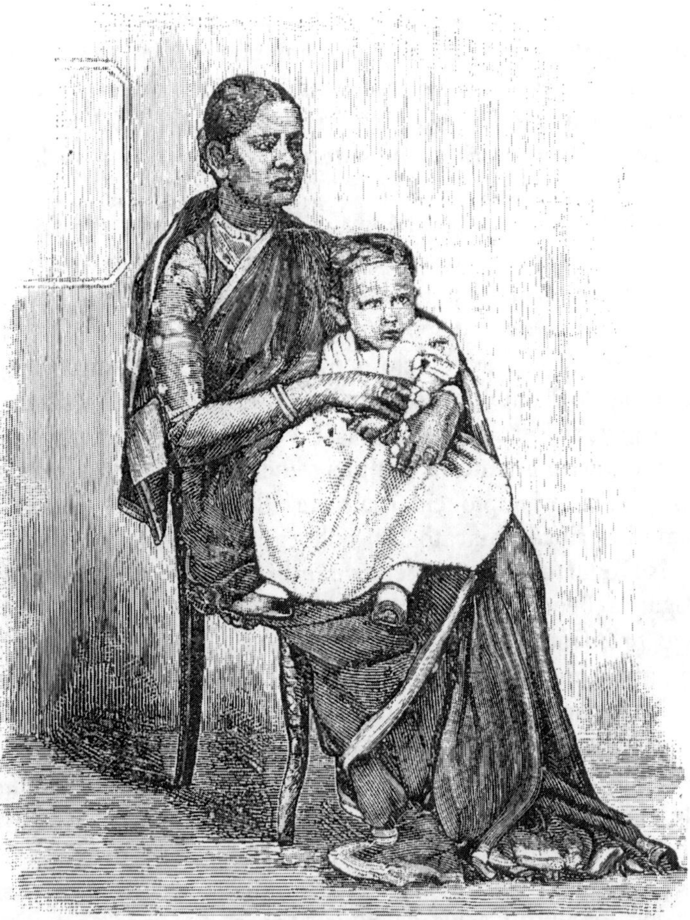

AMA DE LEITE SALCETANA

com o oceano indico e Cabo de Rama. Tem 347 kilometros de superficie, 2 freguezias, 6 *torofos* (ou grupos de aldeias), 1 aldeia onde reside o commandante militar, 3:080 fogos com 17:312 habitantes, sendo 3:725 christãos e 13:587 não christãos, segundo os dados que serviram de base á estatistica official de 1881.

Os terrenos d'esta provincia são ferteis em todas as producções agricolas do paiz, e densamente povoados de florestas de *teca* e outras arvores, principalmente no torofo de Cotigão, onde as matas attingem um importante valor pelas excellentes madeiras de construcção, muito apreciadas pela sua qualidade, natureza e idade.

As rochas lateritica no interior, e a granitica no litoral, são as dominantes.

O rio principal que banha os campos d'esta provincia, é o de *Talapóna,* que nasce nas montanhas da provincia de Astagrar, e passa em Partagal junto do *Agursal* ou residencia do *suamy,* bispo gentio.

Agursal.—Este edificio gentilico, situado na margem esquerda do Talapôna, foi construido haverá duzentos annos; e o pagode, do qual apenas se vê no desenho o zimborio, e onde actualmente os gentios veneram o idolo *Ramachondrá,* teve principio em maio de 1811, como se deduz de uma inscripção maratha ali collocada.

No quarto da lua cheia do mez de junho de 1812 teve logar a benção d'este pagode e a installação do idolo no seu *oróto* ou altar. O fundador d'este templo hindú foi o suamy Amanda Tirte.

A pyramide que remata a cupula do zimborio, denominada *Guz,* é de oiro. Foi construida por um ourives de Pangim, e levou noventa e cinco moedas de oiro *venezianas,* de cinco rupias cada uma.

Quando estivemos hospedados no Agursal em março de 1871 com o nosso collega da commissão das matas, o sr. major Joaquim Carlos da Silva Heitor, residiam no mesmo edificio com a sua comitiva de bottos dois suamys. O mais idoso chamava-se Podman Pradenã Tirte, e o mais novo Podman Nave Tirte.

Antigamente praticava-se n'este Agursal, como em Adcolnã, a barbara festividade gentilica denominada dos *engan-*

AGURSAL OU PALACIÓ DO SUAMY EM PARTAGAL

chados, que foi prohibida, como já dissemos, em 7 de dezembro de 1844 pelo governador geral, o sr. conselheiro José Ferreira Pestana.

Suamy.—O retrato que offerecemos, é do suamy *Sancarássáriá,* da India ingleza, que encontrámos de visita em Sanquelim, e nos permittiu que o desenhassemos, escrevendo o seu nome por baixo do desenho.

Ilha de Angediva.—Visitámos esta ilha no dia 28 de setembro de 1863.

A ilha de Angediva está situada na costa do Malabar, 2 milhas ao S. de Betecól dos dominios britannicos na latitude N. 14°.45′ e 74°.10′ longitude L. Greenwich, e 70 kilometros ao S. de Nova Goa. Mede no seu maior comprimento 1:300 metros desde o limite oriental, na ponta de fóra, até ao ponto mais occidental da ilha, e 300 metros de largura media, desde o baluarte de S. Francisco até a depressão da escarpa da bateria da peça, o que dá em projecção horisontal uma superficie de 39 hectares. Tem 1 freguezia, 1 aldeia e 34 fogos com 93 habitantes de ambos os sexos, segundo o recenseamento de 1881.

A memoravel ilha de Angediva é um dos nossos padrões de gloria no Oriente, por ser a primeira praia do Malabar, onde desembarcou D. Francisco de Almeida, aos 13 de setembro de 1505. Em seguida ao desembarque mandou este valoroso capitão construir na ilha uma fortaleza, que sete mezes depois foi demolida.

D. Francisco de Almeida, do conselho e da côrte, cavalleiro de S. Thiago, com a igreja do Sardoal em commenda, e primeiro vice-rei da India, era filho 7.º do primeiro conde de Abrantes, D. Lopo.

Embarcou na nau *Jesus,* e saíu do porto de Lisboa com 22 embarcações e 1:500 combatentes, no dia 25 de março de 1505.

Em 24 de junho conquistou o reino de Quiloa, onde lançou os fundamentos, e concluiu em vinte dias uma fortaleza, sob a invocação de S. Thiago.

Em agosto dirigiu-se para Mombaça, cuja cidade tomou e incendiou.

Desembarcou em 13 de setembro na ilha de Angediva, que mandou fortificar.

Em 16 de outubro foi contra Onor, incendiou as embarcações fundeadas no porto, e fez grandes estragos na cidade.

Em 24, chegando a Cananor, fez construir uma fortaleza e tomou o titulo de vice-rei.

No 1.º de novembro entrou em Cochim, e depois de entregar ao rei os presentes enviados por El-Rei D. Manuel,

MESQUITA DA FORTALEZA DO PIRO

mandou seu filho D. Lourenço de Noronha, contra Coulão, para vingar a morte do feitor e outros portuguezes.

Em 18 de março de 1506, D. Lourenço de Noronha, com 11 embarcações, alcançou assignalada victoria contra a armada de Calecut, em cuja memoria fez construir uma ermida em Cananor.

Em 6 de março de 1507, D. Francisco de Almeida soccorreu a fortaleza de Cananor, cercada pelo rei e o Çamorim, seu alliado.

Em 23 de outubro o vice-rei e Tristão da Cunha destruiram Panane, do dominio de Calecut.

Em janeiro de 1508, D. Lourenço de Noronha morre pelejando em combate naval contra Mir Hocem, capitão mór da armada do Soldão do Cairo. O vice-rei recebeu com a maior resignação a triste noticia da morte de seu filho, mandou curar os feridos, preparar a armada para ir em perseguição de Mir Hocem, e tirar vingança da morte de D. Lourenço.

A 13 de setembro chegou Affonso de Albuquerque a Ormuz; e não consentindo o rei que continuasse a obra da fortaleza, bloqueou a cidade, bateu a guarnição de Nabanda, e largou para a India.

Em dezembro aportou a Cananor, onde teve desavenças com D. Francisco de Almeida, sobre a entrega do governo.

O vice-rei partiu de Cananor em busca da armada do Soldão, com dez navios. Na sua passagem por Dabul destruiu a cidade.

Em 2 de fevereiro de 1509 chegou a Diu, e no dia immediato atacando a frota combinada de Mir Hocem e Çamorim, alcançou grande victoria, immenso despojo e muitas bandeiras que foram mandadas para Portugal e offerecidas ao convento de Thomar, da ordem de Christo. Em seguida ajustou pazes com Melique Az.

SIPAY EM SERVIÇO PARTICULAR

No seu regresso arrecadou as pareas de Nisamaluco. Reconciliou Timoja com o rei da Narcinga. Chegou a Cananor, e foi recebido com grande triumpho. D'aqui partiu para Cochim, onde se renovaram as desintelligencias com Affonso de Albuquerque sobre a entrega do vice-reinado.

Alguns capitães, desavindos com Albuquerque, e varios fidalgos aconselharam o vice-rei para não lhe dar posse do governo. D. Francisco de Almeida reuniu os capitães, fidalgos e officiaes da feitoria, e lhes propoz as duvidas que tinha no seu espirito. Uns opinaram que Albuquerque devia ser remettido preso para Portugal, e outros investido na posse do governo. Predominando a opinião dos primeiros, o vice-rei fez retirar Albuquerque, como em custodia, para Cananor, e remetteu presos para Portugal a Gaspar Pereira (secretario) e Ruy de Araujo, como auctores da discordia.

Nos primeiros dias de outubro de 1509, chegando a Cananor o marechal D. Fernando Coutinho com poderes independentes, fez voltar Affonso de Albuquerque para Cochim, aonde tomou posse do governo da India a 4 de novembro.

Em seguida á entrega da governança, partiu D. Francisco de Almeida em direcção a Portugal.

No 1.º de março de 1510, saltando em terra na Aguada do Saldanha, foi morto ás mãos dos negros —com a flor da gente que trazia— tendo sessenta annos de idade.

D. Francisco de Almeida —*que nunca mentiu nem fugiu*— foi casado com D. Joanna Pereira, filha de Vasco Martins Moniz, commendador de Panoias e Garvão na ordem de Santiago, e de D. Aldonça de Cabral, de quem teve dois filhos, D. Lourenço de Noronha, morto pelos Rumes, e D. Leonor, casada em segundas nupcias com D. Rodrigo de Mello, 1.º conde de Tentugal e 1.º marquez de Ferreira, filho de D. Alvaro, tronco da casa dos duques de Cadaval.

No tempo da conquista os habitantes de Angediva eram piratas mouros, que fugiram para o Canará.

Duvidando o vice-rei Antonio de Mello de Castro fazer entrega aos inglezes da ilha de Bombay, que Portugal havia cedido á Inglaterra pelo tratado de 23 de julho de 1661, recolheram-se estes na ilha de Angediva, então desoccupada, e só de lá sairam em 1665, anno em que se fez a entrega de Bombay. Em consequencia d'isso ficou Angediva outra vez desoccupada, até que, por occasião da guerra com o maratha Sambagy, o vice-rei e capitão general da India, Francisco de Tavora, conde de Alvor, a mandou novamente

ILHA DE ANGEDIVA

fortificar, como se sabe pela historia, e se deduz das inscripções que se acham collocadas aos lados da porta da ilha.

PRIMEIRA INSCRIPÇÃO

«GRAÇAS A DEUS.—FRANCISCO DE TAVORA
CONDE D'ALVOR DO CONSELHO DO ESTADO,
VICE-REI E CAPITÃO GENERAL DA INDIA,
MANDOU EM 5 DE MAIO DE 1682 EDIFICAR N'ESTA ILHA ESTA FORTALEZA
POR AMARO SIMÕES PEREIRA, PRIMEIRO CAPITÃO-MÓR D'ELLA, O QUAL
LHE LANÇOU A PRIMEIRA PEDRA EM
2 DE JUNHO DO DITO ANNO, E A PÔZ
DEFENSAVEL ANTES DE SEIS MEZES,
COM DEZESEIS CANHÕES, E LHE CONCERTOU POÇOS, FONTES, TANQUE GRANDE
E A COURAÇA REAL E O BALUARTE DE
S. FRANCISCO COM TODAS AS SUAS SERVENTIAS, MURO, PORTAES, E ESTA ENTRADA QUE COROÔU COM ESTA CRUZ PARA SEMPRE. —ANGEDIVA 3 DE MAIO
DE 1683— M. T. —ARMAS— M. S.»

SEGUNDA INSCRIPÇÃO

«SENDO VICE-REI DA INDIA O ILL.^{mo} E EX.^{mo} SR.
CONDE D'ALVOR MANDOU FORTIFICAR ESTA
ILHA NA ERA DE 1682 POR AMARO SIMÕES
PEREIRA PRIMEIRO GOVERNADOR D'ESTA PRAÇA,
E NA ERA DE 1731 ORDENOU O ILL.^{mo} E EX.^{mo} SR.
MARQUEZ DE TAVORA O VICE-REI DA INDIA
AO TENENTE-CORONEL O GOVERNADOR ANTONIO
PEDRO DOS REIS E SILVA, A REPARASSE DE
TODA A SUA RUINA, O QUE SE FEZ COM
TODA FORTALEZA E ACEIO POSSIVEL»

Assenta esta ilha sobre grandes massas de rochas igneas, escarpadas e inteiramente inaccessiveis pelos lados occidental e meridional; e offerece uma ligeira declinação para os lados oriental e septentrional, aonde se estabeleceram as principaes fortificações e a povoação.

A superficie da ilha é, pois, excessivamente declivosa. Os terrenos provenientes da desaggregação da rocha granitica, ainda que pouco fundaveis, são bons e productivos, mas estão quasi todos incultos e desaproveitados.

A agricultura propriamente dita não existe em Angediva. Os habitantes apenas cultivam de hortejo pequenos tractos de terreno junto dos seus *garás*. Haverá em toda a ilha mil e quatrocentas palmeiras, que nada produzem por falta de tratamento, e encontram-se tambem algumas *mangueiras, jaqueiras, tamarindeiros e bananeiras*. Os angedivanos não pagam contribuições ao Estado pelo terreno em que habitam e que cultivam.

Não existem em Angediva as temiveis cobras e outros reptis, nem tigres, nem macacos, em que muito abundam o continente do Canará e as provincias das Novas Conquistas.

O clima é considerado muito saudavel, principalmente depois que foi removido o cemiterio da parte superior da montanha para a vertente norte da ilha. Esta remoção fez-se depois da grande epidemia, que haverá trinta annos assolou a ilha, attribuindo-se a causa á anterior collocação do cemiterio, junto e em plano superior á fonte do conde de Alvor, d'onde a população tirava a agua necessaria para beber e cozinhar.

Tem a ilha duas grandes nascentes de agua potavel, tres poços e um grande tanque ou reservatorio quasi na parte superior da montanha. Este reservatorio, mandado construir pelo conde de Alvor, está muito arruinado.

A população, que em tempo fôra numerosa, era em 1863 de 198 habitantes todos christãos nativos, e tinha 90 fogos.

As casas, quasi todas de humilde apparencia, construidas de terra e cobertas de *ólas* ou de telha, estão dispostas em amphitheatro na vertente da ilha fronteira ao continente, com escadas de serventia feitas de pedra solta. As casas apresentariam uma magnifica perspectiva se fossem construidas de pedra e cal como a igreja de Nossa Senhora das Brotas, no largo da Couraça, a capella de Nossa Senhora das Dores, no baluarte de S. Francisco, o pequeno quartel do destacamento, que se acha no mesmo baluarte: a casa do commandante, a do sr. Oliveira Pegado, em frente da porta da ilha, e uma outra, que se vê á meia encosta.

D. FRANCISCO DE ALMEIDA

Angediva é fortificada, como se vê da planta topogr a phica, que acompanha esta pequena descripção, levantada pelo coronel de engenheria F. A. M. Cabral em 1812, e por nós reduzida e desenhada em 1863.

As muralhas, baluartes e baterias são construidas de granito, rocha dominante no continente fronteiro á ilha. As que bordam a parte accessivel da ilha, banhada pelas aguas do canal desde o baluarte de S. Francisco até á Couraça, estão soffrivelmente conservadas, mas não assim a cortina do mar desde o baluarte de S. Francisco até ao do Diamante, e com especialidade a cortina d'este ultimo, que desabou nos invernos de 1862 e 1863, e se encontra em completa ruina.

Nos baluartes e baterias ainda se acham 73 peças de ferro de differentes calibres. D'estas existem na Couraça, montadas em reparos de madeira, 7 de calibre seis, e 1 de calibre quatro; as restantes acham-se abandonadas em differentes pontos da praça.

A guarnição militar consistia em dois destacamentos: um de artilheria de Nova Goa composto de 1 inferior, 3 cabos e 16 soldados; e o outro do 1.º batalhão de caçadores de Margão, de 1 inferior, 1 cabo e 9 soldados. Tinha um major commandante da praça e governador da ilha, 1 alferes ajudante, 1 cirurgião, 1 capellão, que é encommendado, 1 professor de lingua portugueza, e 1 lingua da praça que ensina maratha. A praça é considerada presidio, e tinha em 1863 12 galés.

As mulheres angedivanas fazem á agulha meias de algodão que exportam para Goa; e os homens empregam-se em pescar ao anzol tubarões e peixe viola, e em colher nos ilhéus do archipelago, que estanceiam ao occidente de Angediva, ninhos de andorinhas do mar, que exportam para a China, onde são muito apreciados, bem como as azas d'aquelles peixes.

Os ninhos das andorinhas de que já fallámos, tratando de Tiracol, são feitos de uma substancia leve, amarellada e transparente, que uns suppõem ser formada de ovas de peixe, outros de pequenos moluscos de que tambem se alimentam, e outros, finalmente, da secreção salivar d'aquellas aves de arribação.

Os chinas dizem que não ha para elles manjar mais delicioso, sendo certo que d'elles fazem uma geléa delicada, gostosa e muito nutriente.

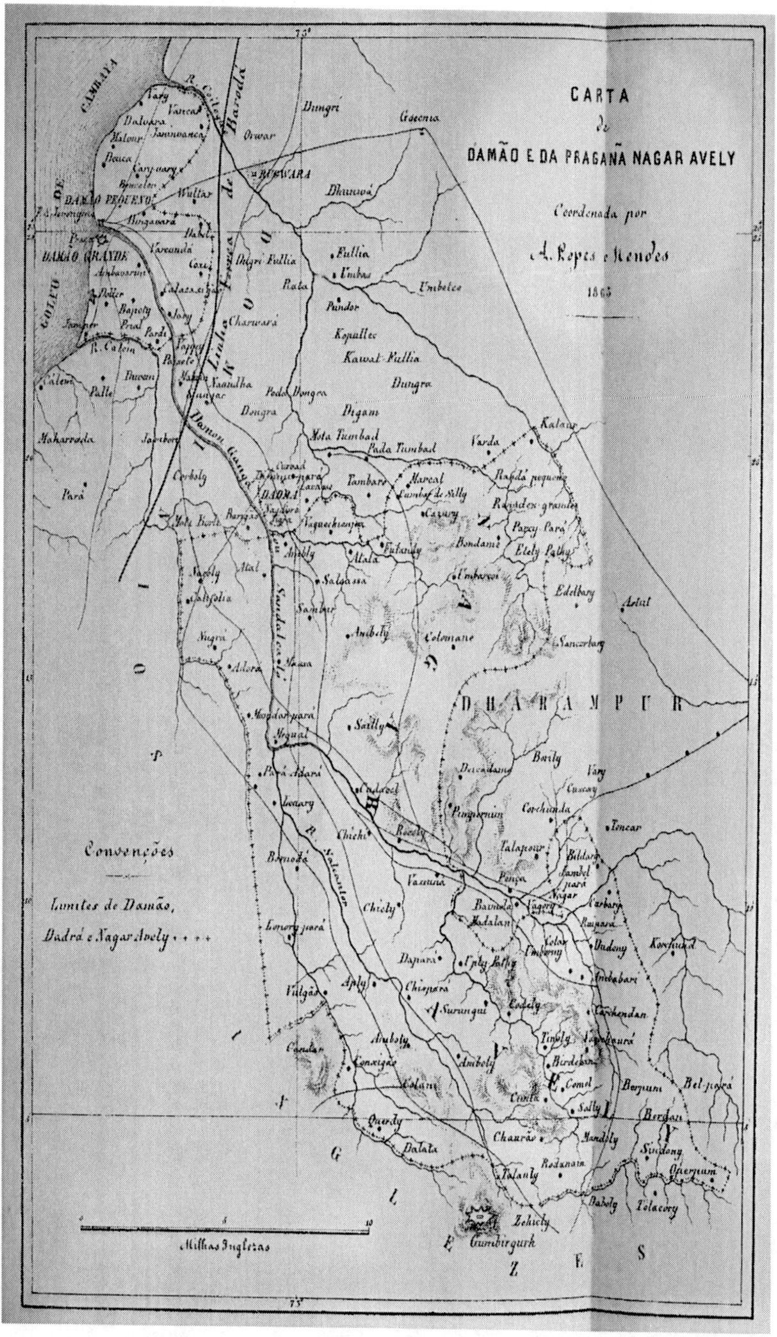

CARTA
de
DAMÃO E DA PRAGAÑA NAGAR AVELY
Coordenada por
A. Lopes e Mendes
Convenções
Limites de Damão,
Dadrá e Nagar Avely
Milhas Inglezas
DAMÃO GRANDE
DAMÃO PEQUENO
DHARAMPUR
GOLFO DE CAMBAYA
Linha ferrea de Baroda

CAPITULO X

O territorio portuguez de Damão—Praganã Naer—Praganã Colana Pavori—Pagode de Rycobá-deu—Damongangá—Forte de S. Jeronymo—Sé matriz—Palacio do governo—Indigenas—Salão de D. Luiz I—Carta de Damão e praganã Nagar-Avely—Dadrá—Pateis—Ghumbirgur—Taverna de maurá—Parses—Varâme-deu—Varlâna—Goulys ou Varlys—Daryá—Tarpa—Matas do estado—Diu—Nuno da Cunha—Carta da praça e cidade de Diu—Monumentos: de Coge Çofar, Rumecão e D. Fernando de Castro—Bimão—Baniane—Colábo—Conclusão—Notas finaes.

O territorio portuguez de Damão está situado na costa do golfo de Cambaya a 20°.22' de latitude N. e 72°.35' de longitude oriental de Green. Abrange 384 kilometros quadrados de superficie, e tem 3 provincias, 1 cidade, 1 villa em inicio denominada Paço de Arcos, 101 aldeias, 3 parochias, 9:842 fogos e 49:084 habitantes, conforme o recenseamento de 1881.

A jurisdicção da praça de Damão comprehendia antigamente toda a costa desde o rio Parnel (que os inglezes escrevem *Poorna)* ao N., aonde confrontava com as terras de Surrate do dominio do Grão Mogol, até ao rio de Agaçaim ou Dontorá ao S.; e da parte de L. se estendia por 2, 5 e 7 leguas. As vicissitudes dos tempos reduziram esta ampla jurisdicção ao limitado territorio maritimo, que se estende do rio de Colembo, vulgarmente denominado Coileque ou Couleque *(Koolek)* até ao rio Calem *(Kaulen)*.

Hoje divide-se geographicamente o territorio de Damão em quatro partes distinctas: Praganã Naer, Damão-grande ou Divisão do S. —Praganã Colana Pavori, Damão-pequeno ou Divisão do N.— Dadrá — e Praganã Nagar-Avely.

As duas primeiras divisões —Praganã Naer e Colana Pavori— consideradas no seu todo, acham-se situadas ao N. do rio Calem, que serve de linha de fronteira entre o territorio de Damão e o collectorado de Tanná; ao S. do rio Coileque, que é a linha de limite entre o territorio de Damão e o collectorado de Surrate; a L. do golfo de Cambaya; e a O. da linha ferrea, que de Bombay se dirige a Barodá, passando a SE. á distancia de 10 kilometros da praça e cidade de Damão, na aldeia de Vappy dos dominios britannicos.

A *praganã* ou provincia Naer era formada pelo conjuncto de 23 aldeias, segundo a divisão de 1865. Actualmente divide-se em 16 aldeias com 8:739 habitantes, conforme o recenseamento de 1881. Das 23 aldeias 19 eram prazos foreiros á fazenda publica; 3 pertenciam ao estado e 1 á camara municipal. Os 19 prazos da corôa pagavam á fazenda publica 12:470 xerafins de fóros, sendo o seu rendimento total, approximadamente, de 50:000 xerafins.

Constituem estas aldeias, ao S. da praça, a parochia de Nossa Senhora dos Remedios. A sua superficie acha-se quasi toda cultivada.

A praganã Colana Pavori conta 13 aldeias e 12:883 habitantes. Das 13 aldeias, 12 eram prazos foreiros á fazenda publica, e só 1, *Carivari,* pertencia ao Estado. Os terrenos estão igualmente agricultados, formando o conjuncto de todas as aldeias a parochia de Nossa Senhora do Mar. É em Colana-Pavori que está situado o magnifico pagode de *Rycobá-deu,* bem como o *Salão de D. Luiz I,* de que ao diante trataremos.

Colana Pavori é separada da praganã Naer pelo rio *Damongangá* ou *Sandalcaló.* Este rio tem a sua origem nas montanhas de Pughysauwar, da região de Candeish, do dominio inglez, alem das aldeias portuguezas de Bildary e

PAGODE DE RYCOBÁ-DEU, EM DAMÃO-PEQUENO

Gurvary; percorre em diversos sentidos a praganã Nagar-Avely, banha o S. de Dadrá, e depois de passar por diversas aldeias inglezas, entra no territorio de Pavori e Naer, e vae desaguar no mar arabio. É navegavel por barcos de pequeno lote até á aldeia de Calacaxigão, não podendo, porém, as embarcações de gavea surgir muito alem da estreita e profunda embocadura do rio.

A foz é defendida por duas obras de fortificação, como se vê no desenho. Á direita está o forte de S. Jeronymo, que fica fronteiro á praça e sob o alcance de fuzil do baluarte da barra ou de S. Filippe.

O forte de S. Jeronymo, com as muralhas ainda em bom estado, é mais irregular na sua construcção do que a praça. Foi mandado construir pelo vice-rei D. Jeronymo de Azevedo em 1614, e concluido em 1627 no tempo do segundo vice-reinado do conde da Vidigueira, D. Francisco da Gama, para defeza dos portuguezes e christãos de Damão-pequeno, quando fossem atacados pelos mouros.

Tem tres baluartes, um revelim e uma unica porta que olha para o rio. Carece, porém, de algumas bôcas de fogo e de reparos novos para muitas peças, que ainda estão em soffrivel estado. A igreja e confraria denominada de Nossa Senhora do Mar, acha-se dentro do forte, e junto d'ella a residencia do respectivo parocho.

Na margem esquerda do rio assenta a praça e cidade de Damão. Esta praça é um decagono irregular, do systema abaluartado; tem duas portas, a da Terra e a do Mar, e em frente d'esta um excellente caes, mandado construir na epocha em que ali floresceu o commercio do amphião.

A primitiva praça e a povoação hindú foi conquistada em 1534 por Martim Affonso de Sousa, sendo governador da India Nuno da Cunha.

Passando posteriormente para o rei de Cambaya, foi por este cedida em 1558 ao governo portuguez; porém só em 2 de fevereiro de 1559 é que D. Constantino de Bragança, sendo vice-rei da India, se apossou d'ella á força de armas, tirando-a do poder do valoroso Eidi Bofetá Abyssino.

Vinte e cinco annos mais tarde começaram os inglezes a navegar por estas paragens, aonde se declararam rivaes de um poder estabelecido e firmado á custa de tantos sacrificios e acções de heroismo, a ponto de senhorearem hoje tudo o que devêra achar-se consolidado pela mais firme de todas as garantias: a alliança dos principes indigenas, e a

PRAÇA E CIDADE DE DAMÃO

amizade dos povos, facil de conciliar-se, se a prosperidade não tivesse tornado altivos os nossos conquistadores, e não os fizesse abusar da victoria.

A praça actual, com os seus baluartes e cortinas perfeitamente conservadas, foi elevada á categoria de cidade com os privilegios da de Evora, por carta regia de 14 de março de 1613. Tem 572 habitantes, sendo 396 christãos e 176 não christãos.

As 29 peças de bronze, 1 obuz, 2 graes, 34 peças de ferro e 5 de campanha, que a guarnecem, apenas podem servir para algumas salvas em dia de galla.

Como material de guerra, affirma o nosso antigo e prezado amigo D. Jorge Augusto de Mello, no seu excellente relatorio publicado no *Boletim official* da India em 1870, «que com quanto estivessem em bom estado, já vae longe a epocha em que figuravam como bôcas de fogo.

«A força militar que guarnece a praça, compõe-se de um batalhão de caçadores, e um destacamento do regimento de artilheria de Goa.

«Esta força é apenas sufficiente para as exigencias ordinarias do serviço publico, porque a maior parte está empregada na guarnição dos postos fiscaes da alfandega da provincia de Nagar-Aveiy, e dos postos policiaes de Damão grande e Damão pequeno.

«É triste dizel-o (acrescenta o auctor do relatorio), mas é forçoso confessal-o. O armamento da força pública consiste ainda nas antiquissimas armas de silex do exercito de Portugal, mui respeitaveis como reliquias, que figuraram em campanhas para nós gloriosas, mas que hoje estariam mais bem collocadas nos armeiros de um museu militar, do que distribuidas a um corpo de primeira linha!»

Encontram-se no recinto da praça muitas ruinas de edificios gigantescos. Os que existem em bom estado são:

Sé matriz.—Este templo era a mesquita, que no dia 2 de fevereiro de 1559 o vice-rei D. Constantino de Bragança mandou consagrar sob a invocação das onze-mil-virgens, e em que disse missa, n'esse dia, o jesuita Gonçalo da Silveira. Ao lado direito da Sé vê-se a importante casa do nosso amigo, o sr. José Maximiano Falcão de Carvalho.

Palacio do governo.—A residencia do governador e a secretaria do governo são edificios espaçosos, como se vê no respectivo desenho.

São igualmente importantes o quartel, o hospital militar, a casa da camara, a casa das audiencias do juizo, a con-

SALÃO DE D. LUIZ I

servatoria, a alfandega, a escola de instrucção primaria, a cadeia civil do concelho, o paiol da polvora e respectivo armazem.

Estes edificios publicos acham-se no melhor estado de conservação, graças aos acertados esforços dos intelligentes, zelosos e activos governadores Ricardo Carlos Clanchy, D. Jorge Augusto de Mello e do 2.º visconde de Villa Nova de Ourem, que nos seus respectivos governos foram incansaveis em promover os melhoramentos materiaes e moraes ao seu alcance em prol dos povos confiados á sua esclarecida administração.

Os edificios existentes, a grandeza dos que se acham em ruinas, como o convento de S. Domingos, a symetria das ruas largas e espaçosas, e a disposição dos baluartes e cor-

PARSES

tinas, mostram evidentemente que a praça e cidade de Damão foi edificada com amplitude e solidez, como tivemos occasião de observar quando ali estivemos em 1865.

Teve a possessão portugueza de Damão epochas de grandeza e de decadencia. Sustentou por muito tempo relações commerciaes com a costa oriental da Africa, para onde exportava annualmente grande quantidade de estofos de algodão, fabricados nas suas tecelanias. Esta industria, porém, está hoje quasi extincta em consequencia da concorrencia, que começaram a fazer aos nossos tecidos de algodão os artefactos da mesma classe dos Estados Unidos e da Gran-Bretanha, com os quaes os nossos não poderam competir com vantagem, por isso que os primeiros, apesar de pagarem em Moçambique direitos mais fortes, podem apparecer no mercado em maior quantidade e mais baratos, circumstancia devida ao progresso da industria n'estas duas nações.

Desde 1817 a 1837 o commercio do opio, que de Kurrachee se exportava para Damão a fim de ser em seguida reexportado para a China, deu-lhe tambem grande importancia e rendimento avultadissimo. Este rendimento foi, pela maior parte, remettido para os cofres publicos de Goa, e com elle se construiu grande numero de edificios pertencentes ao Estado em Pangim, e o Campal denominado de D. Manuel de Portugal e Castro.

O dinheiro que de Damão foi mandado para estas edificações subiu a 1.025:042 xerafins ou francos.

Chegou Damão a ver fundeados no seu porto centenares de navios, que de varios pontos vinham carregar amphião, alem de outros que entretinham o commercio com Moçambique.

Cessou o commercio do opio no anno de 1838, epocha em que a companhia ingleza das Indias orientaes se tornou senhora do porto de Kurrachee, e prohibiu a exportação d'aquella mercadoria para a possessão portugueza de Damão.

Desde esta data, póde dizer-se, começou a decadencia de Damão, e tem continuado até hoje com pequenas alternativas.

O governador de Damão exerce funcções civis e militares, mas em tudo está sujeito á auctoridade do governador geral do Estado da India. A fazenda é administrada por um *Adjunto* composto do governador como presidente, do delegado do procurador da corôa e fazenda, do feitor e do escrivão. A contadoria denomina-se feitoria, e o adjunto recebe ordens directas da junta da fazenda publica de Goa. Alem d'estas repartições do estado, tem a do serviço aduaneiro[1].

CASA DA ADMINISTRAÇÃO DAS MATAS, EM DADRÁ

Os habitantes não christãos do territorio portuguez de Damão, que se regem pelo codigo dos usos e costumes publicado em Nova Goa a 31 de agosto de 1854, dividem-se

1 A portaria do governo geral n.º 42 de 15 de janeiro de 1881 (*Boletim* n.º 5) commetteu aos chefes das alfandegas de Damão e Diu iguaes funcções ás que competem aos administradores dos concelhos nos processos do sal e abkari.

nas seguintes castas e suas especies: —*Banianes:* Ladd, Porvar, Modd, Dossa-Simali, Vissa-Simali, Dossa-Vossual, Gujor, Nagar, Panchola, Odich, Simali, Toloquia, Mevará.—*Mouros:* Mouros (assim denominados), Marinheiros, Tecelões, Ganchins, Barbeiros, Carniceiros, Tintureiros.—*Diversas:* Parabus, Ourives Decanis, Coles, Pedreiros, Carpinteiros, Ferreiros, Bareá-Machins, Somvansi-Xatri, Dublás, Caldeireiros, Alfayates, Golás, Chimpás, Tecelões-gentios, Mainatos, Sapateiros, Barbeiros-gentios, Torneiros, Lavanas, Salmi, Capri, Sagar, Oleiros, Gatés, Maguelas, Bareia, Dóres, Cambatias, Noria-Machins, Buruzes, Liva-Calambis, Parses, Concanas ou Curubys, Porobiás, Banguiás, Cojás ou Barbumjás, Hindiarús, Batelás, Ourives Guzerathes, Bandarins, Rajahputros, Daryás, Varlys ou Goulys, Camoliás, Orás ou Lotiás.

Estes individuos pertencem á raça hindo-caucasiana, que constitue a população propriamente indigena desde o Hymalaia até Ceylão.

Na margem direita do rio Damongangá, em *Colana Pavori,* vê-se a escola de inglez, que estava em construcção, quando em fevereiro de 1865 a desenhámos. O edificio d'esta escola denominada —*Salão de D. Luiz I*— foi mandado construir a expensas suas, pelo sr. Rustanjee Jemsetjee Jejebhoy, residente em Bombay, sendo o ordenado do respectivo professor de inglez e de outras disciplinas pago pelos juros de um fundo, que para esse fim constituiu n'um dos bancos da India ingleza.

O illustre instituidor d'esta escola, um dos primeiros capitalistas de Bombay, interessou-se sempre muito pelo districto de Damão, d'onde era natural a sua familia, e se não fosse a crise monetaria, que em 1867 affligiu a India ingleza, depois da terminação da guerra da America do N., e que o obrigou a fallir, teria de certo dotado esta possessão com outros melhoramenros.

Existe tambem em Damão-pequeno uma escola de ensino promiscuo, sustentada pela municipalidade do concelho,

RUA PRINCIPAL DE DAMÃO

bem como uma outra para o sexo feminino, cuja professora é paga pela fazenda publica. Alem d'estas ha escolas particulares de arabe e de guzerathe.

De commum accordo com o governo inglez construiu-se em 1868 uma estrada de 3.ª classe de 5 kilometros de extensão, de Damão-pequeno a Vappy, para ligar este districto á linha ferrea, que de Bombay conduz a Barodá.

Colana Pavori está separada (como já dissemos) da praça e cidade pelo rio Damongangá, e succede muitas vezes durante o inverno ficarem interrompidas as communicações, por ser impossivel passar em barco de uma á outra margem, sendo muito sentida a falta de uma ponte, que ligasse as duas povoações mais importantes do districto.

Praganã de Nagar Avely.—Esta praganã está situada a SE., e, como se vê na respectiva carta geographica, completamente separada do primitivo territorio portuguez de Damão. A menor distancia entre os extremos occidentaes das primeiras aldeias de Nagar Avely e a praça e cidade de Damão, é de 20 kilometros. Mettem-se de permeio as terras inglezas, e o caminho de ferro do Guzerathe, que, como dissemos, passa em Vappy, aldeia ingleza limitrophe de Damão-pequeno.

A *praganã* (que em linguagem guzerathe significa provincia ou districto) divide-se em duas partes distinctas: Dadrá, que forma um districto inteiramente isolado do corpo principal da provincia, e Nagar Avely propriamente dita. Considerada no seu todo confina pelo N., S. e O. com territorios dos dominios britannicos; por E. com terras do Rajah de Dharrampur, que possue entre Étely-pathy e Uplypathy da nossa praganã as aldeias Edalbary, Sancorbary, Borily, Doicadame, Pimpermim e outras; e no centro de Upli-pathy ou divisão do sul possue a aldeia de Mequal.

Pelo tratado celebrado na côrte de Pooná em 6 de janeiro de 1780, o rei Xahu, senhor da gente e thesouro de Alegria, fez cessão aos portuguezes, na praganã de Nagar Avely sita nas terras do Ramanagar, da jurisdicção de Bassaim, de um numero de aldeias, que rendessem 12:000 rupias, ou 24:000 francos por anno, para indemnisação de algumas prezas, que os marathas nos fizeram em tempo de paz. Em execução do referido tratado, tomaram os commissarios portuguezes, na aldeia de Noroly, posse das alludidas aldeias, no dia 10 de junho de 1783.

DARYA E VARLANA

A praganã de Nagar-Avely tem 72 aldeias, entrando n'este numero a de Dadrá, que comprehende os bairros Tigrá, Daminy e Nagdorá, que tambem hoje são considerados aldeias.

A aldeia de Dadrá, actualmente capital da praganã, emquanto se não concluem as construcções iniciadas na villa de Paço de Arcos, está encravada nas terras inglezas, e terá, approximadamente, de superficie 344hect,8087, com 77 fogos e 308 habitantes. É aqui que reside o commandante militar, e que tem a sua séde a administração das matas e

VARÂME-DEU

das aldeias, o quartel do destacamento, e o unico logar onde ha edificios de pedra e cal.

Dadrá foi cedida aos portuguezes por ordem do Felicissimo Madoram Pandito Pradana, senhor de Pooná e seus dominios; d'ella, e das aldeias de Marcol, Ranadem-grande, Sily, Saily e Ambely tomaram posse os portuguezes em 22 de julho de 1785.

Comtudo por muitos annos tiveram logar renhidas contendas com o Rajah de Dharrampur, e com os nossos vizinhos inglezes sobre os limites do territorio, não só de Nagar-Avely, mas até de Damão-grande e Damão-pequeno. Estas controversias, depois de vencidas muitas difficuldades, acabaram felizmente no dia 2 de maio de 1863, sendo os limites fixados pelos commissarios major Ricardo Carlos Clanchy, governador da praça e cidade de Damão, e mr. J. A. Guerim, ajudante do chefe das operações geodesicas do collectorado de Surrate.

Tendo-se ajustado que no dia 3 de fevereiro de 1860 se principiasse a demarcação da linha da fronteira entre os territorios portuguez e britannico, os commissarios encontraram-se para esse fim em Mahum, e fixaram a linha desde o rio de Calem até a extremidade da aldeia ingleza Mahum, que confina com a rio Gungá ou Damongangá de Damão, tendo pelo N. as aldeias portuguezas contiguas, Pardy e Jary.

Na continuação da demarcação houve ainda algumas divergencias, que terminaram a contento de ambas as partes.

Tendo os commissarios, Ricardo Carlos Clanchy e A. W. Hughes, encontrado intactas e correctas em differentes aldeias as balizas estabelecidas em 1859 pelos srs. conselheiro Cunha Rivara e coronel Pope, foram interrompidos os trabalhos no dia 22 do referido mez de fevereiro, por não estar o commissario inglez auctorisado a continuar a demarcação. Mais tarde foi esta recomeçada em 16 de abril de 1863, e definitivamente concluida em 2 de maio do mesmo anno, sendo governador geral da India o ex.mo conde de Torres Novas. Ficou por consequencia demarcada toda a linha de limite entre o territorio portuguez, o de sua magestade britannica, e o Rajah de Dharrampur.

O traçado de todas as linhas de limite foi cuidadosamente levantado com o theodolito pelo agrimensor Atmaramo Raucher; os pontos principaes foram marcados com balizas de pedra e cal, e os intermedios por arvores.

PALACIO DO GOVERNADOR DE DAMÃO

Os *pateis,* antes de mostrarem os verdadeiros limites das suas respectivas aldeias, prestaram o seguinte juramento: «Nós...pateis da aldeia de...Tendo dado as mãos, e apanhado um torrão de terra das nossas respectivas aldeias, um pedaço de excremento de vacca, arroz, e um bocado de palha, juramos por deus —*Purmocheruz*, que fielmente mostraremos e caminharemos pelo verdadeiro limite de nossas aldeias, segundo o antigo *Vahecuvut*— na fórma da pratica— sem favor algum, e se assim o não fizermos, permitta Deus que morramos antes de chegarmos a nossas casas, ou sejam estas queimadas; que morram nossas mulheres, filhos e gados; que as terras, que cultivâmos, ou aquellas que occuparmos não produzam, ou que Deus nos castigue por qualquer outro afflictivo modo».

Com respeito aos juramentos, o codigo dos usos e costumes dos habitantes não christãos de Damão e Nagar-Avely, determina o seguinte:

«Art. 28. Entre os Dóres presta-se o juramento unicamente nos cereaes ou legumes, e no nome do seu Deus—Bauli Matá—.»

«Art. 29. Entre os Parses e Indiarús ha duas especies de juramentos—o 1.º consiste em ficar em pé, quem jura, diante do juiz, e com ambas as mãos juntas ou unidas, uma sobre a outra, ante o peito, profere as palavras persas —*Manasni, Govosni,* e *Conosni*— e debaixo d'ellas jura ou promette dizer a verdade; o 2º presta-se sobre o livro chamado —*Janvasta*— (de reza) e por intermedio de um *Indiarú,* ministro da sua religião.»

«Art. 30. Entre os Mouros de todas as especies, e entre os Orás e Cojás presta-se o juramento sobre o Alcorão.»

«Art. 31. Entre os Banguiás presta-se com mais veneração, collocando, quem jura, uma haste de palha sobre a propria cabeça descoberta, e proferindo a promessa, invocando o nome da sua Divindade.»

Pateis.—Os pateis de Nagar-Avely, ou são rajahputros, como o patel de Noroly, senhor de grande patelado, ou miseraveis varlys que pouco se differençam do mais infimo dos colonos da provincia, sendo faceis instrumentos nas mãos dos *saucares* ou saccadores e taberneiros contra aquelles que deviam proteger, na qualidade de encarregados da policia e da cobrança das rendas das aldeias.

Os pateis são os mais importantes funccionarios nas aldeias, e talvez a mais importante classe do paiz, como no territorio de Goa são os gãocares. Exercem este emprego conferido pelo governo (geralmente o dos mongoes), e em virtude d'elle têem direito a terras e emolumentos, gosando de varios pequenos privilegios e distincções a que são tão afferrados como ás suas terras. Seu emprego e emolumentos são hereditarios e alienaveis com o consentimento do governo, mas raramente são vendidos, excepto em casos de extrema necessidade. O patel, no territorio inglez e dos rajahs, é o chefe da policia e da administração da justiça na sua aldeia; porém, em Nagar-Avely, o patel é considerado apenas como empregado da cobrança. Cobra as rendas do governo de todos os colonos, trata de todos os contratos com elles, e esforça-se em promover a cultura e a prosperidade da aldeia.

A praganã de Nagar-Avely, propriamente dita, subdivide-se em dois ramos distinctos: O primeiro, denominado *Éíly-pathy,* é constituido por 22 aldeias, e forma a divisão do norte com 11:888 habitantes. O segundo, *Úply-pathy,* tem 15:574 habitantes e 50 aldeias, as quaes compõem a divisão do sul. O limite natural d'estas divisões é o rio Sandalcaló, e diversas aldeias do rajah de Dharrampur.

As duas divisões abrangem, approximadamente, a superficie quadrada de 30:000 hectares, e são cortadas por muitos rios de agua doce, sendo os principaes o Sandalcaló e o Sancaltor.

A superficie geral do terreno é ondulada e accidentada em parte. Duas terças partes da totalidade dos terrenos podem considerar-se formados de planicie, chão e bacias; a outra parte é constituida por outeiros e montanhas.

Entre o limite leste de Damão e Dadrá estende-se o territorio britannico até 10 kilometros de comprimento; o solo está quasi todo de charneca, aplana-se mais desde a estação do caminho de ferro de Vappy a Dadrá, e é monotono e menos cultivado do que o das aldeias de Damão.

GANCHY OU MOENDA DE COCO, EM DADRÁ

Alguns cajurys *(phoenix sylvestris)*, e tractos de terrenos maiores ou menores, semeados de erandy *(ricinus communis)*, e pequenos grupos de babaliás *(glastomburythorn)* ou espinheiros espontaneos, dão uma certa variedade a esta arida zona, que faz parte da importantissima região agricola de Candeish.

A natureza do solo é geralmente igual á dos terrenos, que se estendem n'um raio de mais de 300 kilometros, e que comprehendem os terrenos de Bombay, Baçaim, Palghur,

Beissur, Danum, Vappy e outros, em cuja superficie assentam os collectorados de Tanná e de Surrate.

Quasi toda a grande planicie que se estende desde Bandorá de Bombay até Nagar-Avely, assenta sobre terrenos de alluvião de origens differentes. Estes terrenos são formados de areias siliciosas puras, ou misturadas de calhaus de quartzo branco ou vermelho, provenientes da destruição do grés. As areias que foram trazidas para ali na epocha diluviana, firmam-se sobre uma poderosa camada de argilla muito plastica, e que pertence aos terrenos da idade média e da epocha *miocene*. A camada de areias que cobre esta argilla, tem uma espessura muito variada; em certos logares é ella a mais densa; em outros menos espessa, e algumas vezes chega mesmo a desapparecer completamente.

O basalto, a conglomerada trachyte e a laterite encontram-se formando massas isoladas.

Os terrenos na direcção de Vappy para o interior da praganã apresentam o solo coberto de argilla fina, d'um vermelho escuro, que se prolonga desde Calacaxigão até Dadrá e a Rocoly por onde o transito é summamente penoso, pelo mau estado da viação publica.

Ao longo dos caminhos, na proximidade das povoações, vêem-se pequenos cerrados de cato-cochonilha *(catus tuna e coccinellifer)* e outras especies que estendem em todas as direcções as suas hastes ramosas, cannelladas, angulosas, ou compostas de peças articuladas, e com espinhos reunidos em feixes.

Muitos d'esses catos caídos por terra em putrefacção indicam o abandono agricola, que se nota nos terrenos mais afastados das aldeias. Proximo a Dadrá vê-se o *catus opuntia,* e a piteira da India *(aloe indica)* de grande altura, orlando os caminhos; e dentro dos cerrados encontram-se jaqueiras, mangueiras, tamarindeiros, bananeiras, coqueiros, goyabeiras, e a palmeira silvestre *(caryota urens)*. Aqui é a cultura um pouco melhor, e a do arroz, açafrão, ervilha, grão de bico, feijão, e outras leguminosas alimentares

COSTUMES DE DAMÃO

dão indicio de mais laborioso desvelo, e mais vigorosa vegetação.

Saíndo de Dadrá para Rocoly o solo eleva-se pouco a pouco na direcção da cordilheira de Nagar-Avely, a qual se prolonga com variadas ondulações até á base do *Ghumbirgur* ou monte forte, que, na altitude de 250 metros acima do nivel do mar, serve de linha de fronteira entre o territorio da nossa praganã e o collectorado de Tanná.

No ponto mais elevado do Ghumbirgur, existe uma antiga fortaleza gentilica, que é visivel a grande distancia. A montanha é schistoide, e, no terço superior, escarpada e de arrojados contornos. Na base d'esta montanha ha grandes bosques de cidreiras.

Nas proximidades das montanhas, nas zonas meridional e oriental da praganã, o arvoredo é consideravelmente denso e ostenta uma prodigiosa vegetação. O solo mais rico em terra humus acha-se coberto de uma vigorosa vegetação herbacea, e offerece um aspecto agradavel.

Comtudo este quadro aprasivel é de pequena duração, e cessa logo ao saír das florestas para campo despovoado de arvoredo. Aqui e ali vêem-se miseraveis choupanas de *varlys,* rodeadas de terrenos, magnificos sim, mas em grande parte incultos.

Os habitantes da praganã, sendo na maior parte goulys ou pastores nomadas, occupam-se mais da pastoria e creação natural dos gados, do que da agricultura dos campos, que, com pequenas excepções, pertencem todos ao Estado. As unicas casas que semelham habitações mais regulares, são as *tavernas de Maurá* como a que se vê no desenho com esta designação.

Estas tavernas ou estabelecimentos de distillação de flores da arvore de maurá pertencem aos parses.

A arvore de maurá *(bassia latifolia)* que abunda nas florestas da praganã, attingindo dimensões muitas vezes colossaes, produz uma flor branca e carnosa do tamanho e fórma de bago de uva, da qual se extrahe grande quantidade de espirito, sendo por isso de principal consumo nas tavernas da localidade.

Os arrematantes das tavernas, cuja renda constitue um monopolio da fazenda publica em Damão, com mui poucas excepções, são activos parses que, não lhes convindo ter morada fixa na nossa praganã, mas no territorio estrangeiro que a cérca, para este recolhem quasi mensalmente os enormes lucros que tiram dos colonos e da fazenda, sendo para lamentar, até hoje, que á falta de acção administrativa se deva, com rasão, attribuir o estado a que deixam reduzido o maior numero de seus freguezes.

TARPACAR (tocador de tarpa)

As tavernas são arrematadas em hasta publica triennalmente, e só o arrematante tem o direito de vender vinho (espirito de maurá, cajury, etc.) na respectiva aldeia[1].

Não existe n'esta importante provincia da monarchia portugueza, nem sequer um padre missionario, nem uma igreja nem capella, ou emblema religioso, que recorde ao viajante o catholicismo, e mostre que a religião dos dominantes de Nagar-Avely é a religião do Crucificado!

[1] A fiscalisação das rendas das tavernas é regulada actualmente pelo tratado anglo-portuguez de 26 de dezembro de 1878.

Faltam ali não só os primeiros elementos para o adiantamento moral, mas ainda só de mui longe, e por isso mui frouxamente se lhe faz sentir a benefica acção da auctoridade constituida. Todavia, vê-se dos livros de receita — diz o *Adjunto da fazenda publica de Damão,* no seu excellente relatorio publicado em Nova Goa em 1876, e que foi redigido pelo intelligente e honrado governador d'essa possessão, o actual visconde de Ourem, dignissimo coronel de artilheria — que mais de dois terços dos rendimentos da fazenda em Damão

TARPA-XALÁ (compasso de dansa)

são o producto das rendas da praganã Nagar-Avely, e que a maior parte dos generos que os particulares consomem diariamente, os recebem d'esta provincia. O arroz, o cabrito, o azeite, a gallinha, os ovos, a manteiga, a madeira, a lenha e outros generos de primeira necessidade, tudo d'aqui vae para Damão.

Desde 1783 e 1785, em que se tomou posse d'esta provincia, até 1865, quando a visitámos, nada ali se tinha feito que attestasse o dominio portuguez, a não ser as humildes casas do commandante militar da provincia, e da séde da administração das matas e aldeias, como mostra o desenho com a designação de —Dadrá,— apezar de termos recebido, ainda assim, só em renda de terras, a avultada quantia de mais de 3 milhões de xerafins[1].

No governo do conde das Antas creou-se uma escola de instrucção primaria, que teve mui pouca duração.

Ethnographia e *psychologia*.—Os mappas da população em 1865 indicavam 12:437 habitantes, mas o recenseamento de 1881 dá 27:462 distribuidos por 5:011 fogos. Estes habitantes, quasi todos gentios e parses, observam as doutrinas de paganismo e zoroastrismo: não têem templos; mas adoram o seu *Pármacer*—Deus—na figura d'uma pedra informe, de granito, ou basalto, d'uma arvore, especialmente chamada *óre* ou dos banianes *(ficus indica)* como representa o nosso desenho intitulado—*Varâme-deu*—o pimpol *(ficus religiosa)*, a kinsuco *(butea frondosa)* e outras.

Os parses tambem não têem templos em Nagar-Avely; o seu culto resume-se na adoração do sol e do fogo, na oração e na palavra. Possuem em Damão-pequeno um templo, onde conservam o fogo sagrado que trouxeram da Persia, quando as perseguições dos musulmanos os constrangeram a emigrar para o Guzerathe. São hospitaleiros, beneficentes, bondosos e inoffensivos; e, como os brahmanes, não comem senão lacticinios e vegetaes. A sua religião conserva alguma cousa da elevação e pureza de Zoroastro, a quem os guébres attribuem a redacção de seus livros sagrados.

O hindú, indolente por natureza, é, em geral, ao mesmo tempo astuto e desconfiado. Consome dias inteiros antes de deliberar sobre qualquer negocio, e raro succede que se não perca a paciencia antes de terminada qualquer transacção em que tome parte. Encobrindo artificiosamente os seus intentos, offerecendo mil pretextos e escusas das suas

---

1 Ultimamente começou-se ali a fundação da villa Paço de Arcos, que talvez não vingue á mingoa de protecção do governo de Goa.

TORRINHA DO PALACIO DE DAMÃO

delongas, apresenta-se elle ao mesmo tempo com ares ingenuos e sinceros, de molde a captar a confiança dos que com elle tratam franca e lealmente, e por isso frequentemente os logram, burlam ou enganam.

A quasi totalidade da população divide-se em quatro *játes* ou castas, conhecidas pelos nomes de *Rajahputros, Daryás, Dublás* e *Varlys*. Esta ultima constitue a grande tribu dos goulys, e é predominante.

Goulys.—Os goulys são pastores nomadas, que vivem nas montanhas, tanto de Nagar-Avely como das Novas Conquistas do territorio de Goa, uma vida errante e selvagem. São todos da seita de Vishnú, e da casta dos sudros. Foi depois da encarnação de Vishnú sobre a denominação de *Crishná,* que este creou em si (segundo a mythologia indiana) o gouly como seu proprio filho.

Posto que tisnados por um sol abrasador, nem por isso deixam de ter delicadas e regulares proporções do rosto, rematado por uma barba preta e curta. Têem o nariz regular e bem disposto; os olhos algum tanto encovados, mas vivos, penetrantes e cheios de fogo; os dentes bellos e alvos. São de um natural benevolo; têem nas maneiras gravidade e circumspecção, mas com certa reserva e retrahimento, que parece nascer da solidão em que vivem.

Os varlys do sexo masculino andam quasi nús; um bocado de panno de algodão, que lhes cobre imperfeitamente os orgãos genitaes, é o unico vestuario; alem d'este panno chamado *langotim,* usam d'um *cambolim,* especie de manta que trazem ao hombro, e lhes serve para no *terral* se resguardarem do frio.

A cabeça trazem-na envolvida n'uma trunfa, feita d'uma tirá de panno de algodão branco ou azul, a que chamam *rumal.*

As mulheres vestem um breve panno de algodão azul, verde ou encarnado, que apenas as cobre desde a cintura ao baixo-ventre, usando algumas vezes de identico panno, que lançam sobre a cabeça e os hombros, para se resguardarem das intemperies. São de estatura mais que meã, e de corpo delicado e bem marcado em suas proporções. A cabeça, antes pequena do que grande, é ornada de uma grossa madeixa de cabellos pretos, que algumas vezes se lhes debruça em anneis pelos hombros, e assenta-lhes airosamente em um bem torneado collo. A tez bronzeada condiz melhor com o preto azevichado de seus olhos grandes e rasgados. O nariz tem a bella fórma grega, e a bôca, pequena e graciosa, é ornada d'alvos e bem apostos dentes.

URQUIÁ (compasso de dansa)

As varlanas e goulynas fazem todo o serviço domestico; tratam dos filhos com estremado carinho, e auxiliam seus maridos e paes nos trabalhos agricolas e na pastoria dos gados. Comem duas vezes por dia, uma pela manhã cedo e a outra á noite, quando os gados recolhem das pastagens. A sua alimentação é demasiadamente frugal.

Os goulys não fazem uso do *loumy:* preferem antes o *daim* e a *tac,* que é uma especie de requeijão muito acidulo, a que addicionam uma porção de leite coalhado de fresco, algum sal de cozinha, e folhas de betle. Estas substancias alimentares, alguns vegetaes e uma apa de nachinim é o seu alimento, tanto na refeição da manhã, como na da tarde.

Emquanto os homens tratam dos gados, as mulheres occupam-se da fabricação do louny, tac e daim. Não costumam fazer queijo.

Á noite, quando as vaccas e as bufalas recolhem das pastagens, ordenham-as, e fazem em seguida ferver o leite por espaço de uma hora, em vaso de barro.

Os hindús pretendem que o leite, não sendo fervido, não tem sabor, nem é saudavel.

JEURÁ-DARUM (compasso de dansa)

Depois da familia do gouly tomar o leite para a sua alimentação, as goulynas deixam esfriar o restante, a que ajuntam uma porção de *nata* do dia antecedente, para obterem a fermentação acida. Na manhã do dia seguinte, depois de feita a coagulação, deitam o leite coagulado em outro vaso de barro, e batem-o com um instrumento apropriado de pau, chamado *râvi,* até se formar o louny, que vendem nas povoações proximas.

O gado dos goulys é muito docil, e o melhor e mais bem alimentado que se encontra na India. Como vive a maior parte do anno nas montanhas deshabitadas pelo homem, quando passa algum individuo perto da manada, principalmente se for vestido, vê-se immediatamente rodeado pelo gado que manso e manso, e como admirado, se approxima d'elle, como para reconhecer um objecto mui estranho.

A manada inteira segue, como um cão, o gouly que a pastoreia.

Os goulys e o seu armentio não têem cabanas propriamente ditas, durante o estio; mas á noite, para se defenderem da invasão dos animaes carnivoros, recolhem-se em cerrados feitos de estacas, e guarnecidos de arbustos espinhosos. Os goulys, suas mulheres, filhos, e um ou dois cães pecoream junto do gado depois de accenderem uma porção de lenha para afugentar os tigres. Esta precaução não é muitas vezes sufficiente, porque aquelles animaes selvaticos saltando nas malhadas vão ahi fazer preza no gado.

Estes pastores nomadas não usam armas de fogo para não afugentarem o gado com a detonação; e repousam confiados na guarda do rafeiro, que, sempre vigilante e fiel a seu dono, os adverte da proximidade do inimigo.

Durante a estação pluviosa os goulys descem das montanhas e vem residir nas proximidades das povoações, onde construem cabanas, chamadas *govoles,* para si e para os gados. Ficam vivendo n'estes govoles em quanto as pastagens da vizinhança lhes fornece alimentos sufficientes para o armentio. Depois retiram para outra localidade em que seus gados encontrem agua, e melhor e mais abundante pastagem.

Todos os animaes novos e os destinados á propagação, assim como as cabras, são pastoreados juntamente n'um mesmo rebanho. No govole fica apenas o gado doente, as crias, e aquellas goulynas que são dispensadas na pastoria.

Os goulys são, como já dissemos, os restos vivos do segundo estado por que passou a humanidade na sua origem. O *garchó-vadil* ou maioral é ainda hoje o rei da familia; e

LARGO DA SÉ DA CIDADE DE DAMÃO

tudo que não está n'ella comprehendido consideram-no inimigo.

A maior parte dos lucros são empregados pelos goulys no estabelecimento dos filhos, nas ceremonias religiosas, e nos casamentos. O superfluo costumam ordinariamente enterral-o; de modo que muitas vezes, succedendo morrer o chefe de familia sem declarar onde tem enterrado o seu thesouro, vem os herdeiros a perder o que os poderia tornar independentes.

Um gouly considera-se rico, quando possue 200 vaccas, 30 bufalos, 100 cabras, e um numero sufficiente de bois de trabalho, destinado á exploração de um pequeno tracto de terreno junto do govole de inverno.

Os habitantes de Nagar-Avely conhecem as armas de fogo, mas ainda não abandonaram o arco e frechas, que meneiam dextramente, e lhes serve para a caça. Os costumes d'estes povos são simples e patriarchaes.

Nos seus folguedos, dansam e cantam ao som da *tarpa,* cujo tocador denominam *tarpacar*. Suas monotonas canções versam ordinariamente sobre seus amores ou suas acções guerreiras. Durante os divertimentos bebem espirito de maurá, até ficarem ebrios.

A tarpa é formada pelo conjuncto de 3 peças: a 1.ª e superior denomina-se *tamarum,* e é feita de abobora branca; a 2.ª, chamada *dandy,* é de bambus; e a 3.ª, que tem a designação de *caytum,* é composta de folhas de palmeira brava. D'este instrumento musico mandámos em 4 de maio de 1865 dois exemplares para o museu nacional de Lisboa.

Pecuaria.—O recenseamento dos gados feito em 1864, dava em Nagar-Avely 10:476 cabeças de gado grosso, sendo 3:476 bois, 6:000 vaccas, 1:000 bufalos e 2:750 cabeças de gado miudo, sendo 1:000 cabeças de gado lanigero, e 1:750 de gado caprino. O recenseamento de 1881 dá 15:656 cabeças de gado grosso; bois, vaccas, bufalos e cavallos; 96 cabeças de gado lanigero e 1:754 caprino.

Animaes silvestres.—Os principaes animaes do mato que habitam nas florestas, são: o *bune* (porco), *goau* (boi), *vago* (tigre), *marguy* (urso), e diversas cabras.

O tabaco *(nicotiana tabacum)*, que é considerado muito superior ao de Jambuceira, região agricola do collectorado de Surrate, diversas especies de arroz, nachinim, urida, tóry, trigo, gergelim, pacol, juar ou milho miudo, val (especie de feijão) vatana ou ervilha, gontual ou fava pequena, feijão frade, e outras leguminosas, constituem a cultura da provincia.

GOULYNA

Reddito.—O rendimento de Nagar-Avely compõe-se da renda das aldeias e das matas.

O reddito medio annual das aldeias foi, nos annos anteriores a 1865, de 95:000 xerafins, 4 tangas e 27 réis; e o das matas 8:667 rupias, 2 annás e 5 penes.

Em janeiro de 1865 renderam as matas, em lenha e carvão, 5:427 rupias chirinas e 10 annás, ou 2:171$140 réis fortes; e para se obter esta receita, despenderam-se 40 rupias e 10 annás em 50 carretas de carvão, córte de 4:000 bambus, e 60 carretas de lenha de *sadrá* para cal.

O rendimento das aldeias provém das rendas dos terrenos cultivados[1], das tavernas, e das boticas ou casas de nego-

[1] Os terrenos são medidos por *arados* e por *unddós*. Entende-se por *arado* 5 vigas de terreno, tendo cada viga 20 bambus quadrados de 4 covados cada um, e por *unddó* uma porção de terreno maior ou menor, segundo as posses do colono.

cio, das flores das arvores de maurá, dos cajurys e juniprys para distillação de aguardente, de que os indigenas fazem uso como bebida ordinaria, e das feiras e pastagens. Os cereaes e legumes que foram de Nagar-Avely para as aldeias de Damão em 1874, produziram á camara municipal, á rasão de 1 por cento do seu valor, 1:727 xerafins, representando o capital de 172:700 xerafins.

Matas do estado.—Todas as aldeias de Nagar-Avely são povoadas de florestas, á excepção de Dadrá, Vagchimpá e Noroly.

As matas d'esta provincia são florestas irregulares, onde no meio de novos macissos se encontram muitas velhas arvores, as quaes, pela sua idade e mau estado, se tornaram improprias para produzir a regeneração natural, e attestam o mau regimen a que estiveram sempre submettidas.

Estas matas, que vegetam em planicies e montanhas sobre o schisto argiloso, e o grés com exposição a noroeste, podem considerar-se compostas de dois terços ou mais de arvores de téca, sendo o restante representado pelas outras especies em mui variada proporção.

As principaes essencias florestaes que as povoam são: a téca ou sag, sissó, aldavane ou hédu, sadrá, maurá, assâne, ker ou pau ferro, calicanty, cancarmodal, beró, damborá, palasse, apteira, sivâne, canna fistula, tanasse, damni, timbri, jambol, biá ou biblá, quinei ou quirni, babul ou babalia e outras.

A téca *(tectona grandis)* denominada em guzerathe *sag*, é a mais apreciada para as construcções navaes. Sua resistencia é inferior a algumas outras arvores, taes como o tannass *(dalbergia oojeninis)*; porém, nas suas qualidades geraes e especialmente na perfeita conservação por muitos annos, até mesmo exposta ao tempo, é superior a muitas outras madeiras da India. A differença em suas qualidades é notavel segundo as latitudes, natureza do solo e exposição, de fórma que a téca do norte é commummente considerada superior á do Canará e á do territorio de Goa.

São reconhecidas pelos indigenas de Guzerathe quatro variedades de téca, a saber: *aguiá* ou de *fogo*, porque a sua serradura produz erupção de pelle; *tellia* ou de *azeite*, por ter uma apparencia oleosa; *chicatiá* ou *rija*, por ser mais difficil de trabalhar; finalmente *govarió* ou *ordinaria*, porque é mais facil de trabalhar e de menos duração.

Sissó *(dalbergia latifolia)* é a arvore de madeira preta, muito conhecida na India pela grande procura para a mobilia lavrada, de que tanto uso se faz, e a que na Europa se dá grande apreço.

Corre, como proverbio entre os hindús, que a prata, o oiro e o sissó nunca perdem o valor.

Hedú *(nauclea cordifolia)* denominada igualmente *aldavane* ou *calame*, branca ou amarellada, é de grandes dimensões, mas pouco duravel exposta ao tempo, fornecendo tábuas muito largas e limpas, e por isso de grande uso em toda a construcção interior das casas, muito principalmente no forro dos tectos, onde adquire um bom branqueamento com a oleação.

Sadrá *(pentaptera glabra* e *pentaptera arjuna)*, denominada tambem *mirty* e *aynno* no *Guzerathe* e *marêta* no territorio de Goa é, depois da téca, a arvore que mais predomina em Nagar-Avely. Os pescadores utilisam a casca de sadrá para tingir as suas redes, e a cinza do tronco, que tem a apparencia da cal de branquear, é empregada no curtimento das pelles.

Ha duas especies de *sadrá*.—A preta *(pentaptera glabra)* tem a apparencia do sissó no tronco, e ramos mais desenvolvidos, e comquanto seja difficil de trabalhar e mui pe-

DAMÃO PEQUENO OU DIVISÃO DO NORTE

sada, substitue, sem grande inconveniente, aquella madeira nos artigos de mobilia. A sadrá branca *(pentaptera arjuna)*, quasi sempre encontrada na proximidade dos rios e ribeiros, attinge grandes dimensões, e é avaliada da mesma fórma que a preta, posto que seu rapido desenvolvimento não confirme a sua resistencia e duração.

Assane *(briedelia spinosa)* attinge grandes dimensões, e a madeira é forte e facil de trabalhar, sendo alem d'isso muito preferida para as grandes armações dos poços, porque tem uma extrema duração, quando emergida na agua.

Ker *(acacia catechu)* ou *pau-ferro* é considerada uma das primeiras madeiras em relação ás suas qualidades, porque não é atacada pelos insectos, e tem uma extrema resistencia e duração. É geralmente empregada como forquilhas ou pilares para sustentar os tectos e pavimentos das casas, para as varandas e balcões, e ainda nas paredes como pontos de apoio das traves e de toda a armação.

Não ha nora, cegonha, engenho para canna de assucar ou para azeite, que não requeira, como eixo ou pião, uma ou mais peças d'esta arvore, e em menores dimensões tem igualmente grandes usos, taes como para caixilhos de vãos de portas e janellas, cubos para rodas e outras applicações.

Obtem-se pela decocção do pau-ferro, uma substancia secca e friavel, com sabor fortemente adstringente, denominada *catto, catechu,* ou *terra japonica* de muita applicação (segundo as qualidades) na pintura, na medicina e na tinturaria; mas o seu principal uso consiste em misturar pequenas porções com o *belle* e *areca (pau suppary)* de que na India se faz tão geral e constante uso para mascar.

Extrahem-se do pau-ferro tres qualidades de *catto:* o branco-rosado pelo preço de prata com applicação na medecina, o vermelho escuro de um quarto de valor do primeiro e de grande uso na mastigação e na pintura, e o roxo quasi negro e de baixo preço, usado como mordente na tinturaria, nos cortumes e como presa com a cal nos trabalhos de alvenaria.

Çalicanty *(acacia sundrá)* ou *lalker,* muito similhante ao *ker* na folha e flor, distingue-se apenas d'este pelas fendas do envolucro cortical do tronco. É, comtudo, de muito menor duração e dimensões, sendo em geral tortuoso.

Damborá *(conocarpus latifolia)*; a madeira d'esta arvore é de grande resistencia e elasticidade, e apenas com dimensões pouco superiores ás que se dariam a qualquer eixo de ferro, é usada em todas as carretas, mesmo das que servem á conducção de grandes madeiras, e que percorrem um paiz sem estradas a distancias de muitas leguas.

Palasse *(butea frondosa)* é arvore de grandes dimensões e frondosa; a sua madeira é de sufficiente duração, e as folhas são de um grande uso não só para cobertura das cabanas, mas para, cosidas umas ás outras formando circulos de dois palmos de diametro, servirem de *potrovolis* ou pratos a toda a população hindú.

Apteira ou aptá *(banhima parvifolia)* é de madeira mui forte, mas de inferiores dimensões; a casca é excellente para cordas, e as folhas tem uma superior extracção para fazer os *viris* ou cigarros do paiz.

Sivane *(gmelina arborea)*; é arvore de grandes dimensões, e a madeira tem grande valor pelo seu pouco peso e muita resistencia, para estatuetas, coronhas de armas, caixas de carruagens e outros trabalhos de marcenaria.

Tanasse *(dalbergia oojenensis)*; é a arvore, cuja madeira amarellada como o pau buxo tem pela sua leveza, grande procura para as peças de pequenas dimensões da armação dos carros, satisfazendo á grande resistencia que ahi se requer.

Damni *(grevia latiacfolia)* é mais commum que a damborá, a qual substitue, mas com menos vantagem.

Timbri *(diospyrus montana)*; é arvore de medianas dimensões. A sua madeira, posto que preta como o ebano, e de grande resistencia, não soffre, comtudo, muito a acção do tempo. É frequentemente empregada nos pequenos instrumentos da lavoura.

Jambol *(eugenia coryophyllata)* jamboleiro; é arvore bastante desenvolvida e frondosa.

A sua madeira avermelhada é muito flexivel, e supporta bem a humidade, e por isso é muito usada para ripamento dos tectos das casas e grades para poços. Ha uma outra especie *(eugenia jambolana)* que dá excellentes traves, mas em consequencia de ser menos córada tem inferior duração.

GHUMBIRGUR

Biá ou biblá *(pterocarpus marsipium)*, arvore de grandes dimensões, servindo a madeira para construcção dos madeiramentos das casas, mas pouco apreciada por ser accessivel á humidade.

Quinei ou quirni *(mimusops hxandria)*; é arvore de grandes dimensões, e a sua madeira é empregada em construcções civis.

Babul ou babaliá *(acacia arabica)*; é arvore de medianas dimensões, que nasce e se desenvolve com grande facilidade. O seu tronco é empregado como excellente combustivel nas machinas a vapor, e as suas folhas e pequenos ramos prestam, desde fevereiro até ao principio da estação pluviosa, um bom alimento ao gado lanigero e cabrum.

Estas arvores de construcção resultam da sementeira natural; mas carecem de applicação de um methodo regular de sementeira, de tratamento, e de exploração para se poder obter d'ellas o triplo do rendimento, que offerecem.

Submettidas desde a sua origem a um pessimo methodo de cultura, tendo-se feito sempre os córtes sem nunca se deixar, segundo as circumstancias, um numero de arvores de reserva, necessarias para assegurar uma boa regeneração natural, as matas de Nagar-Avely não apresentam a conveniente regularidade. Comtudo, em alguns pontos, o povoamento de téca é tão naturalmente regular, que, relativamente, offerece um typo de uniformidade.

Na divisão do sul, em Chispará, e n'outros pontos, vimos excellentes macissos de téca de cincoenta a sessenta annos de idade e de nascimento espontaneo. As técas elevam-se sem deformidades, offerecendo todas as condições que asseguram para o futuro grandioso porte e muita utilidade para a marinha.

Pela estimação feita á simples vista, e verificada depois pelo calculo e pelos dados fornecidos pela repartição competente, achámos que o numero de essencias florestaes existentes em 1865, subia, proximamente, a quatro milhões de arvores, que, avaliadas segundo os preços correntes no mercado, representavam o capital de 8 milhões de rupias chirinas, ou 3:200:000$000 reis fortes[1].

---

[1] A madeira de téca de superiores dimensões vende-se por covados cubicos, usando-se o seguinte processo pratico na medição. Mede-se a circumferencia da madeira ao meio do comprimento, divide-se esta por 2, e quadra-se o resultado, que, sendo multiplicado pelo comprimen-

DADRÁ

Este valor intrinseco das matas deve necessariamente augmentar no futuro, porque, passando o caminho de ferro do Guzerathe nas proximidades das florestas, offerece esta via de communicação todas as condições, que asseguram aos productos florestaes uma extracção e conducção facil e economica, assim como os estabelecimentos industriaes de Bombay garantem um consumo certo.

São muitos e variados os seus productos de exploração, e seguramente ter-se-ía tirado d'elles grande vantagem, se as administrações das matas tivessem estudàdo este assumpto com o zêlo e interesse que lhes cumpria, sobre tudo tendo na vizinhança quem póde fornecer dados para tão importante fim, como são os inglezes, a quem a industria florestal tem merecido a mais seria attenção.

Felizmente acha-se hoje á testa da administração das aldeias de Nagar-Avely um empregado, cujo merecimento é devidamente apreciado no excellente relatorio que o nosso bom amigo D. Jorge Augusto de Mello fez d'esta provincia, quando governou o districto de Damão.

D. Jorge Augusto de Mello, com o seu espirito agudo e perspicaz, rasão desenvolvida e profundo conhecimento dos individuos, diz a respeito do nosso antigo e provado amigo, Miguel Augusto de Lemos Pimentel, o seguinte:

...«é mister escolher para administrador fiscal um official habil, intelligente, com conhecimentos especiaes da provincia, e no vigor da idade, para poder amiudadas vezes percorrer todas as aldeias; e tomo a liberdade de lem-

---

to, dará o producto em covados cubicos dividindo por 400. Seja, por exemplo, um madeiro de 2 *vassás* (um covado) de circumferencia, e de 4 covados de comprimento, teremos 100 × 4 = 400 *visvassis* ou um covado cubico. Os *aguieiros* ou arvores de desbaste são lotes de 20 peças —*corja*— tendo cada peça differente designação com respeito ás dimensões; assim uma corja de *sottás*, *dandás* ou *patingas*, designa uma collecção de 20 aguieiros, tendo cada um respectivamente 15, 12, 9 *vassás* 1/20 de covado de circumferencia medida a 1 covado acima do solo, no acto de cortar cada aguieiro.

brar a V. Ex.ª o nome do tenente de cavallaria do exercito de Portugal, Miguel Augusto de Lemos Pimentel, official que possue todos estes requisitos, de cujo zêlo, intelligencia e probidade folgo de dar aqui testemunho.

MIGUEL AUGUSTO DE LEMOS PIMENTEL

«Este official já esteve empregado como commandante militar da provincia, e a maneira distincta por que serviu, e o bom nome que soube ganhar, garantem de sobejo os futuros serviços[1].

Miguel Augusto de Lemos Pimentel possue effectivamente, alem de um caracter nobre e honrado, uma intelligencia

[1] Este official, actualmente tenente coronel graduado, está exercendo em Damão o logar de commissario do sal e abkari.

primorosamente cultivada e clara, e um perfeito espirito de justiça. Laborioso e activo conserva os antigos brios e independencia de caracter primitivo.

Parece-nos, pois, que de tudo o que deixâmos exposto se infere quanto são importantes as matas da praganã de Na-

D. JORGE AUGUSTO DE MELLO

gar-Avely, o grande augmento de valor a que podem chegar e a preciosa fonte de riqueza que o governo portuguez d'ellas viria a auferir, quando fossem bem administradas e exploradas segundo os dictames da sciencia e do bom senso.

D. Jorge Augusto de Mello, tenente coronel de cavallaria, ex-governador das nossas possessões de Diu e Damão, e filho do marechal de campo D. Antonio José de Mello, nasceu em Lisboa a 20 de maio de 1835. Educado no collegio dos Inglezinhos, ahi estudou os preparatorios para se matricular na faculdade de direito na universidade de Coimbra.

Havendo completado os seus estudos no referido collegio, e sentindo-se com mais vocação para a carreira das armas, alistou-se no regimento de lanceiros da rainha em setembro de 1851.

Mandado servir no deposito geral de cavallaria, para ahi adquirir os conhecimentos praticos do serviço da sua arma, foi plenamente approvado por uma commissão de officiaes, reunida em 16 de janeiro de 1855. Recolhendo ao seu regimento, n'elle serviu até á epocha em que, sendo primeiro sargento aspirante a official, foi nomeado ajudante de ordens do governador geral da India, então visconde e depois conde de Torres Novas. N'esta qualidade embarcou para Goa em 8 de setembro do referido anno de 1855, e ahi serviu effectivamente até 1864, tendo durante este tempo prestado relevantes serviços, e principalmente na occasião em que rebentou a revolta dos sipays na India ingleza em 1857[1].

Regressando ao reino, foi promovido a tenente para o regimento de cavallaria n.º 3, e nomeado adjunto á inspecção dos corpos de cavallaria. Poucos mezes depois voltou á India como ajudante de ordens do governador geral, o conselheiro José Ferreira Pestana, cargo que exerceu só por um anno, por o marquez de Sá da Bandeira, então ministro da marinha e ultramar, o nomear governador do districto de Diu, onde se conservou tres annos.

Em 1869 foi transferido para o governo de Damão, no qual prestou serviços de subido valor.

Em 1871, regressando a Portugal, passou a servir no ministerio da guerra.

---

[1] Vide a biographia de s. ex.ª, que publicámos no jornal *As colonias portuguezas*, n.º 8, de 6 de agosto de 1884.

RESIDENCIA DO COMMANDANTE MILITAR EM DADRÁ

Nomeado pouco depois chefe do gabinete da direcção da administração militar, continuou n'este cargo a dar provas da sua aptidão, merecendo sempre as melhores informações dos generaes com quem serviu. Em 1879 foi eleito deputado ás côrtes pelo Estado da India, e tomou parte nos trabalhos da camara nas sessões legislativas de 1880 a 1881.

D. Jorge Augusto de Mello reune a todas as qualidades civicas o caracter mais digno e mais desinteressado e leal. Da vida particular d'este benemerito portuguez nada direi, comquanto seja exemplar e digna de um excellente chefe de familia, porque os homens publicos não devem avaliar-se pelo que foram ou são na vida particular, mas pelo comportamento no exercicio de seus cargos e profissões.

Medidas lineares ou de comprimento usadas no territorio de Damão.—*Covado* ordinario tem 3 palmos, ou 24 pollegadas, ou $0^m,66$.

Covado, para medição de madeira, divide-se em 20 partes, e tem 28 partes das 12 em que se divide o *pé* de construcção naval, ou 24 $^1/_2$ pollegadas ordinarias. O *pé,* de construcção naval corresponde a 10 $^1/_2$ pollegadas.

Visvassi, é o cubo de uma das 20 divisões do covado.

Vassá, é igual a 20 *visvassis.*

O *covado* cubico tem, portanto, 400 *visvassis* ou 20 *vassás,* porque um *visvassi* é = a $^1/_{20}$ de *vassá,* e o *vassá* a $^1/_{20}$ de covado.

Medidas de capacidade de seccos.—*Ará,* que se divide em 32 *parás*. É medida ideal, e unidade principal.

Pará tem 8 $^1/_2$ *paiás.*

Paiá tem 4 *seiras.* Diz-se que corresponde proximamente a 3 *poris* ou medidas das ilhas de Goa e Bardez, e a 2 $^1/_2$ de Salcete.

O *pori* ou *pòr* tem 48 pollegadas cubicas, e a sua equivalencia no systema metrico é de 0,00099825, e sendo o litro $0^m,001$. O litro está para o *pori* como 1 : 0,99825[1].

---

1 Vide nota, liv. I, cap. II, pag. 48 e 49.

Seira divide-se em metade, quartos e oitavos.

Medidas de liquidos.—*Candil,* que se divide em 20 *mãos*. É medida ideal e unidade principal.

Mão divide-se em 45 quartilhos, quando se emprega na medição dos vinhos, e 32 ditos nas dos mais liquidos.

N'este ultimo caso a *mão* contém 40 *seiras*. O *quartilho* na medição do vinho e sura é igual a uma *seira,* e a 1 ¹/₄ quando se usa na medição dos outros liquidos.

Pesos.—*Candil,* que se divide em 20 *mãos*. É medida ideal e unidade principal.

Mão tem 40 *seiras* ou 26²/₃ arrateis. Esta medida serve para pesar ferro, manteiga, especiarias e outros generos.

Ha outra *mão* que tem 42 seiras ou 28 arrateis. Esta medida tem um uso mais extenso que a mão de 40 seiras.

Seira, que é = a ²/₃ de um arratel ou 27 tollas, e se divide em 2 meias, 4 quartas e 8 oitavas de seira.

Medidas agrarias.—Alem do *arado* e do *unddó,* (de que já fallámos) ha tambem o *caró,* que se divide em 28 punhos de comprimento, na medição das terras.

O terreno que abrange um *caró* quadrado denomina-se *visvassi,* 20 dos quaes fazem 1 *vassá,* e 20 vassás 1 viga, que equivale a 20 bambus quadrados de 4 covados cada bambu.

Diu.—A nossa possessão de Diu está situada na extremidade meridional de Kattiuwar, provincia do antigo reino de Cambaya, na costa do Guzerathe a 20°.42′ de latitude N. e 70°.25′ de longitude oriental do meridiano de Greenwich. Compõe-se: 1.°, da ilha d'aquelle nome, banhada ao S. pelo mar arabio, e ao N. separada da terra firme por um esteiro ou braço de mar, que constitue o porto, com duas barras: uma em frente da praça, e a outra em Brancavará; 2.°, de uma lingua de terra adjacente, a que impropriamente denominâmos isthmo; e 3.°, de um pequeno territorio na mesma costa, 25 kilometros a L. da ilha, onde temos um forte, chamado Simbor.

O districto de Diu tem 52,5 kilometros quadrados, 1 ilha de constituição vulcanica, e formada de rochas na sua maior extensão, 1 cidade, 2 aldeias, 2 parochias (a de Nossa Senhora da Conceição e a de Santo André de Brancavará),

GUGYR

2:929 fogos e 12:636 habitantes, sendo 303 christãos e 12:333 não christãos, conforme o recenseamento de 1881.

Diu, comquanto seja uma ilha celebre e para sempre memoravel pelos illustres e gloriosos feitos de valor, coragem e dedicação de Antonio da Silveira, D. João Mascarenhas, e do ultimo heroe da India, D. João de Castro, é todavia no presente de pouca importancia.

Havendo o governador da India Nuno da Cunha batido em 1531 a ilha de Diu, e tendo depois auxiliado, na guerra contra o Grão Mogol Omaum, o Sultão Badur, soberano de Cambaya, foi por este, em compensação do auxilio recebido, cedida aos portuguezes uma parte da ilha para n'ella construirem uma fortaleza. Em virtude d'esta concessão é que os portuguezes lançaram os fundamentos da sua primeira fortaleza no dia 20 de novembro de 1535.

Nuno da Cunha, do conselho de sua magestade, seu vedor geral da fazenda, capitão mór e governador da India, era filho de Tristão da Cunha, senhor de Gestaço e Panoias. Partiu de Lisboa para a India em 18 de abril de 1528 acompanhado de seus irmãos Pero e Simão, com 11 naus e 2:500 homens[1].

Em 23 de agosto chegou á ilha de S. Lourenço, partindo d'aqui em 4 de setembro para Melinde, onde aportou no dia 8 de outubro. No dia 14 embarcou em direcção á India; mas tendo ventos contrarios e mar revolto, arribou a Melinde a 6 de novembro. Passados oito dias, dirigiu-se a Mombaça, d'onde expulsou os mouros, depois de renhido combate.

Em março de 1529, soffrendo contínuas perseguições dos mouros, mandou incendiar aquella cidade, e embarcou para Melinde. D'aqui passou para Ormuz no dia 3 de abril.

Havendo visitado Socotorá, chegou em 10 de maio a Calayate e em 19 a Mascate, d'onde partiu para Ormuz. Mandou Belchior de Sousa, capitão de Ormuz, em soccorro do rei de Bassorá e contra o rei Gizaira. Depois de regular os negocios de Ormuz, partiu para a India em 15 de setembro,

---

[1] Nuno da Cunha tinha ido á India pela primeira vez em 1505, em companhia de seu pae, na frota de Affonso de Albuquerque. Tomando parte em varias conquistas, foram pelos seus feitos de armas, elle e seu pae, armados cavalleiros em Brava pelo inclito Albuquerque, segundo refere o sr. F. Nery Xavier na *Serie chronologica dos vice-reis e governadores geraes da India*, pag. 67.

TAVERNA DE MAURÁ

e chegando a Goa a 22 de outubro fez a sua entrada solemne na cidade no dia immediato.

De Goa dirigiu-se a Cochim, passando por Baticalá e Cananor, onde estava Lopo Vaz de Sampaio, que, indo a bordo da nau, deu posse do governo da India ao seu successor com todas as solemnidades do estylo. Concluido este acto, Lopo Vaz passou para a nau *Castello,* e acompanhou o novo governador para Cochim. Chegando a esta cidade, mandou Nuno da Cunha prender o seu antecessor, conforme a provisão que levava, sequestrar os seus bens e lançar pregões com trombetas, para o poderem accusar e demandar, o que muito sentiu Lopo Vaz, que sob homenagem regressou a Portugal na nau *D. Lopo de Almeida.*

Em novembro do mesmo anno, Melique Saca, de Diu, perseguido pelo rei de Cambaya, mandou pedir ao governador portuguez *seguro real* e embarcações para o auxiliarem contra aquelle rei, ao que Nuno da Cunha satisfez por intermedio de Gaspar Pereira em 21 de janeiro de 1530. Ao mesmo tempo mandou a Diogo da Silveira com 30 vélas para a costa de Malabar; a Antonio da Silveira de Menezes, seu cunhado, com uma frota de 51 embarcações para a costa de Cambaya, e a Heitor da Silveira com 6:000 homens para o mar Roxo.

Em 12 de fevereiro de 1530 partiu Nuno da Cunha de Cochim para Cananor, e de lá para Goa.

Em cumprimento das ordens especiaes de el-rei de Portugal, foi no 1.º de janeiro de 1531 contra Diu com 9:160 homens, sendo 1:450 portuguezes, em 199 navios de differentes dimensões.

Antes de chegar a Diu, desembarcou na cidade de Damão, que encontrou abandonada. Mandou celebrar missa solemne pelo commissario da ordem de S. Francisco, e lançar pregão promettendo o premio de 500 xerafins ao primeiro que subisse aos muros de Diu, ao segundo 300 e 100 ao terceiro.

Em 7 de fevereiro surgindo a frota na ilha de Beth, tratou de ver se a podia obter por meio de convenções, e não podendo conseguil-o, mandou-a tomar á força, morrendo no combate 1:800 indigenas que a defendiam e 12 portuguezes, sendo um d'elles Heitor da Silveira.

Em 16 de fevereiro combateu Diu, durando o combate todo o dia sem resultado para os portuguezes. Á noite, reconhecendo a impossibilidade de conquistar a cidade por Gogolá, conforme as ordens de sua magestade, resolveu bloqueal-a, encarregando da execução do bloqueio Antonio da Silveira, que ali estacionou com uma frota de 60 vélas e 1:500 homens.

Voltando para Goa, Nuno da Cunha aportou a Chaul, onde se deteve alguns dias, mandando construir um baluarte.

Mais tarde, recebendo Antonio da Silveira ordem para se retirar das aguas de Cambaya, mandou este incendiar as cidades de Jafferabad e Tajé, distante 5 leguas de Diu. Depois, dirigindo-se á cidade de Gogá, distante 24 leguas de Jafferabad, incendiou-a tambem e a todas as embarcações fundeadas no porto. D'aqui passou para Surrate, onde queimou 7 embarcações indigenas, e, desembarcando na cidade, destruiu as fortificações recentemente levantadas.

O rei de Calecut, assombrado com a guerra sem treguas que Nuno da Cunha mandava fazer, pediu paz, e offereceu logar no seu reino para os portuguezes construirem uma fortaleza.

Em 20 de outubro embarcou Nuno da Cunha para Calecut, onde em vinte e seis dias construiu e guarneceu a fortaleza, de cujo commando incumbiu o capitão Diogo Pereira.

Em 6 de maio de 1532, Antonio de Saldanha e Manuel de Vasconcellos tomaram 3 naus aos mouros na ponta de Diu, onde Antonio de Saldanha entregou a frota, que commandava, a Diogo da Silveira.

Em janeiro de 1533 partiu Nuno da Cunha para Baçaim com 1:800 portuguezes, 2:000 canarins e 150 embarcações. Melique Tocan, sabendo da deliberação do governador da India, apesar de ter concluido as fortificações e contar 12:000

homens de guarnição, pediu paz; mas não concordando Nuno da Cunha nas condições propostas, conquistou a cidade, destruiu as fortificações e regressou a Goa.

Em julho do mesmo anno recebeu cartas de Meliquè Tocan, pedindo uma pessoa com quem tratasse cousas do serviço de el-rei de Portugal. Para satisfazer a este pedido, enviou Vasco da Cunha para Diu, onde estava Tocan, acom-

MONUMENTO DE RUMECÃO, BIMÃO, CRUZEIRO DE D. FERNANDO DE CASTRO, CASTELLO, MONUMENTO DE COGE ÇOFAR

panhado de pessoas intelligentes, que estudassem os pontos fracos da praça, por onde um dia podesse ser combatida; mas d'esta tentativa não houve resultado satisfactorio. Simultaneamente mandou Tristão de Gá ao rei de Cambaya offerecer-lhe paz, e pedir logar em Diu para uma fortaleza.

Tristão de Gá voltou a Goa, dizendo que o rei esperava resolver o pedido quando se encontrasse com o governador em Diu. Em vista d'esta resposta, embarcou Nuno da Cunha para Diu, levando comsigo 8 galeões e os melhores homens de armas; mas chegando áquella cidade não pôde conferenciar com o rei por insinuações de Rumecão.

Vendo baldado o trabalho da viagem, escreveu Nuno da Cunha ao rei dos Mogolos, offerecendo-lhe a sua amisade e auxilio contra o Soldão Badur, retirando para Goa em fevereiro de 1534. N'esta occasião chegou de Portugal Martim Affonso de Sousa, capitão mór do mar da India, a quem o governador deu o commando da frota que enviou contra Damão.

Martim Affonso de Sousa, chegando a Chaul, reuniu a sua frota á de Diogo da Silveira, e partindo para Damão conquistou e destruiu a fortaleza.

O rei de Cambaya, sabedor d'este facto, enviou um embaixador a pedir paz e offerecer aos portuguezes a cidade de Baçaim, onde Nuno da Cunha mandou abrir os alicerces da fortaleza, sendo lançada a primeira pedra em 20 de janeiro de 1535.

Em agosto, foi Martim Affonso convidado por Badur para ir a Diu, onde era perseguido pelo rei Mogol, a fim de ajustar paz, e dar logar para a construcção da fortaleza, objecto de grande empenho dos portuguezes.

Em 21 de setembro, chegando a Diu Martim Affonso, celebrou o tratado de paz e amisade com Badur, e tomou posse do baluarte do mar.

Em outubro chegou a Diu o governador Nuno da Cunha. A pedido de Badur, mandou duas frotas: uma para tomar a fortaleza de Varivine, e a outra para defender a cidade de Baroche.

Em 20 de novembro, depois da missa solemne a que assistiu, acompanhado dos capitães e fidalgos, dirigiu-se Nuno da Cunha, com grande ceremonial, ao sitio escolhido para a fundação da fortaleza, e deu a primeira enxadada nos alicerces, que se começaram a abrir. No dia seguinte assentou a primeira pedra, collocando debaixo d'ella algumas

ALDEIA DE VULGÃO

moedas de oiro. O Soldão Badur, querendo commemorar este acto e lisonjear os portuguezes, mandou entregar ao governador 15:000 xerafins para distribuir pelos trabalhadores.

Ficando concluida a fortaleza nos ultimos dias de fevereiro de 1536, deu-se-lhe o nome de S. Thomé, e foi nomeado governador d'ella o capitão Manuel de Sousa.

Diogo Botelho, sabendo quanto D. João III estimaria a noticia de ter uma fortaleza em Diu, tirou a planta d'ella e uma copia do tratado, e, embarcando n'uma fusta de 4^m,84 de comprimento, 2^m,64 de largura e 1^m,32 de pontal, com seis escravos e tres creados (a quem occultou o intento) navegou para Portugal, onde chegou com um só companheiro, porque os outros se lhe haviam sublevado, e elle puniu. O pequeno baixel que fizera tão longa viagem em procellosos mares foi queimado em Sacavem, e o intrepido navegador portuguez desprezado!

Voltando a Goa Nuno da Cunha, teve de combater as forças do Hidal-Kan que nos invadíra Bardez e Salsete, e de partir em seguida para Cochim, com o intuito de acudir á guerra declarada entre o rei d'aquelle reino e o de Calecut, e á sublevação do Coromandel.

Em 1537, recebendo aviso de que o rei de Cambaya se preparava para tomar a fortaleza de Diu, partiu para ali, a fim de a defender. Em Baçaim proveu a frota do necessario, e largou para Diu.

Pouco depois de fundear em frente da cidade, foi visitado a bordo, da parte do rei, por Coge Çofar. Este, voltando á cidade, e tendo encontrado o rei, que regressava da caça, deu-lhe a noticia de estar o governador doente, resolvendo o rei a ir visital-o no seu galeão.

Terminada a visita voltou o rei para a cidade, onde, travando-se uma desordem entre portuguezes e mouros, foi morto o Soldão Badur com os que o acompanhavam, e Manuel de Sousa, capitão de Diu, e outros fidalgos.

Sabendo os habitantes que o rei era morto, começaram a fugir precipitadamente da cidade.

Nuno da Cunha, para acalmar os animos, mandou lançar pregões, promettendo protecção e impondo penas rigorosas aos que se retirassem, e ordenou que fosse enforcado um bombardeiro por haver roubado um pedaço de oiro a um guzerathe. Estas providencias fizeram persuadir o povo de que a morte de Badur era occasionada por elle, e não por ambição dos portuguezes, para se locupletarem com os seus thesouros reunidos na cidade.

No dia immediato ao do tragico acontecimento, dando Nuno da Cunha as necessarias providencias para o governo da cidade, que estava á sua disposição com a morte do rei, nomeou capitão da fortaleza a Antonio da Silveira de Menezes, e mandou expressar os seus sentimentos de condolencia á rainha mãe de Badur, que estava refugiada em Novanagar. No dia seguinte procedou-se ao inventario das casas do rei e da rainha, que na vespera tinham sido fechadas e selladas.

Com a protecção de Nuno da Cunha, Mir Mahamed Zaman, cunhado do rei dos mogoles, foi acclamado successor de Badur, que, em compensação, cedeu a Portugal todas as terras e povoações da costa do reino de Guzera the desde Mangalor até a ilha de Beth, entrando pelo sertão duas leguas; e bem assim os territorios de Damão até Baçaim, com todas as praganãs e jurisdicções e 50 mil pardáos de ouro para pagamento de gente de armas.

Aggravando-se os padecimentos de Nuno da Cunha, embarcou este para Goa depois de mandar para Portugal a noticia da morte de Badur e da acclamação de Mir Mahamed Zaman.

Madre Maluco e Lukan, principes de Guzerathe, vieram, em seguida á retirada do governador, com um exercito de 60:000 homens contra Zaman, que, sendo derrotado, se refugiou em Gogolá.

Em fevereiro de 1538 voltou Nuno da Cunha a Diu com uma frota de 80 navios, para restabelecer Zaman no throno de Cambaya, regressando em março a Goa.

Em abril Coge Çofar retirou-se furtivamente de Diu, e foi em Champanel offerecer os seus serviços ao rei de Cambaya, pedindo-lhe que renunciasse o tratado feito com os portuguezes, e viesse tomar Diu com o auxilio da armada do Grão Turco, que se estava preparando no mar Rôxo.

NUNO DA CUNHA

O rei, cedendo ás solicitações dos inimigos dos portuguezes, mandou cautelosamente organisar, sob o commando de Alu-kan, um exercito de 5:000 homens de cavallo e 10:000 de pé; e Coge Çofar recrutou, a expensas suas, 3:000 cavalleiros e 4:000 peões.

Antonio da Silveira, tendo conhecimento dos mencionados preparativos militares, mandou concluir as obras da cisterna, e preparou-se para a lucta que o ameaçava.

Na madrugada de 26 de junho, Coge Çofar atacou de subito a villa de Rumes e o baluarte commandado por Francisco Pacheco.

O heroico Antonio da Silveira, ascendente do general Silveira, pae do marquez de Chaves, acudindo á pequena guarnição d'aquelle baluarte, fez retirar Coge Çofar, que foi ferido n'um braço.

Em 14 de agosto os exercitos reunidos de Alu-kan e de Coge Çofar vieram acampar ao N. do esteiro, e começaram a bombardear á ilha.

Reconhecendo Antonio da Silveira a impossibilidade de a defender, limitou a defeza á cidade, que a seu turno teve de abandonar, recolhendo-se á fortaleza com os poucos e mal armados companheiros de armas que tinha á sua disposição.

Em 4 de setembro surgiu em frente da ilha a armada dos turcos, commandada por Soleimão Baxá, sendo este o primeiro dia do primeiro cerco de Diu.

No dia 6 desembarcaram na cidade 700 janizaros, que, passando ao longo dos muros da fortaleza, dispararam os seus arcabuzes sobre os sitiados, matando 6 e ferindo 20.

No dia 12 chegou a Goa a armada de Portugal, conduzindo o vice-rei D. Garcia de Noronha, que tomou conta do governo da India no dia 14.

Nuno da Cunha, dando posse da governança ao vice-rei seu successor, entregou-lhe a frota de 80 vélas que tinha apparelhada e prestes a partir para Diu, a fim de combater os rumes, e soccorrer os portuguezes ali sitiados. Em novembro partiu para Cochim; sendo-lhe negada embarcação do estado para regressar a Portugal, pôde a muito custo obter uma particular, na qual embarcou em janeiro de 1539.

Durante o tempo que esteve em Goa, depois de entregar o governo, deu importantes conselhos ao seu successor

PRAÇA E CIDADE DE DIU

sobre o cerco de Diu, e soffreu bastantes desgostos, não lhe valendo para se pôr a coberto de calumnias e ordens barbaras, que se expediram para a sua prisão, as suas conquistas e relevantissimos serviços prestados á patria!

Dobrando o cabo da Boa Esperança, e vendo que poucos dias de vida lhe restavam, escreveu, alem do testamento que tinha feito, o seguinte juramento: «*Juro por esta hora em que estou, não ter da fazenda de El-Rei mais que cinco moedas de oiro, que tomei de fazenda do Soldão Badur para mostrar a El-Rei de Portugal, por serem formosas e grandes*».

Estando quasi moribundo, perguntou-lhe o seu capellão se havia por bem que, levando-o Deus Nosso Senhor, conduzissem o seu cadaver salgado em uma pipa para no reino lhe darem sepultura. Respondeu: «*Que se Deus havia por bem de o levar no mar, que o mar fosse sua sepultura, pois a terra o não quizera; e se ella tão mal recebia os seus serviços, não lhe queria entregar os ossos*».

No quinquagesimo dia de viagem falleceu, tendo cincoenta e dois annos de idade. Envolto no manto da ordem de S. Thiago, e cingida a espada com que tanto pelejou, foi —conforme a sua ultima vontade— lançado ao mar este notavel governador da India, e um dos maiores e mais intrepidos guerreiros que têem exaltado os fastos das nações, a quem ainda hoje a ingrata patria lhe nega a divida de uma estatua, a que tem direito a sua memoria pelos brilhantes feitos de armas, que tanto immortalisaram o nome portuguez em uma das epochas mais memoraveis do nosso imperio asiatico.

Nuno da Cunha foi casado duas vezes: a primeira, com a filha de Fernão Nunes da Silveira, senhor de Terena, de quem houve uma filha, que foi condessa de Portalegre; e a segunda, com uma irmã do conde de Sortelha, D. Luiz da Silveira, guarda mór de El-Rei, da qual teve alguns filhos.

O sr. conselheiro Joaquim Heliodoro da Cunha Rivara, nas suas *Jornadas ás praças do norte em* 1859, publicadas no *Boletim do Governo* e em folheto separado em 1865, onde colhemos valiosos subsidios, tratando da fortaleza de Diu, diz:

«A fortaleza que logo depois da conquista fundámos na ilha de Diu, foi a que ganhou perpetua nomeada com o famoso cerco defendido pelos capitães Antonio da Silveira e D. João Mascarenhas. N'este segundo foi mister acudir a Diu todo o poder portuguez na India, capitaneado pelo governador D. João de Castro, que desbaratou em batalha campal a el-rei de Cambaya e seus alliados. Da fortaleza só pôde salvar as ruinas, a que toda era reduzida. Para a reparar ou antes para a construir de novo, mandou D. João de Castro empenhar as suas barbas na camara de Goa, a qual bizarramente, restituindo o honrado penhor, mandou os 20:000 pardáos, que sobre elle lhe pedia o governador.»

Da fortaleza primitiva, que sustentou o cerco defendido por Antonio da Silveira, nada existe; da que foi reformada entre este cerco e o que defendeu D. João Mascarenhas, ha o baluarte da entrada; e das obras da nova fortaleza mandada fazer por D. João de Castro, pouco resta. Tudo mais, que mostra o desenho da cidade, são restaurações e acrescentamentos posteriores.

Requestada dos hollandezes, ameaçada e ás vezes entrada dos arabios nos seculos XVII e XVIII, foi mistér acrescentar á fortaleza muralhas regulares que defendessem toda a cidade. Não sabemos se n'esta parte se aproveitou alguma cousa das fortificações anteriores á conquista, mas parece-nos que não; seja como for, conserva-se ainda hoje em Diu a maior, e a mais bem delineada massa de fortificações, que na India chegámos a possuir.

Faltaria, porém, a segurança á cidade e á ilha, se não domináramos a lingua de terra firme adjacente e limitrophe do territorio do Nababo de Junaghar, denominada Gogolá, sitio aonde se fundou a villa de Rumes, tão celebrada dos nossos chronistas e poetas. Fortificámos tambem Gogolá da parte da terra firme no logar que nos pareceu mais conveniente, sem todavia perdermos a posse do territorio fóra dos muros, que d'antes nos pertencia. A ilha está separada da terra firme por um esteiro, que nas marés baixas se passa a váo nos pontos denominados Passo Secco e Passo Covo.

Quanto a Simbôr (indicado na *carta da costa occidental da India),* o forte e aldeia d'este nome vieram a nosso poder por conquista em 23 de abril de 1722, sendo castellão de

CASA E CAPELLA DE S. FRANCISCO XAVIER DO COLABO

Diu Luiz de Mello Pereira; mas logo em 1723 se perdeu a aldeia, ficando-nos o forte. Este, por ser edificado n'uma ilhota á borda do mar, foi denominado pelos indigenas —*Panni-Kottá,* isto é, forte do mar. Em 1725, perdida a aldeia, houve idéa de demolir o forte, o que effectivamente chegou a ser ordenado pelo governo da India em outubro de 1731, e tambem que se entupisse a barra, sendo castellão Hieronimo do Vadre Rebello; mas estas ordens foram suspensas em dezembro de 1732 pelo novo vice-rei conde de Sandomil.

Posteriormente esteve este forte abandonado. A este desamparo acudiu em 1857 o zeloso governador da praça, o major Romão José de Sousa, que reedificou tudo desde os alicerces, artilhou o forte e o guarneceu com um destacamento da praça, firmando assim o dominio portuguez quasi extincto.

Depois que o governador Romão José de Sousa segurou no forte a bandeira portugueza, concorreu logo ao porto de Simbôr grande numero de lanchas de pesca de Damão; e na ilha de Panni-Kottá e terreno adjacente na terra firme fazem os pescadores a sécca e salga do peixe (bambolim e outro) com grande lucro seu e dos de Diu, a que se associam.

Floresceu Diu nos primitivos tempos do seu estabelecimento. O seu commercio abrangia todo o tracto do golfo de Cambaya, reino de Cacha, Sinde e outras provincias d'aquella parte da India; e estendia as suas navegações ao golfo persico; e no mar Roxo aos portos de Méca e aos do Preste João na Abyssinia; á costa do Malabar, á de Africa oriental, Arabia e outros portos. Assim foi emquanto nós senhoreámos os mares. Vieram depois hollandezes e inglezes, que com suas feitorias de Surrate muito prejudicaram, e por ultimo os inglezes por si sós com o novo emporio de Bombay reduziram a limitadissimas proporções aquelle nosso commercio.

As suas tecelanias e tinturarias occupavam grande numero de braços e produziam differentes qualidades de estofos de algodão, que se exportavam vantajosamente para as possessões portuguezas na Africa oriental.

O enfraquecimento, porém, do commercio de Diu com Moçambique, foi a causa primordial da decadencia material que progressivamente aquella ilha ha soffrido.

Para este resultado deram-se principalmente os seguintes motivos:

1.º O aprisionamento do brigue *D. Pedro Duque do Porto,* feito em 1840 pelos navios de guerra britannicos, que deu em resultado uma perda de 100:000 patacas para dif-

BAILADEIRAS, E MURDANGUEIROS TOCANDO SERUNGUI

ferentes individuos, que ficaram privados de continuar como até então as suas operações, e o receio que tinham os carregadores de navios para Africa de virem no futuro a soffrer igual sorte;

2.º Por não poderem os productos das fabricas de Diu concorrer vantajosamente em Moçambique com iguaes artefactos produzidos na America e na Gran-Bretanha.

A receita annual de Diu, como consta dos documentos officiaes, é de 15:708$776 réis, e a despeza de 18:374$881 réis, havendo por isso um deficit de 2:666$105 réis, moeda forte.

A alfandega é actualmente a principal fonte de receita publica.

A praça e cidade de Diu, outr'ora considerada inexpugnavel por estar rodeada de grandes fossos cheios de agua do mar, e se achar defendida com muitos baluartes (como se vê na carta topographica), construidos sobre rochedos que se elevam até 26 metros acima do nivel do mar, e guarnecidos de peças de artilheria, é hoje de pouca importancia militar. Recolhidas no castello existem 34 peças de bronze e 37 de ferro, de diversos calibres.

No baluarte de S. Martinho ou de S. Jorge (no castello) está uma grande bombarda de $2^m,86$ de comprido e $0^m,66$ de diametro na bôca, em cuja borda tem este letreiro:

REGIS LUSITANI FAMULUS

Ao terço anterior tem as armas reaes portuguezas entre quatro espheras, e por baixo das ditas armas no meio da peça:

NONNI DA CUNHA
PRESIDIS JUSSU
CONFLATUM ET
ABSOLUTUM AN
MD. XXX III
REIMOU
ME FECIT.

No terço posterior um tigre em relevo, rodeado d'este letreiro:

EU SOU O TIGRE ESFORÇADO
QUE POR DO MEMORANDUM
PAN[1]

No mesmo baluarte está outra bombarda de bronze com o letreiro:

FERNANDO ANES ME FEZ
EU ETOR FORTE AMOR (?) OS DA
REI MORTE.

Ainda existe no mesmo baluarte um grande pedreiro de bronze com tres inscripções turcas.

Na couraça pequena sobre o mar está outra peça de bronze com a Roda de Santa Catharina, e o letreiro:

FOI FUNDIDO ESTE TIRO NA ERA
DE 1537 POR MANDADO
DO GOVERNADOR NUNO DA CUNHA.

A sua força publica em 1865 compunha-se do estado maior da praça, de uma companhia de caçadores, um destacamento do regimento de artilheria de Goa, e de alguns officiaes da 4.ª secção empregados nos differentes commandos da ilha. Tem, segundo o recenseamento de 1881, 169 militares e 187 marinheiros.

Ha n'esta praça um grande material de artilheria, cujo commando recáe no official do destacamento da mesma arma. Este material estava em pessimo estado de arranjo e limpeza, quando tomou conta do governo o nosso prezado amigo D. Jorge Augusto de Mello (um dos modernos governadores de mais reconhecida capacidade e que mais interesse tomou por esta possessão), que mandou separar o

[1] Ou *que por do me mandou paso*. Não foi possivel decifrar o sentido d'estas ultimas palavras.

DANSA DO MANDÓ EM CASA DAS BAILADEIRAS

que estava em bom estado do que se julgou incapaz, e tomou as necessarias providencias para evitar a deterioração do que podia ainda ser conservado.

Grande parte das fortificações, quarteis e edificios publicos carecem de muitos e dispendiosos reparos.

Devido á solicitude d'este patriota governador, reconstruiu-se no tempo do seu esclarecido governo o grande edificio denominado casa de Luiz José, pertencente á fazenda nacional, que se achava em completa ruina. Construiram-se n'ella as accommodações precisas para o tribunal da justiça, que até áquelle tempo fazia as suas audiencias nos corrèdores do claustro do antigo convento de S. Paulo, e edificaram-se ainda os paços da camara municipal, e a conservatoria.

Concertou-se na mesma epocha um dos baluartes do castello, denominado o baluarte do *Chato,* e fabricou-se de novo uma parte da muralha da praça, que estava inteiramente arruinada, na margem do rio.

Alem d'estas obras procedeu-se aos reparos precisos na casa de residencia dos governadores em Malála, na couraça, no arsenal e no caes do castello, ao qual se deu nova fórma, collocando-se ali uma bateria de 21 bôcas de fogo.

Tem a praça e cidade de Diu um hospital militar, estabelecido no antigo convento de S. Francisco, em muito bom estado, com excellentes condições hygienicas e sufficientes accommodações para os doentes.

Monumentos.—Existem em Diu numerosas inscripções, que ali ha por toda a parte, commemorativas ou de successos historicos ou de obras mais ou menos importantes, feitas nas fortificações, que o sr. conselheiro Cunha Rivara copiou em 1859, quando visitou esta cidade, e depois publicou no *Boletim do Governo* e em folheto, como já dissemos. O folheto tem 60 paginas, e n'elle a pagina 31 faz menção dos dois obeliscos, que se acham na esplanada do castello do lado do mar, um grande e outro pequeno, os quaes a tradição da terra diz serem os tumulos de Coge

Çofar e de Rumecão[1]. Nada, porém, indica a certeza (diz o sr. Rivara) ou ainda a verosimilhança d'esta tradição.

Na falta de emblema, letreiro ou data, que nada d'isso ha nos obeliscos, e na de qualquer luz directa de documentos ou de auctores, temos de recorrer ao discurso. Este nos diz que os obeliscos ou foram fabricados pelos mouros ou pelos portuguezes. Ambas as hypotheses offerecem as mesmas insuperaveis difficuldades para se haverem taes obeliscos por monumentos funereos dos capitães Rumes. Para os mouros os fabricarem, era mistér que alcançassem licença dos portuguezes; e concederiam elles, mórmente n'aquelles tempos antigos, que fosse celebrada e honrada a memoria de dois inimigos, odiados como taes, e mais que tudo, por sectarios da lei de Mafoma? Póde-se, sem hesitação, responder negativamente. As mesmas rasões, ainda com mais força, militam para que se não possa suppor que os portuguezes erigissem por suas proprias mãos monumentos a Coge Çofar e Rumecão.

Consideremos ainda as circumstancias da morte dos dois capitães musulmanos. Coge Çofar foi morto em um assalto dado á fortaleza, saíndo d'esta uma bala perdida, que lhe levou a cabeça (Jacintho Freire na *Vida de D. João de Castro,* liv. II, § 60). «Houve no exercito (acrescenta o mesmo auctor) sentimento publico pela falta de tão grande soldado. Viram os nossos com destemperadas caixas, e arrastadas bandeiras dar sepultura ao corpo com todo o funeral militar e politico, que ensinou a vaidade da guerra.»

Cabe no possivel que o logar, onde ora está o obelisco grande, seja o mesmo em que caíu morto Coge Çofar; mas não é por certo o em que foi sepultado pelos seus, porque para este acto e suas ceremonias era infallivel que buscassem outro fóra do alcance das balas da fortaleza, embora não encoberto á vista dos cercados.

---

[1] O obelisco de Coge Çofar tem de altura 26 metros e o de Rumecão, 12 metros.

Rumecão morreu na batalha campal, com que D. João de Castro fez levantar o cerco. Esta batalha foi dada fóra da cidade, que os mouros ainda occupavam, e portanto em sitio mui afastado da fortaleza. Descrevendo-a no seu liv. III, diz Jacintho Freire, § 25:— «Rumecão vendo tudo perdido, vestindo uma pobre cabaya, se lançou entre os

BANIANE

mortos, occultando-se á ira e á victoria; porém huma pedra tirada de mão incerta o livrou, com a morte, do triumpho». Mais infeliz que seu pae, não recebeu Rumecão honras funebres, sendo sem duvida sepultado de envolta com o mais humilde soldado do seu exercito, ignorando-se depois aonde jazia seu corpo, ou inteiro ou mutilado. Só se conhece que o logar onde morreu foi muito distante d'aquelle, em que se acha o obelisco pequeno, a que o seu nome anda vinculado na tradição.

Se até ao tempo em que escreveu Jacintho Freire, estivessem erectos os obeliscos com a intenção, que se diz, não deixaria elle de dar algum toque neste particular. E se o não foram até áquelle tempo, que já distava um seculo dos successos do cerco, sel-o-íam depois d'isso? Custa a crer. E no fim de tudo, se n'elles se não encerram os ossos dos dois capitães, *ad quid perditio haec?*

Màs, finalmente, o que significam aquelles obeliscos, quem os erigiu, em que tempo, e para que fim? Não sei: só sei que nada têem com Coge Çofar, nem com Rumecão.

Na mesma esplanada, quasi no meio d'ella, está um cruzeiro de 29 metros de altura, que outra similhante e infundada tradição diz indicar o logar da sepultura de D. Fernando de Castro, filho do governador D. João de Castro, o qual na carta topographica da cidade vem (talvez por equivoco) com a designação de *M. de Sousa Coutinho.* Poucas considerações serão bastantes para dissipar mais este engano. D. Fernando de Castro morreu no dia de S. Lourenço no baluarte S. João, com outros muitos fidalgos e soldados, por effeito de uma mina, que o inimigo fizera, e a que poz fogo no meio do conflicto do assalto. Os mortos foram enterrados na fortaleza, nem outra cousa podia ser.— «A D. Fernando de Castro depositaram em separado enterro, por se o governador seu pay quizesse trasladar-lhe os ossos a logar differente; lavrar-lhe-hia tumulo mais soberbo, porém não mais illustre», diz Jacintho Freire no liv. II, § 120. D'onde se vê quão impossivel era que o logar da sepultura fosse aquelle, onde se acha o cruzeiro, tão fóra da fortaleza, e n'aquella occasião occupado pelo inimigo.

Tambem me parece (acrescenta o sr. Rivara) que o cruzeiro é obra posterior ao alargamento da esplanada que em 1634 mandaram fazer os ministros que foram visitar as praças do norte, sendo por essa occasião derrubadas cento e trinta e cinco casas mui grandes e nobres, que estavam edificadas ao longo da fortaleza (vide *Descripção da fortaleza de Diu* por Antonio Bocarro, no *Chronista de Tissuary*, tomo III, pag. 100).

Torre das apostas ou Bimão.—A pedra de Bimão, situada no bairro dos cabouqueiros a L. do baluarte de S. Paulo[1], era uma eminencia sobre a qual se construiu a torre (que se vê no desenho dos monumentos) a que se deu a denominação de torre das apostas, porque do alto d'ella uma immensidade de gente vigiava o apparecimento das embarcações, e que de noite e de dia, com os olhos fitos no horisonte, apostava sobre o dia em que se havia de avistar o barco, dias de viagem, carga e passageiros que trazia, hora em que havia de entrar na barra e a em que surgiria no porto. As apostas foram abolidas por portaria do governo geral do visconde e depois conde de Torres Novas, de 24 de abril de 1856, lavrada sob proposta feita á junta geral de districto pelo procurador d'ella Antonio Affonso Mendes Coutinho, juiz de direito da comarca de Bardez, e em virtude d'estas resoluções mandou o governador de Diu entaipar de pedra e cal a porta da torre das apostas. Todavia, nem por isso estas cessaram, porque os banianes, mais encarniçados parceiros das apostas, continuam a apostar ás escondidas; se bem que os mais prudentes fogem de arriscar seu dinheiro, por não terem agora, como tinham antigamente, acção contra os que usarem de má fé. É, porém, certo que em outras terras do Guzerathe, debaixo da dominação ingleza, são ainda toleradas taes apostas em mui variadas materias.

Administração publica.—A administração publica, tanto administrativa, como judicial e fiscal corresponde á de Damão.

Ha duas repartições publicas em Diu: a feitoria e a alfandega.

---

[1] Vide Nomenclatura e carta da praça e cidade de Diu.

A primeira compõe-se de um feitor, um primeiro escrivão, um segundo, tres amanuenses e um porteiro.

A segunda tem um sub-director, um escrivão, um thesoureiro, um porteiro, um ajudante, seis guardas de segunda classe e quatro de terceira.

A administração judicial compõe-se de um juiz de direito e um delegado do procurador da corôa e fazenda, que são filhos de Goa, e nomeados pela Relação do estado da India, dos respectivos escrivães e officiaes de diligencias.

Ethnographia.—A população de Diu compõe-se de christãos, hindús banianes, brahmanes, gentios da casta sorotiá e samoti, parses e mouros. Os juramentos que prestam em juizo os habitantes não christãos da ilha, segundo o codigo dos seus usos e costumes, approvado pela portaria do governo geral da India de 31 de agosto de 1854, sejam as partes, sejam os louvados e testemunhas, são o de areca, betle e arroz, entre as castas dos banianes, tecelões, tintureiros, cabouqueiros, chunarás, caldeireiros e outros; o de cordão entre os parses; o de ferro entre os mouros; o de roda e olhos entre coles, déris e outras castas reputadas inferiores.

São, porém, admittidos os juramentos mais rigorosos nos livros da respectiva religião, como sobre Guitá ou Guitagi e Bagoanty, sobre o Vanidade Potó, e sobre o Alcorão; mas taes juramentos poderão ser obrigados a prestar sómente os litigantes; e o juiz a requerimento das partes os deferirá, quando a gravidade da questão o tornar necessario, tendo para esse fim em consideração as qualidades das pessoas que o requerem, e das que o hão de prestar.

A maior parte dos habitantes da ilha, principalmente os das classes mais pobres, e mesmo muitos individuos da praça, vão diariamente ganhar os meios de subsistencia nas aldeias Divão e Unã.

Estes habitantes pagavam em 1865 differentes impostos, taes como o do tabaco, o de palmeiras á sura e de taberna, o do sêllo, e o de reaes de carne.

VEDDO OU ARVORE DE GRALHA

Outros havia privativos da praça, a saber: miudezas do bazar, medidagem da cidade, pará do mantimento, manteiga, azeite e sebagem. Havia, finalmente, alguns especiaes das aldeias Brancavará e Gogolá.

Rendiam todos elles annualmente a quantia de 20:965 xerafins, 1 tanga e 47 réis; e eram considerados a segunda fonte de receita.

O rendimento dos predios nacionaes era a terceira fonte de receita publica, e produzia annualmente 14:000 xerafins.

Os denominados predios nacionaes ou hortas são palmares e varzeas, que se arrendavam de tres em tres annos em hasta publica perante o adjunto do governo. O rendimento d'estas importantes propriedades deve augmentar consideravelmente, quando forem racional e convenientemente cultivadas[1].

Ha n'ellas grande abundancia de agua e o solo é fertil, e capaz de produzir não só as plantas indigenas, mas muitas exoticas.

Alem d'estas propriedades possue a fazenda publica de Diu uma grande extensão de terrenos incultos, que se estendem desde as portas do campo até quasi á aldeia de Brancavará, na margem do esteiro, que banha o norte da ilha. Estes terrenos, nas aguas vivas, ficam completamente innundados, e quando as aguas descem deixam sal crystallisado. Seriam de grande proveito para a ilha e de consideravel rendimento para o Estado, se fossem aproveitados para o estabelecimento de salinas e palmares.

As vias de communicação e de transportes por terra são as primitivas. Ha apenas um lanço de estrada de 2,5 kilometros de extensão, que conduz á *horta* de Malála, onde os jesuitas edificaram para seu uso o palacio que hoje serve de casa de recreio ao governador de Diu.

As communicações maritimas internas são feitas por barcas da passagem, e as externas por patamarins.

---

[1] Vide nota á pag. 121 do volume 1.

As aldeias de Gogolá e de Brancavará são as mais importantes pelo seu progressivo desenvolvimento.

NOMENCLATURA DA PRAÇA E CIDADE DE DIU

SEGUNDO A CARTA TOPOGRAPHICA

1 Primeira porta e ponte do castello.
2 Ponte levadiça è segunda porta.
3 Bateria do caes.
4 Terceira porta.
5 Porta principal do castello.
6 Antiga residencia dos governadores.
7 Baluarte arruinado.
8 Baluarte de S. Domingos.
9 Baluarte da Homenagem.
10 Baluarte de S. Nicolau.
11 Baluarte Cavalleiro.
12 Baluarte de S. Filippe.
13 Baluarte de S. Thiago.
14 Baluarte do Chato.
15 Baluarte de Santa Luzia.
16 Couraça grande.
17 Baluarte de Santa Thereza.
18 Couraça pequena arruinada.
19 Baluarte de S. Martinho.
20 Ruinas da antiga Misericordia.
21 Ruinas da antiga Sé.
22 Capella de S. Thiago.
23 Quarteis da guarnição.
24 Paiol da polvora.
25 Cisternas.
26 Cisterna da Rainha.
27 Cisterna do Rei.
28 Armazens.
29 Cadeia.
30 Quartel de inspecção.
31 Monumento e sepultura de Rumecão.
32 Monumento de Sousa Coutinho ou de D. Fernando de Castro. (?)
33 Monumento de Coge Çofar.
34 Convento de S. Francisco.
35 Caboucos.
36 Baluarte da Madre de Deus.
37 Residencia do governador.
38 Fabrica de vinho judeu.
39 Pagode dos parses.
40 Pelourinho construido em 1799.
41 Bazar construido em 1799.
42 Alfandega.
43 Caes da alfandega.
44 Baluarte de S. João e porta do Mar.
45 Arsenal.
46 Caes do arsenal.
47 Baluarte de S. Filippe ou Tranqueira.
48 Porta da praia.
49 Mesquita dos mouros.
50 Reducto do S. Matheus.
51 Baluarte de S. José.
52 Ponte do Diamante, quebrada.
53 Baluarte de S. Pedro.
54 Baluarte de Santa Catharina.
55 Baluarte de Santo Antonio.
56 Baluarte de Nossa Senhora do Rozario.
57 Baluarte de S. Caetano.
58 Porta da Terra.
59 Casas das guardas.
60 Reducto e ponte levadiça.
61 Baluarte de S. Francisco Xavier.

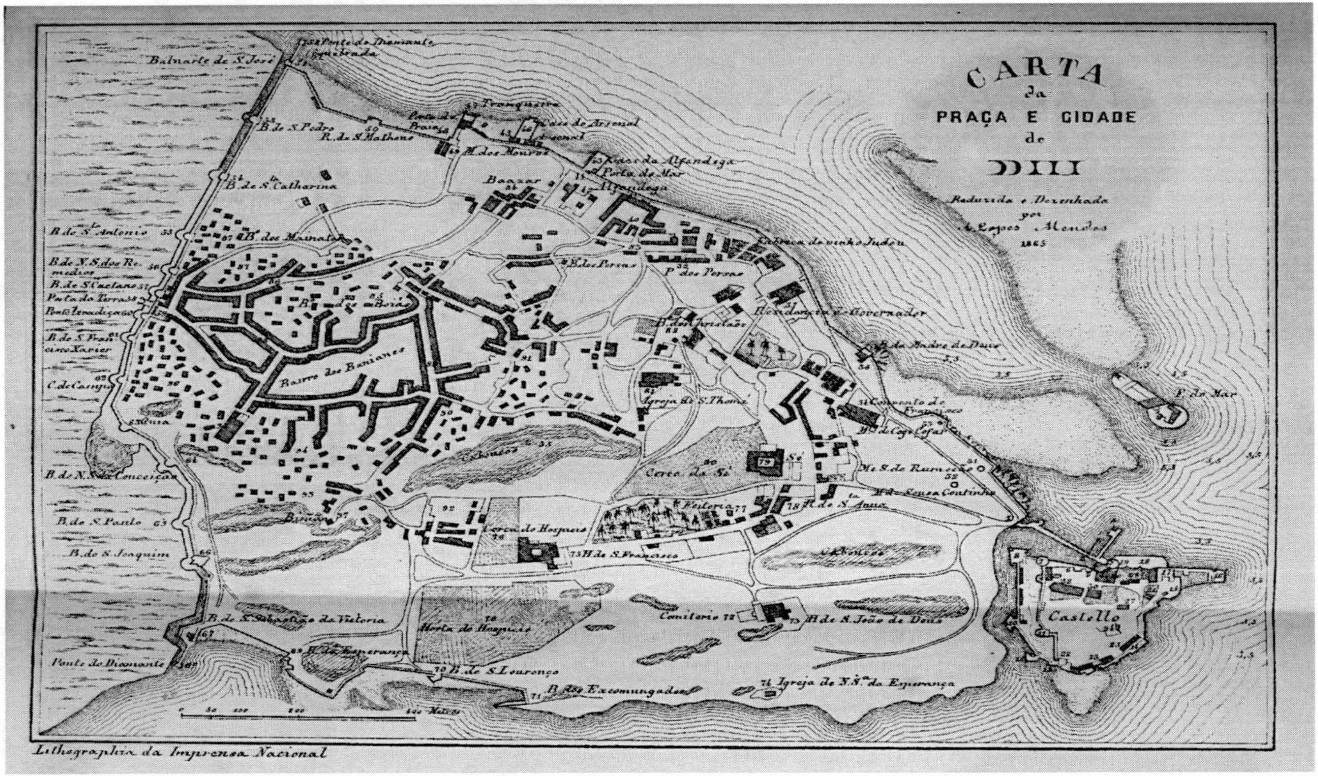
CARTA
da
PRAÇA E CIDADE
de
DIU
Reduzida e Desenhada
por
A. Lopes Mendes
1865
Balnarte de S. José
Tronqueira
B. de S. Pedro
R. de S. Matheus
M. dos Mouros
Alfandega
B. de S. Catharina
B. de S.to Antonio
B. dos Persas
P. dos Persas
Residencia do Governador
Bairro dos Banianes
Igreja de S. Thomé
Convento de Francisco
Cerca da Sé
Sé
Feitoria
H. de S. Anna
Cerca do Hospicio
H. de S. Francisco
B. de N. S. da Conceição
B. de S. Paulo
B. do S. Joaquim
B. de S. Sebastião da Victoria
Horta do Hospicio
Cemiterio
H. de S. João de Deus
B. de S. Lourenço
B. dos Excomungados
Igreja de N. S.ra da Esperança
Castello
F. do Mar
Ponte de Diamante
Metros
Lithographia da Imprensa Nacional

62 Baluarte do Cavalleiro do campo.
63 Baluarte de Nossa Senhora da Guia.
64 Baluarte de Nossa Senhora da Conceição.
65 Baluarte de S. Paulo.
66 Baluarte de S. Joaquim.
67 Baluarte de S. Sebastião da Victoria.
68 Ponte do Diamante.
69 Reducto de Nossa Senhora da Esperança.
70 Baluarte de S. Lourenço.
71 Baluarte dos Excommungados.
72 Cemiterio feito em 1840.
73 Hospicio de S. João de Deus.
74 Ruinas da igreja de Nossa Senhora da Esperança.
75 Hospicio de S. Francisco.
76 Horta e cerca do hospicio.
77 Feitoria.
78 Recolhimento de Santa Anna.
79 Sé (antiga igreja de S. Paulo).
80 Cerca da Sé.
81 Igreja de S. Thomé.
82 Bairro dos christãos.
83 Bairro dos parses.
84 Bazar.
85 Bairro dos boiás.
86 Rua dos tintureiros.
87 Bairro dos mainatos.
88 Rua dos ferreiros.
89 Rua dos banianes.
90 Bairro dos alfaiates.
91 Bairro dos sapateiros.
92 Bairro dos tecelões.
93 Bairro dos cabouqueiros.
94 Bairro dos oleiros e piladeiras.
95 Pagode dos banianes.
96 Bairro dos mouros.
97 Torre das apostas ou Bimão.
98 Forte do mar.

Ao regressar das praças do norte, passámos por Bombay. Quando ali estivemos pela terceira vez em 1865, e pela quarta ao regressar á patria em maio de 1871, hospedámonos na casa do Colabo, que pertence ao governo portuguez, e serve de habitação temporaria aos europeus, que de Portugal se dirigem a Goa ou das nossas possessões asiaticas regressam á Europa.

Colabo.—Este edificio era um collegio portuguez, hoje extincto, denominado de S. Francisco Xavier do Colabo. Está situado no ilhéu chamado *Andri-Condri* do Colabo, aonde por muitos annos residiu o corsario Sambagy Angriá, até que os portuguezes e inglezes, depois de renhidos combates o conquistaram em 1735.

Os inglezes apoderaram-se do ilhéu quando perdemos Baçaim em 1780.

De todo o nosso poderio n'esta região asiatica, resta-nos apenas o edificio que mostra o desenho!...

Em 7 de novembro de 1840, por portaria do ministro da marinha e ultramar, consignaram-se ao administrador d'esta casa 20 rupias chirinas, que depois se elevaram a 25.

Ás cinco horas da tarde do dia 11 de fevereiro de 1865 estavamos a bordo do vapor *Tilly Bombay*, que nos conduziu a Goa. Ás dez horas da noite suspendeu ferro este vapor da carreira do S., saíndo do vasto porto de Bombay, onde se vêem fundeados muitos navios mercantes de todo o lote e de differentes nações e grande numero de navios de guerra.

Ás tres horas e meia da manhã do dia 13, fundeou o vapor na foz do amplissimo rio Mandovy, em frente da praça da Aguada, onde desembarcámos, seguindo em escaler para Pangim.

Passados seis annos e tres mezes, no dia 10 de maio de 1871 embarcámos em Pangim no vapor *Flox*, que nos transportou a Bombay, d'onde partimos para a Europa, sendo nossos companheiros de viagem até Portugal o sr. dr. Eduardo de Freitas e Almeida, physico mór do Estado, sua ex.ma esposa D. Anna de Almeida e o mallogrado Antonio de Mancellos Ferraz.

Depois da nossa partida de Goa revoltaram-se alguns regimentos do exercito da India.

O governo da metropole, reconhecendo a necessidade de adoptar energicas providencias que evitassem a repetição d'aquelles actos de indisciplina, publicou varios decretos reformando o exercito, nomeou governador geral da India o sr. general Macedo e Couto, e deu ordem para embarcar o batalhão de caçadores n.º 1. No dia 12 de novembro saíu do Tejo o vapor *Neva* levando a bordo aquelle batalhão, o novo governador e sua alteza o sr. infante D. Augusto, que espontaneamente se offerecêra para acompanhar a força expedicionaria, que entrou a barra do Mandovy no dia 10 de dezembro. Postas em pratica as reformas decretadas pelo governo, regressaram o sr. infante e o batalhão a Lisboa, onde chegaram no 1.º de maio de 1872.

SUA ALTEZA O SR. INFANTE D. AUGUSTO

Sua alteza o sr. infante D. Augusto, duque de Coimbra, condestavel do reino e general de divisão, é o primeiro principe da casa reinante de Portugal que foi á India portugueza. Sua alteza reune a uma educação esmerada e espirito finamente cultivado a natural bondade que o tornam digno do respeito e consideração de todos que o conhecem.

CONSELHEIRO JOSÉ DE MELLO GOUVEIA

Conselheiro José de Mello Gouveia.—No regresso da India, desembarcámos em Lisboa no dia 13 de junho de 1871. No dia seguinte fomos apresentar as nossas respeitosas homenagens ao ex.mo conselheiro José de Mello Gouveia, que n'essa epocha geria os negocios da marinha e ultramar. Tivemos então com s. ex.ª, que ha muitos annos nos honrava com a sua amizade, uma larga conversação sobre os negocios publicos da India portugueza, recommendando-nos por essa occasião a publicação dos nossos apontamentos e desenhos do natural, que mais tarde coordenámos e offerecemos á benemerita Sociedade de Geographia de Lisboa, e hoje ao leitor.

O sr. conselheiro José de Mello Gouveia, que ao seu profundo saber de jurisconsulto, de agronomo e estadista, junta o ser homem honesto e cavalheiro dotado de benevolencia, rectidão e bondade extraordinaria para os que precisam importunal-o, era primeiro official da repartição de agricultura no ministerio das obras publicas, commercio e industria, quando em 1855 tivemos a honra de tratar com s. ex.ª, pela primeira vez, sendo-lhe apresentado pelo chefe da mesma repartição, o nosso comprovinciano, amigo e mestre de gloriosa memoria, o sr. conselheiro Rodrigo de Moraes Soares, que foi um homem de boa vontade, grande sabio, verdadeiro apostolo e gloria da nossa agricultura scientifica.

Nascido em Coimbra a 12 de dezembro de 1815, foi o sr. Mello Gouveia, ainda muito novo, perseguido e preso nas luctas de D. Miguel, por ser filho de um homem reconhecidamente adverso á causa absolutista.

Principiou a sua carreira publica em 1845, sendo despachado official maior do governo civil de Coimbra, occupando depois o logar de secretario geral de Villa Real de Traz os Montes, de administrador geral das matas nacionaes, de governador civil de Leiria, de Vianna do Castello, de Vizeu e do Porto, logar de que não tomou posse, por ser em 29 de outubro de 1870 nomeado ministro da marinha e ultramar pelo gabinete presidido pelo sr. duque de Avila e de Bolama. No anno seguinte geriu tambem interinamente a pasta da justiça desde 30 de janeiro a 1 de março de 1871. Quando caíu o gabinete regenerador, fazendo parte do grupo avilista, entrou de novo para o poder com o sr. duque de Avila, gerindo a pasta da marinha desde 5 de março de 1877 a 29 de janeiro de 1878, e interinamente a da fazenda, pela saída do sr. Carlos Bento, desde 10 de setembro de 1877 a 29 de janeiro de 1878.

Mais tarde voltou a gerir a pasta da marinha desde 14 de novembro de 1881 a 30 de janeiro de 1883. Foi n'esta ultima gerencia que s. ex.ª, attendendo ao pedido da Sociedade de Geographia de Lisboa, concordou na publicação d'este livro, e mandou proceder ao orçamento respectivo na imprensa nacional, a que só se deu cumprimento depois do regresso da nossa viagem á America, gerindo então a pasta da marinha e ultramar o sr. conselheiro Manuel Pinheiro Chagas, que auctorisou a despeza por despacho de 2 de junho de 1884.

Eleito deputado em muitas legislaturas depois de 1848, em que pela primeira vez tomou assento na camara, foi o sr. conselheiro Mello Gouveia, por carta regia de 8 de janeiro de 1880, elevado ao pariato. Actualmente este illustre e mui distincto portuguez é vogal effectivo do supremo tribunal administrativo.

Desde que saímos da India até hoje as nossas possessões indiaticas receberam notaveis alterações na sua administração publica, principalmente depois do tratado anglo-portuguez de 26 de dezembro de 1878, confirmado pelo decreto de 2 de agosto de 1882; e a cidade de Nova Goa recebeu igualmente importantissimos melhoramentos materiaes, durante o illustrado governo do ex.^{mo} almirante, Caetano Alexandre de Almeida e Albuquerque, sendo por essa epocha dignissimo secretario geral do governo, o distincto escriptor e nosso amigo, o sr. Eduardo de Sá Nogueira P. de Balsemão, que apesar de estar hoje aposentado, continua a publicar nos jornaes de Lisboa interessantissimos artigos sobre os mais importantes assumptos da nossa administração colonial.

Uma das reformas dignas de menção, que durante a esclarecida gerencia do ex.^{mo} conselheiro Caetano Alexandre de Almeida e Albuquerque o governo da metropole decretou para a India, foi a organisação das matrizes prediaes em cada uma das aldeias tanto das Velhas como das Novas Conquistas, baseando-se nos factos realisados na provincia de Satary, onde as matrizes se acham exemplarmente organisadas, e o rendimento actual accusa uma differença relevante com relação ao rendimento anterior. Este decreto está referendado pelo illustre e mui distincto estadista, ex-ministro e secretario d'estado dos negocios da marinha e ultramar, o ex.mo conselheiro Julio Marques de Vilhena.

O ex.mo conselheiro Manuel Pinheiro Chagas, ministro honorario da marinha e ultramar, de physionomia altamente sympathica, imaginação fecundissima e engenho superior em

CONSELHEIRO MANUEL PINHEIRO CHAGAS

todo o vastissimo campo da litteratura, é hoje a par de um habil e erudito historiador academico e notavel estadista, um orador parlamentar distincto. O seu nome é conhecido como um dos talentos mais brilhantes do mundo litterario, e como um portuguez a quem a patria deve relevantes serviços prestados com tanta honra e distincção, que a historia terá de registal-os com louvor.

Conselheiro Henrique de Macedo.—Por despacho de 14 de março de 1886, o ex.mo conselheiro Henrique de Macedo Pereira Coutinho, actual ministro e secretario d'estado dos negocios da marinha e ultramar, determinou que a edição da nossa obra fosse de 2:500 exemplares. S. ex.ª, que tem pouco mais de quarenta annos de idade, é de caracter

CONSELHEIRO HENRIQUE DE MACEDO

sympathico, maneiras distinctas e trato delicadissimo. Na camara dos dignos pares do reino, onde seu illustre pae honrou o pariato portuguez com elevada distincção, tem sido actualmente o orador mais celebrado do partido progressista. Professor de mathematica na Escola Polytechnica de Lisboa é verdadeiramente homem honesto e probo, grande politico e insigne diplomata, para o que possue fino espirito e solida instrucção.

Para os leitores, a quem a nossa brilhante historia ultramarina for menos conhecida, fazerem idéa dos illustres feitos de armas dos nossos antepassados e das suas conquistas, com que tanto exaltaram o nome portuguez, transcrevemos aqui o seguinte discurso de Coge Çofar dirigido ao Soldão Mamud:

«Com o sangue de Badur receberam as armas portuguezas a maior fama do mais atroz, delicto, e deixámos-lhes na mão a espada, com que nos degolaram o Rei para que com ella nos usurpem o reino; tiremos pois, de entre nós estas viboras nascidas no ultimo occidente para inficionar a Asia toda, como se verá discorrendo por seus estragos, que elles chamam victorias. Começando naquelle primeiro Gama a quem os mares, para perturbar a paz do Oriente, deram fatal passagem, o Çamorim de Calecut foi o primeiro a quem cortou seu ferro. As náus de Meca, que no amparo do Propheta, e paz das ondas navegavam seguras, foram assaltadas, e rendidas deste corsario que tantos annos, como monstro do mar, teve por casa as ondas, e por abrigo os ventos, e as tormentas. Pois aquelle D. Francisco de Almeida, que em um só dia, e com o mesmo golpe destroçou as armadas do Egypto e Cambaya, que na vingança da morte de seu filho, parece que queria beber o sangue do Oriente todo, se um Albuquerque, successor de sua crueldade e seu governo lhe não viera a tirar das mãos a espada. Este nasceu para injuria de todas as monarchias; porque com senhoriar Malaca, poz a todo o sul freio; rendeu Ormuz, emporio das riquezas do Mundo; tomou Goa ao Sabaio para cabeça de seu tyrannizado imperio, e sem trazer os exercitos de Xerxes, ou Dario, fez tributarios mais reinos, do que trazia soldados; levantando o pensamento a querer tirar de Meca o corpo do Propheta, pôz em conselho mudar ao Nilo as correntes, para alagar o Egypto, emprendendo seu espirito fazer duas tão famosas injurias, uma ao Ceo, outra á natureza. Não poderei referir a ambição de tantos, que com nossas injurias se fizeram illustres, porque temo me não caiba no tempo ou na memoria; porem lançai pelas mais remotas partes do Oriente a vista, ou juizo, e vereis a maior parte do Mundo receber leis de poder tão pequeno. Elles navegam daquella parte de Africa, que corre do Cabo de Boa Esperança até ás portas do estreito do mar Roxo, dominando por aquella parte Moçambique, Çofala, Quiloua, e Mombaça; e discorrendo o Cabo de Guardafui, olhando para as gargantas do mar Roxo, Aden, Xael, Herit, Caxem. Temem suas armadas as cidades de Dofar, e Norbete, no Cabo de Fartaque, e logo Curia, Muria, Razalhad. Aqui fica a cidade de Ormuz, ali a ilha de Queixome, Curiate, Calayate, Mascate, Orfacão e Lima; o Cabo Mocadão e Jazque, que formam a boca do estreito, que se estende até o rio Indo. Logo o cabo Guzerathe e Cinde nesta nossa Cambaya, donde até o cabo de Comori passeam suas armadas a India por espaço de 300 legoas; e começando desta nossa cidade de Cambaya, discorrem por Madigão, Grandar, Baroche, Surrate, Reyner, Moscarim, Damão, Trapor, Baçaim, Chaul, Bador, Cifardão, Galanci, Dabul, Cortapor, Carepatão, Tamega, Banda, Chaporá. Senhoream Goa, assento de seus governadores, e logo o maritimo do Canará, com Onor, Baticalá, Braçalor, Bracanor e Mangalor; e logo aquella parte principal do Malabar, que frequentam suas frotas, onde está o reino de Cananor, e nelle Calecoulão, Marabia, Tramapatão, Maim, Parepatão, com não menos soberba assombram o imperio de Calecut, com seus portos de Pandarane, Tanor, Panane, Balcançor e Chatua. Nos reinos de Cananor e de Cochim, quasi dominam com absoluto imperio em Porcá, Coulão, Calecoulão, Dotorá, Birinjão, e Travancor. Alcança o respeito de suas armas até o famoso Cabo Comori, defronte do qual está a illustre ilha de Ceylão, onde carregam as naus de differentes drogas. Não perdoam á enseada de Bengala, ou seio do Ganges, avistando Tacancuri, Manapar, Vaipar, Calegrande, Chercapale, Tutucuri, Calecare, Boadalá e Canhamorra. Correm Negapatão, Nabor, Trimipatão, Tragumbar, Coloram, Casapate e Sadropatam. Amedrontam com a multidão e grandeza de seus baixeis, Bisnaga, a costa brava de Orixá, e toda aquella distancia que ha de Segoporá, até Oristão e

CONSELHEIRO JOSÉ FERREIRA PESTANA

as bôcas do Ganges. Atravessam o cabo de Negraes, Arracão, Pegú, com tantas e tão maravilhosas ilhas. Passam por Vagatu, Martavão, Tagala, Favay, Tanaçari, Longur, Tairão, Quedá e Solungor, navegando até á sua Malaca, cabeça de todo aquelle archipelago. E logo dobrando o cabo de Sincapura, ancoram nos portos dos reinos de Sião,

Cambodge, Champá e Cochinchina. E passando aos reinos da China, se atreveram a olhar aquelle tão recatado imperio, que nunca soffreu a communicação de gentes estrangeiras; ali fundaram a celebre cidade de Macau, por onde persuadem aos chins os misterios de sua crença, fazendo juntamente do commercio á Religião escada. Daqui se divertem para as inumeraveis ilhas do Japão, visitando Tava,

VISCONDE DE S. JANUARIO

Timor, Borneo, Banda, Maluco, Lequios; de sorte que as velas portuguezas, com incansavel navegação rodeam a mór parte do mundo, em distancia de mais de nove mil leguas, que a tão ardua navegação os estimulou sua ambição e guiou sua fortuna.»

Conclusão.—Ao encerrar este livro seria falta imperdoavel não honrar-lhe as paginas com dois nomes illustres, que representam os dois ultimos governadores geraes do estado da India, os quaes a governaram durante o cyclo de 1865 a 1871, os ex.mos conselheiro José Ferreira Pestana e seu successor o sr. visconde de S. Januario, que geria os negocios do Estado ao tempo do nosso regresso á Europa em maio de 1871. A estes nomes associam-se ainda os de tantos outros illustres portuguezes como os dos srs. visconde de Paço de Arcos, conselheiro Francisco Joaquim Ferreira do Amaral, que inopinadamente acaba de pôr termo a uma administração brilhantemente iniciada, no sentido do progresso e da civilisação com moralidade; e o dos deputados Francisco Luiz Gomes, Caetano Francisco Pereira Garcez e Bernardo Francisco da Costa, que por seus brilhantes dotes concorreram poderosamente para a affirmação de que a alma d'este tão vilipendiado Portugal não tem para todos entrado em um periodo de estonteada decrepitude.

Se nos limites d'este livro coubesse tratar mais largamente das pessoas e das cousas da India, deveriamos ao menos a largos traços fazer a biographia de tão illustres varões, que, partindo uns da mãe patria e amando outros mais especialmente a terra que lhes deu o ser, vincularam seu nome por modo distincto á nossa administração colonial.

O sr. conselheiro José Ferreira Pestana, nos dois periodos do seu governo, póde enfileirar sua veneranda effigie ao lado dos mais honrados vice-reis da India e encimal-a da legenda—*Legalidade e Justiça.*

Visconde de S. Januario.—O ex.mo sr. Januario Correia de Almeida, primeiro barão e primeiro visconde de S. Januario, coronel do corpo de estado maior, antigo governador de Cabo Verde, Funchal, Braga, Porto, India e Macau, antigo ministro plenipotenciario em missão extraordinaria ás republicas hispano-americanas, e na China e Japão, primeiro presidente effectivo e hoje honorario da Sociedade de Geographia de Lisboa, actual ministro da guerra; antigo deputado da nação; par do reino; auctor de varias publicações coloniaes, e antigo membro do centro do partido historico, escolhido pelo governo da metropole em um momento critico da nossa administração colonial, passou pelo governo da India como luctador estrenuo, observador escrupuloso e administrador intelligentissimo.

A brilhante applicação que fez de suas poderosas faculdades no governo de Macau, faz lamentar que a ultima revolta militar que teve logar na India, cujas causas deixaremos de apreciar aqui, lhe não permittisse levantar n'aquella nossa possessão o nome portuguez á grande altura a que o ergueu em Macau, na China e Japão, e mais tarde na America como diplomata, e a que sem duvida no proprio paiz o teria levantado, se tão cedo não deixasse os conselhos da corôa, onde assignalou sua passagem como ministro e secretario d'estado dos negocios da marinha e ultramar. A biographia do sr. visconde de S. Januario pertence á historia, onde ha de ficar escripto seu nome immaculado.

Na epocha de mal entendida licença, e em que vae tão perdida a noção da verdade e justiça nas pugnas quotidianas da politica, tem passado o nobre estadista pelas eminencias do poder, acatado e respeitado. Isto basta para aquilatar a alta valia d'este varão illustre.

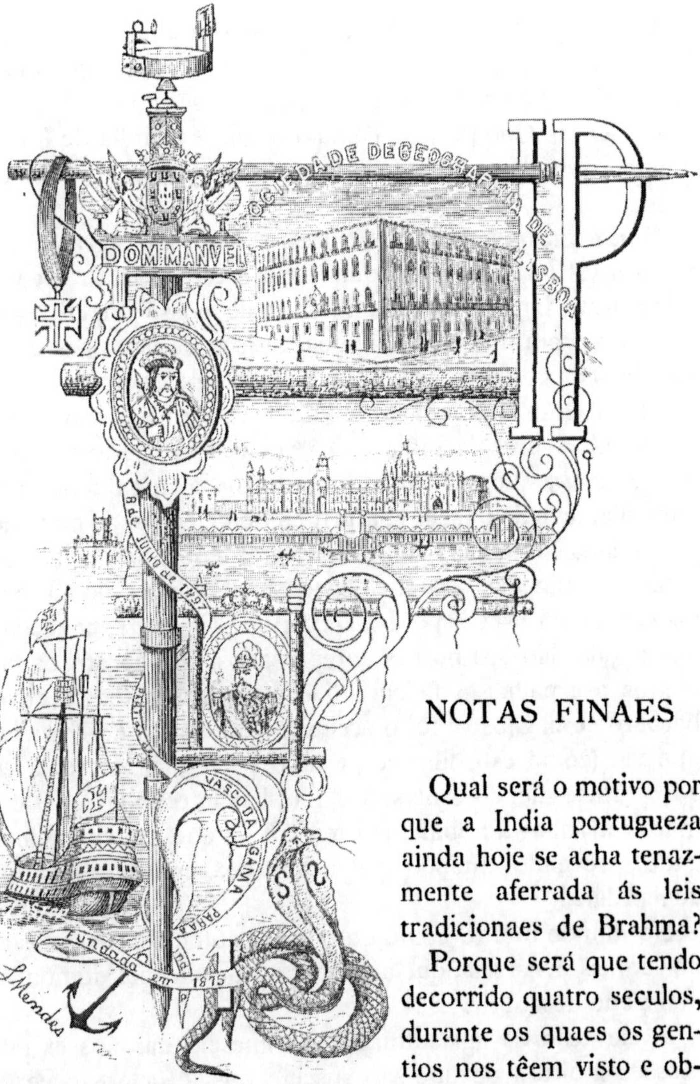

NOTAS FINAES

Qual será o motivo por que a India portugueza ainda hoje se acha tenazmente aferrada ás leis tradicionaes de Brahma?

Porque será que tendo decorrido quatro seculos, durante os quaes os gentios nos têem visto e observado continuamente, não querem elles ainda acceitar dos europeus cousa alguma, á excepção do dinheiro e protecção em todos os seus negocios, e especialmente na decisão de suas enredadas contendas? Eis o facto que se repete desde 1498, e que não procurâmos explicar.

A India portugueza, aferrada ás leis tradicionaes, é nas Velhas Conquistas a India de Camões, com as grandezas do seculo XV de menos e as miserias do seculo XIX de mais; e nas Novas Conquistas, Damão e Diu, é a India de Manú, inquieta por não se conformar ainda com a civilisação europea.

Coincidencias notaveis.—Primeira. Em 1510 o grande *Affonso de Albuquerque,* conquistando o territorio de Goa ao Hidal-Kan, lançou os fundamentos do nosso imperio asiatico, que, com magua o dizemos, passou de facto aos dominios britannicos, em virtude do tratado celebrado entre Portugal e a Gran-Bretanha em 26 de dezembro de 1878, sendo governador geral da India o ex.^{mo} conselheiro *Alexandre de Albuquerque,* que, não tendo por fórma alguma concorrido para elle, teve de o fazer cumprir como delegado do governo.

Segunda. Em 1557 foi estabelecida em Goa a gloriosissima proeminencia de chefe das christandades do Oriente na pessoa do arcebispo *D. Gaspar de Ornellas,* concedida como galardão aos nossos antepassados, que foram os primeiros a espalhar a fé christã e a civilisação entre povos barbaros e pagãos; e foi o arcebispo *D. Ayres de Ornellas,* que viu (como este illustre prelado portuguez escrevia em 1879) cheio de dor, mas dor inutil e infecunda, passar a mãos estranhas a nobilissima missão de que estava encarregado, prevendo então o que acaba de confirmar a ultima concordata!

No mundo moral, como no physico, tudo está encadeado por anneis invisiveis, que a vista mais penetrante do homem não póde descobrir.

A elevação da agricultura e commercio das nossas possessões á altura de que são susceptiveis, é, a nosso ver, a conquista que um governo esclarecido tem a fazer, quando quizer tirar partido da riqueza natural das nossas regiões de alem-mar, e concorrer ao mesmo tempo para o progresso material e moral dos povos sujeitos ao dominio portuguez.

O futuro das nossas colonias está igualmente dependente do desenvolvimento da nossa marinha, do systema administrativo adequado a cada uma d'ellas e da escolha dos funccionarios, porque, sendo certo que da boa escolha dos homens é que depende o resultado das emprezas, se quizermos que o impulso dado á sua prosperidade seja efficaz, devemos escolher para a administração colonial os homens mais idoneos que se preoccupem acima de tudo com os interesses e com a dignidade do paiz, sem haver na escolha privilegio de ordem, hierarchia ou politica.

É preciso que, a quem for incumbido o cumprimento das leis, politicas ou economicas das nossas possessões, possua as qualidades que distinguiram os nossos antepassados, para luctar tenazmente, porque as rivalidades internacionaes vão crescendo de dia para dia e são cada vez mais porfiosas.

Tentemos estabelecer vantajosa permuta, e quando a nossa industria não possa satisfazer, como actualmente, ás exigencias do trafico, sejâmos ao menos, como nos seculos XVI e XVII, os intermediarios, os corretores, entre o commercio do ultramar e o das nações europeas e americanas.

Alem da escolha dos governadores idoneos, devemos legislar para os povos das nossas possessões como elles são, e não como os governos da metropole concebem que elles deviam ser.

Devemos respeitar os seus usos e instituições sociaes, onde não produzam positivo mal, e ainda onde o produzam devem ellas ser substituidas com brandura, para evitar o descontentamento, as reacções e as sedições e revoltas de um povo, que tem instituições, usos e costumes inteiramente differentes dos europeus.

Procederá, pois, contra as regras do bom senso e contra as conveniencias sociaes aquelle governo, que na India desprezar as instituições agricolas estabelecidas, guiando-se por theorias phantasticas, fundadas em modelos europeus, que tantos desenganos nos têem trazido para implantar systemas adversos á indole d'aquelle povo, que tem ainda hoje os mesmos costumes a que Herodoto se refere no tempo da expedição de Sylax de Caryandra, ha mais de vinte e tres seculos.

Entendemos, portanto, que para a India portugueza poder acompanhar o desenvolvimento moral e material estabelecido no Industão pelos nossos vizinhos inglezes —eximios em administração colonial— e seguir como elles as correntes geraes da civilisação, é mister que o governo promova os meios seguintes:

1.º Ordenar o levantamento de uma carta geral topographica e cadastral, e de cartas parciaes de cada uma das aldeias tanto das Velhas como das Novas Conquistas, auxiliar indispensavel para uma perfeita e regular administração publica no sentido economico e politico, d'onde resultará, como já se experimentou em 1869 na provincia de Satary, reconhecido interesse para o Estado e consideravel proveito para o estudo e exame de muitos negocios concernentes á mesma provincia;

2.º Promover a extensão e aperfeiçoamento da cultura, de modo que os braços que todos os annos emigram para Bombay e outros pontos do Industão, possam encontrar no seu paiz trabalho em que se empreguem;

3.º Organisar o credito rural;

4.º Reformar o systema tributario depois do levantamento da carta geral topographica e cadastral, sem o que não haverá bases seguras para se lançarem os impostos com equidade, nem para se reformarem devidamente os existentes;

5.º Finalmente, promover o estabelemento de colonias agricolas nas Novas Conquistas.

Estava esta breve descripção das possessões portuguezas na India para ser prefaciada pelo nosso consocio na sociedade de geographia de Lisboa, velho e provado amigo o ex.mo sr. Camillo Castello Branco (visconde de Correia Botelho), quando á ultima hora recebemos a triste noticia de se haverem aggravado os padecimentos de s. ex.a, ficando por este motivo os leitores privados de apreciarem mais um primoroso escripto, como todos os que procedem da incomparavel penna do mais prodigioso artista da palavra e primeiro prosador portuguez da nossa epocha, de quem temos a honra de offerecer o retrato e o seu *fac simile.*

Hoje todas as attenções dos homens que se preoccupam com os interesses e prosperidade das nossas colonias, convergem principalmente para o continente negro, no qual a sociedade de geographia de Lisboa está indicando Loanda como nucleo do futuro imperio luso-africano.

A SOCIEDADE DE GEOGRAPHIA DE LISBOA ESTÁ INDICANDO LOANDA COMO NUCLEO DO FUTURO IMPERIO LUSO-AFRICANO

Commissões de serviço publico desempenhadas no estado da India portugueza pelo auctor d'este livro

Em 19 de abril de 1862 A. Lopes Mendes contratou, na qualidade de agronomo, com o governo de Portugal, os seus serviços no estado da India, devendo leccionar ali um curso de *agricultura e zootechnia elementar*. A 11 de agosto partiu para aquella possessão pelo Egypto, e chegou a Goa no 1.º de outubro do mesmo anno.

Por officio da secretaria do governo geral da India, de 21 de outubro de 1862, foi encarregado de inspeccionar com um dos membros da junta de saude o trigo de que os padeiros da capital estavam fabricando o pão para consumo dos habitantes, e de apresentar o respectivo relatorio, que foi entregue na secretaria do governo.

Por portaria n.º 3 de 14 de janeiro de 1863 —*Boletim* n.º 5— foi nomeado membro da commissão encarregada de estudar as florestas nacionaes do estado da India, e formular um regulamento florestal, em harmonia com as necessidades do paiz.

Por officio de 17 de janeiro de 1863, foi incumbido de inspeccionar um terreno pedido em aforamento na aldeia de Neurá-o-grande, por haver contestação ácerca do mesmo terreno.

Por portaria n.º 29 de 14 de fevereiro de 1863 —*Boletim* n.º 15— foi approvado o programma, que apresentou ao governo geral do estado, das disciplinas que haviam de ser lidas na cadeira de *agricultura elementar* no anno lectivo de 1863-1864.

Por officio n.º 484 de 7 de novembro de 1863, foi nomeado para fazer parte da commissão encarregada de demarcar, na provincia de Satary, os terrenos aos arrendatarios estrangeiros, excluindo as matas do estado.

Estando em Satary, foi, por officio n.º 507 de 10 de dezembro de 1863, encarregado, por instrucções verbaes e escriptas do governador geral conde de Torres Novas, de resolver a questão de limites, havida entre os arrendatarios Edward Gasset e Thiago Hayne, e de apresentar o respectivo relatorio.

Por portaria n.º 261 de 30 de dezembro de 1863 —*Boletim* n.º 1— foi nomeado membro da commissão incumbida de apresentar as modificações á carta de lei de 21 de agosto de 1853 sobre aforamentos de terrenos baldios da fazenda publica.

Por officio do 1.º de março de 1864, foi encarregado de demarcar, com tres officiaes engenheiros incumbidos da tombação das terras de Satary, os terrenos que deviam cultivar os arrendatarios estrangeiros; ficando por esta circumstancia interrompidos os trabalhos da commissão das matas.

Durante a quadra pluviosa de 1864, publicou no *Boletim do governo* uma serie de artigos sob a epigraphe de *Apontamentos sobre a provincia de Satary*.

Por officio n.º 27 de 20 de maio de 1864 do governo geral, dirigido ao administrador fiscal da 2.ª divisão das Novas Conquistas, foi incumbido de averiguar, de combinação com o mesmo administrador fiscal e com o administrador geral das matas, a quanto montavam em hectares os terrenos arrendados em Satary, qual a sua area, confrontações, etc.

Por instrucções particulares do mesmo governo, foi encarregado de ír a Satary examinar os terrenos semeados de algodão por Carlos Maddox, sobre os quaes havia contestação entre o governo da India portugueza e a companhia Nicol de Bombay, que se julgava prejudicada em 30:000 rupias (12:000$000 réis). Esta melindrosa questão foi decidida a favor do governo portuguez, como consta do relatorio enviado á secretaria do governo geral em 25 de julho de 1864.

Por officio da secretaria da junta da fazenda publica de Goa, de 3 de outubro de 1864, foi encarregado de ir a Salsete, e, de combinação com mais dois membros para esse fim nomeados, proceder ao exame da plantação e usurpação allegadas pelo padre Querobino de S. Galdino, que pedia uma valiosa indemnisação ao governo, pretextando que a sua varzea havia ficado deteriorada com a obra mandada fazer pela fazenda publica na propriedade de Assolnã.

Por officio da secretaria geral n.º 344 de 7 de outubro de 1864, foi encarregado, conjunctamente com o major de engenheiros Manuel Martins e o capitão Sebastião Augusto da Costa Leal, de examinar os aforamentos de Catão da Costa, Condorcet e outros, na 4.ª divisão das Novas Conquistas, e de informar sobre o estado da propriedade, jardim e mobilia do palacio de Quepem.

Por officio de 16 de novembro de 1864, foi encarregado de informar se haveria nas Novas Conquistas terrenos proprios aonde se podesse tentar a plantação da *chinchona,* sob as condições apropriadas á vegetação d'esta planta, na fórma que indica o folheto de *Mac Ivar,* declarando as condições agrologicas e climatericas das localidades escolhidas para se realisar a intentada cultura.

Por officio do governador geral de 10 de janeiro de 1865, dirigido ao governador de Damão, foi encarregado de examinar as florestas da Praganã Nagar-Avely do territorio portuguez de Damão. O relatorio sobre as florestas da Praganã está publicado no *Boletim do governo,* n.ºs 39, 40 e 41 do mez de maio de 1865.

Por portaria n.º 44 de 7 de fevereiro de 1865 —*Boletim* n.º 12, de 10 de fevereiro— foi nomeado membro da commissão encarregada de colligir e ordenar os productos agricolas e industriaes, para serem exhibidos na exposição internacional do Porto.

Por portaria n.º 82 de 13 de março de 1865, foi nomeado membro da commissão encarregada da demarcação dos terrenos de Satary, que foram arrendados a longo praso aos colonos estrangeiros.

Por officio de 5 de junho de 1865, foi encarregado de escolher em Satary, de combinação com o administrador fiscal da 2.ª divisão, o terreno proprio para dispor as plantas de chinchona, dando conta do que seria necessario fazer-se para se levar a effeito a projectada plantação.

Em 22 de outubro de 1865, foi eleito procurador á junta geral do districto pela 4.ª divisão das Novas Conquistas, exercendo n'este biennio as funcções de presidente da commissão consultiva da mesma junta.

Por officio n.º 393 de 19 de dezembro de 1865, acompanhado do processo de aforamento pedido por Diogo Bernardo de Saldanha e outros, foi encarregado de informar, depois de examinar e levantar a planta do terreno situado em Ucassaim de Bardez, se este terreno era ou não aforavel para construcção de casas.

Por officio n.º 55 de 27 de março de 1866, foi encarregado de fazer semear, de accordo com o administrador fiscal da 2.ª divisão, nas aldeias de Surla e Satrem em Satary, a *chinchona calassaia* do *Neilgherries*.

Por portaria n.º 75 de 6 de abril de 1866 —*Boletim* n.º 27— foi nomeado vogal secretario da commissão incumbida de colleccionar objectos para serem enviados á exposição universal de París.

A pedido do governador geral, coordenou em julho e agosto de 1866 uma carta chorographica da provincia de Satary, com a designação dos terrenos arrendados a longo praso aos colonos estrangeiros e sua demarcação, para servir de auxiliar ao governo local, quando tivesse de resolver questões de limites suscitadas por nacionaes e estrangeiros.

Por officio da secretaria do governo geral n.º 231 de 22 de setembro de 1866, foi encarregado de ir a Curti de Pondá, para, na qualidade de louvado, assistir e dar o seu laudo na vistoria da propriedade denominada *Mardans*.

Em 18 de novembro de 1866 foi eleito vereador da camara municipal das Ilhas de Goa; sendo em 2 de janeiro de 1867 igualmente eleito presidente da mesma camara.

Por portaria de 4 de dezembro de 1866, foi encarregado da administração fiscal da 2.ª divisão das Novas Conquistas e da presidencia da commissão da demarcação dos terrenos de Satary, durante o impedimento do respectivo administrador fiscal.

Por officio da secretaria do governo geral n.º 300 de 31 de dezembro de 1866, foi, a pedido da commissão administrativa da aldeia de Neurá-o-grande, encarregado de examinar e emittir a sua opinião ácerca do aforamento requerido por Domingos J. Fernandes, e das obras que seriam precisas para o encanamento das aguas da valla de Mariamorim.

Por officio da administração fiscal da 2.ª divisão n.º 123 de 16 de maio de 1867, foi convidado a examinar os campos da communidade agricola da aldeia Mulgão de Bicholim, para se resolverem questões pendentes sobre os mesmos campos.

Por officio do presidente da commissão da demarcação dos terrenos de Satary n.º 134 de 31 de maio de 1867, foi encarregado, na qualidade de vogal da mesma commissão, de, durante a estação pluviosa, reduzir e desenhar quinze plantas topographicas, que havia levantado e desenhado em maior escala, de outras tantas aldeias de Satary.

Em 9 de junho de 1867 foi eleito procurador á junta geral do districto, e em 12 de dezembro do mesmo anno eleito vogal substituto do conselho do governo.

Por officio da presidencia da commissão de Satary n.º 224 de 27 de outubro de 1867, foi convidado para continuar os trabalhos de campo, levantando as plantas topographicas e cadastraes das restantes aldeias da provincia de Satary.

Por officio da administração fiscal da 2.ª divisão n.º 72 de 22 de março de 1868, com referencia ao da secretaria da junta da fazenda publica n.º 102 de 11 de fevereiro do mesmo anno, foi encarregado de dar uma nota das superficies cultivadas e das deixadas em pousio pelos diversos arrendatarios estrangeiros, na provincia de Satary.

Por officio da presidencia da commissão de Satary n.º 102 de 20 de abril de 1868, foi incumbido dos trabalhos de gabinete, reduzindo e desenhando mais doze plantas topographicas para o atlas d'aquella provincia.

Por officio da secretaria do governo geral n.º 175 de 20 de julho de 1868, foi encarregado de fazer entrega, de accordo com o administrador fiscal da 2.ª divisão, das terras arrendadas ao colono Hugo B. Major, segundo as regras estabelecidas no parecer que, sobre este objecto, deu a procuradoria da corôa e fazenda.

Por officio da secretaria geral n.º 199 de 14 de agosto de 1868, foi encarregado de ir a Benaulim de Salcete, para, em presença do administrador do concelho e do procurador da communidade agricola da referida aldeia, examinar a exactidão das vistorias impugnadas por João Francisco Gomes, e levantar a planta do terreno disputado.

Por officio da secretaria do governo geral n.º 207 de 22 de agosto de 1878, foi encarregado de proceder, na fórma indicada pela procuradoria da corôa e fazenda, ao exame do campo da communidade agricola da aldeia de Navelim da provincia de Bicholim, no qual ella pretendia promover a cultura do arroz de *scrodio*.

Por officio da secretaria geral n.º 238 de 17 de setembro de 1868, foi encarregado de resolver a pendencia havida entre o colono estrangeiro

Hugo B. Major e J. Filippe Fernandes sobre os fructos de uma seara em Satary.

Por officio da secretaria do governo geral n.º 29 de 18 de setembro de 1868, foi encarregado de fazer mudar para outro sitio, de accordo com os gãocares da aldeia de Cotoddem, o bairro dos *farázes* ou pariás da mesma aldeia, e de designar uma varzea de vangana a Ary Botto Bocró, em logar de outra por este cedida á fazenda publica e por esta arrendada ao colono Hugo B. Major, e de entregar a este os terrenos requeridos nas aldeias de Damoxem, Birondem, Massordem e Pendral, de Satary.

Por officio da secretaria do governo geral n.º 248 de 5 de outubro de 1868, foi encarregado de examinar a enfermidade que então grassava no gado vaccum do concelho das Ilhas de Goa, e dar as providencias que julgasse convenientes.

O relatorio sobre este assumpto está publicado no *Boletim official* n.º 97 de 11 de dezembro do mesmo anno.

Por officio da presidencia da commissão de Satary n.º 233 de 22 de outubro de 1868, foi convidado para continuar nos trabalhos do levantamento das plantas topographicas das aldeias d'aquella provincia.

Por officio da administração fiscal da 2.ª divisão n.º 13 de 19 de janeiro de 1869, com referencia ao da secretaria do governo geral n.º 2 de 18 do mesmo mez, foi encarregado de fazer entrega do terreno denominado *capusso-mól*, da aldeia de Massordem, ao colono Hugo B. Major.

Por portaria n.º 21 de 29 de janeiro de 1869, foi nomeado commissario do governo, para inspeccionar o terreno, no alto do gatte de Caranzol, questionado entre os gãocares de Satary e o Dessay de Tamary Surla de Embarbacem, confrontando os documentos que exhibissem as partes e as informações que dessem os administradores fiscaes da 2.ª e 3.ª divisões das Novas Conquistas, e decidir a contenda como de direito fosse.

Por officio da presidencia da commissão de Satary n.º 91 de 29 de maio de 1869, foi incumbido de coordenar as cento e setenta cartas parciaes em diversas escalas, sendo oitenta e cinco para o *Atlas da provincia de Satary*, e de agrupar os elementos para o relatorio final da commissão, que, acompanhado das mencionadas cartas, foi entregue ao governo geral no dia 1.º de dezembro do mesmo anno.

Por officio da secretaria do governo geral n.º 284 de 19 de outubro de 1869, foi encarregado, na qualidade de louvado, de assistir á vistoria e dar o seu laudo n'uma varzea da aldeia de Marcaim de Pondá.

Por portaria n.º 240 de 16 de dezembro de 1869, foi interinamente encarregado, pela segunda vez, da administração fiscal da 2.ª divisão das Novas Conquistas, durante a ausencia do respectivo administrador fiscal.

Em 7 de março de 1870, recebeu o seguinte officio, que está publicado no *Boletim official:*

«Ill.mo sr.—S. ex.ª o sr. governador geral d'este estado me encarrega de manifestar a v. s.ª a sua satisfação pelo modo como v. s.ª procedeu durante o tempo que exercitou o cargo de administrador fiscal da 2.ª divisão das Novas Conquistas, no impedimento do administrador fiscal effectivo.

«Deus guarde a v. s.ª Secretaria do governo geral, 7 de março de 1870.—Ill.mo sr. Antonio Lopes Mendes.=O secretario geral, *Joaquim Heliodoro da Cunha Rivara.*»

Por portaria n.º 26 de 10 de fevereiro de 1870 —*Boletim* n.º 12 do mesmo anno— foi nomeado vogal do conselho inspector de instrucção publica.

Por officio do presidente da camara municipal de Goa n.º 47 de 15 de março de 1870, foi convidado, como vereador mais votado do biennio ultimo, para fazer parte, como supplente, da mesma camara.

Por portaria do governo geral n.º 82 de 18 de maio de 1870, publicada no *Boletim* n.º 38 do mesmo anno, foi nomeado vogal secretario da commissão encarregada de levantar as plantas florestaes, de demarcar os limites das matas nacionaes, e propor novos regulamentos, tendo em vista os melhores methodos que deveriam seguir-se para os regulares povoamentos das florestas por meio de sementeiras e plantações, melhoramentos das suas essencias pela creação dos viveiros, abatimento de arvores, tratamento, limpeza, desbastes, córtes, carbonisação, estimação e cubagem, posturas, vendas e contabilidade, traçado dos caminhos florestaes para exploração, meios de conducção e embarque de madeiras, determinação do pessoal necessario para todos os serviços, calculo da receita e despeza geral, e tudo mais que fosse tendente a aperfeiçoar o regimen de tão importante serviço, e de indicar os terrenos florestaes, que, por não estarem em favoraveis condições de aproveitamento para o estado, convinha vender ou aforar.

Por officio da secretaria do governo geral n.º 224 de 9 de julho de 1870, foi encarregado de dar cumprimento á portaria n.º 140 de 4 do mesmo mez, publicada no *Boletim* n.º 52, que determinava se abrisse á frequencia publica o curso de *agricultura elementar*, segundo o novo programma que acompanhava a mesma portaria.

Havendo começado a leccionar no dia 18 de julho de 1870, conforme o indicado programma, foi obrigado a interromper as suas lições no dia 1.º de outubro, em virtude de determinações superiores, para dar começo aos trabalhos topographicos incumbidos á commissão das matas.

Ácerca dos trabalhos da commissão da demarcação dos terrenos da provincia de Satary, foi publicada no *Boletim do governo* n.º 60 de 1870, a seguinte portaria, sob o numero 177:

«Tendo a commissão nomeada por portaria deste governo geral n.º 82 de 13 de março de 1865, e officio de 11 de dezembro do mesmo anno, para demarcar os terrenos que na provincia de Satary haviam sido arrendados a longo praso aos colonos estrangeiros, satisfeito completamente a incumbencia de que fôra encarregada, havendo para cabal desempenho da sua missão levantado uma carta geral topographica da provincia, e cento e setenta cartas parciaes em diversas escalas de cada uma das aldeias, e confeccionado, alem do relatorio geral, numerosos relatorios especiaes com descripções minuciosas sobre as circumstancias e condições d'aquella provincia, d'onde resulta reconhecido interesse para o estado, e consideravel proveito para o estudo e exame de muitos dos negocios concernentes á mesma provincia: hei por conveniente dissolver a mencionada commissão, louvando-a pela distincção e esmero dos trabalhos que apresentou, e fazendo menção honrosa de cada um dos seus membros em especial, pela intelligencia, provado zêlo e dedicação com que desempenharam os variados serviços que hes foram incumbidos.

«Palacio do Governo geral, em Nova Goa, 5 de agosto de 1870.=O governador geral, *Visconde de S. Januario.*»

Em 10 de janeiro de 1871 recebeu, por copia, o seguinte officio:

«Ill.mo sr.—Fiz presente a s. ex.ª o sr. governador geral d'este estado o officio de v. s.ª n.º 44 de 9 do corrente, remettendo a copia do officio do vogal da commissão das matas Antonio Lopes Mendes, em que declara não poder proseguir nos trabalhos da dita commissão, visto ter de continuar as prelecções na escola de agricultura elementar, de que é professor: e o mesmo ex.mo sr. me encarrega de responder a v. s.ª que, sendo o trabalho da commissão das matas mais urgente, continue o dito vogal neste trabalho, reservando as prelecções para o seguinte anno lectivo, ou quando mais conveniente for.

«Deus guarde a v. s.ª Secretaria do governo geral, 10 de janeiro de 1871.—Ill.mo sr. presidente da commissão das matas.=O secretario geral, *Thomás Ribeiro.*»

Em maio de 1871, depois de concluir os trabalhos das cartas florestaes a seu cargo, solicitou licença registada, que lhe foi concedida, para voltar a Portugal, a fim de tratar da sua deteriorada saude.

Tendo partido de Pangim em 10 de maio de 1871, chegou a Lisboa no dia 13 de junho do mesmo anno.

Com relação aos trabalhos da commissão das matas foi publicada no *Boletim do governo* n.º 43 de 6 de junho de 1871, sob o n.º 170, a seguinte portaria:

«Tendo a commissão nomeada por portaria de 18 de maio de 1870, para estudar o regimen das matas do estado, demarcar os seus limites, e indicar os melhoramentos que na sua administração convenha introduzir, terminado os seus trabalhos de que fôra incumbida e apresentado o competente relatorio, mappas topographicos, plantas parcellares, tabellas e sessenta e oito amostras de madeiras das arvores mais distinctas das florestas das provincias das Novas Conquistas; trabalho este que auctorisa o governo do estado a tomar sobre tão importante ramo de serviço publico as providencias que forem julgadas opportunas e efficazes, para aproveitar devidamente tão fecundos elementos de riqueza nacional: hei por conveniente dissolver a mencionada commissão, louvando os seus membros pela intelligencia e provado zêlo, com que se desempenharam deste serviço, ordenando que o relatorio e mais peças escriptas se publiquem no *Boletim official* do governo, e que as amostras de madeiras de arvores differentes sejam guardadas e classificadas na escola mathematica e militar de Goa.

«Palacio do governo geral, em Nova Goa, 3 de junho de 1871.=O governador geral, *Visconde de S. Januario.*»

O modo como estas diversas commissões foram desempenhadas, está expresso nos relatorios enviados á secretaria do governo geral da India, registado nas informações de conducta, em portarias e officios, e nos *Boletins officiaes,* de outubro de 1862 a junho de 1871.

Em 24 de novembro de 1878 foi o auctor d'este livro eleito deputado ás côrtes pelo circulo (146) de Mapuçá, Damão e Diu, tomando assento na camara dos senhores deputados no dia 3 de fevereiro de 1879.

INDICE ALPHABETICO

ERRATAS

Pag.	Lin.	Onde se lê	Leia-se
1	6	Quelandem,	Quelaudem
66	17	Como a mais perfeita das creaturas	Como a creatura mais perfeit
83	21	epocha de ferro	epocha do ferro
86	3	Vacca alada com geba	Vacca com azas, geba
91	9	a volitar	a voltear
93	17	Estrophe 48	Estancia 48.
137	4	Ramachnodrá	Ramachondrá.

Na gravura opposta a pag. 6 leia-se Mutolicares em vez de Mutalicares.